本书受到 2011 年度国家社科基金一般项目《留守与流动儿童关心关爱服务体系建设的比较研究》（课题编号：11BSH072）、2012 年度贵州省省长基金项目《贵州省中小学布局调整及城市外来人口公平接受教育问题研究》〔课题编号：黔省专合字（2012）51 号〕和 2015 年贵州省教育改革发展研究十大招标课题《户籍制度改革新形势下外来务工人员子女接受基础教育的政策研究》（课题编号：2015ZD002）等项目基金的资助。

农民工子女关爱服务体系建设的探索

肖庆华 著

中国社会科学出版社

图书在版编目(CIP)数据

农民工子女关爱服务体系建设的探索 / 肖庆华著 . —北京：
中国社会科学出版社，2016.10
ISBN 978 - 7 - 5161 - 9243 - 6

Ⅰ.①农…　Ⅱ.①肖…　Ⅲ.①民工 - 职工子女 - 社会服务 -
研究 - 中国　Ⅳ.①D422.6

中国版本图书馆 CIP 数据核字(2016)第 267581 号

出 版 人	赵剑英	
责任编辑	宫京蕾	
责任校对	秦　婵	
责任印制	李寡寡	

出　　　版	中国社会科学出版社	
社　　　址	北京鼓楼西大街甲 158 号	
邮　　　编	100720	
网　　　址	http：//www.csspw.cn	
发 行 部	010 - 84083685	
门 市 部	010 - 84029450	
经　　　销	新华书店及其他书店	

印刷装订	北京市兴怀印刷厂	
版　　　次	2016 年 10 月第 1 版	
印　　　次	2016 年 10 月第 1 次印刷	

开　　　本	710×1000　1/16	
印　　　张	16.5	
插　　　页	2	
字　　　数	235 千字	
定　　　价	62.00 元	

凡购买中国社会科学出版社图书，如有质量问题请与本社营销中心联系调换
电话：010 - 84083683

目 录

第一章

导　论

在我国当前的工业化、现代化和城镇化过程中，大量农村剩余劳动力向城镇流动，由此形成了一个农民工及其子女的庞大群体。就农民工子女而言，他们是当今中国社会中的弱势群体，与农村非留守儿童相比，农村留守儿童处于弱势地位；与城市当地学生相比，农村流动儿童处于弱势地位。对处于弱势地位的农民工子女来说，他们最需要得到的是关爱服务，但现实中的关爱服务并不能满足他们的实际需求，因此，我们还需要对农民工子女关爱服务体系的建设做出有益的探索，构建有助于农民工子女身心全面发展的关爱服务体系。

第一节　研究过程与方法

本书是在本人主持的国家社科基金一般项目《留守与流动儿童关心关爱服务体系建设的比较研究》的基础上修改而成的。整个研究过程遵循课题研究的基本程序，尽量做到研究方法规范。

一　研究过程

本课题自 2011 年立项以来，整个研究过程持续了近三年的时间，具体的研究过程分为四个阶段。

第一个阶段是课题研究方案的论证过程。课题立项只提供了课题研究的大致框架，具体该做什么？该如何做？怎样做才能达到研究目标？还需要把大致的研究框架转化为具体的研究方案，即罗列出每个时间段需要具体做什么？如何做？使用什么样的研究方法？能否达到预期的目标？聘请相关专家对研究方案进行论证，对课题研究的可能性、可行性和可操作性提出建议。第一个阶段的时间从 2011 年 9 月开始，至 2011 年 11 月结束，在课题研究方案的论证阶段，课题组负责人不仅咨询了相关领域的专家学者，而且召开了课题论证会，听取专家学者对研究方案的建议，并根据建议完善研究方案。

第二个阶段是研究资料的搜集与分析过程。资料和数据的搜集包括两个方面，一方面，是对农民工子女文献研究资料的搜集与整理，吸收他人的研究成果，使研究建立在相关研究的基础之上；另一方面，是对目前农村留守与流动儿童相关数据和材料的收集，重点在这方面。首先，研究人员分别开发出农村留守与流动儿童的问卷调查表和访谈提纲，并对这些问卷调查表和访谈提纲进行讨论；其次，对农村留守与流动儿童进行预调查，并在此基础上补充与完善问卷调查表；再次，发放问卷和进行访谈，收集农村留守与流动儿童相关数据和事实材料，我们选择了贵州、江西、重庆、湖北、安徽、河南这些省份的小学三年级至初中二年级农村留守儿童作为问卷调查的对象，共发放问卷调查表 1845 份，收回有效问卷 1560 份，有效问卷的回收率达到 84.6%，同时对留守儿童的监护人、学校校长和教师进行了问卷调查，还对留守儿童及其监护人、学校教师及校长进行了个别访谈，了解留守儿童各方面的相关情况。选择贵阳、南昌、深圳、重庆、杭州、上海、郑州及北京这些城市的农村流动儿童作为问卷调查的对象，共发放问卷调查表 2195 份，回收有效问卷 1875 份，有效问卷的回收率达到 85.4%，同时对农村流动儿童及其监护人、学校教师及校长进行了问卷调查，还对农村流动儿童的家长、学校校长和教师进行了个别访谈，了解农村流动儿童的相关情况。最后，通过 SPSS 等方法，对农村留守和流动儿童的相关数据进行了统计与分析。第二个阶段的时间较长，从 2011 年 12 月大致持续到 2013 年的 4 月，因为在数据和资料的收集方面具有一定的难度。这里还要特别说明的是，由于对学前及小学低年级农村留守与流动儿童在数据及资料收集方面的难度，问卷的对象主要是小学四年级至初中二年级的农村留守与流动儿童。初中三年级的农村留守与流动儿童由于面临着升学考试，在调研中就没有去打扰他们。对低年级的儿童主要是通过观察与访谈来收集相关的资料。

第三个阶段是中期研究成果的撰写与发表过程。在对数据与事实材料进行统计分析的基础上，从理论上进行思考，呈现出相应的研究成果，先后发表论文4篇。发表的4篇论文依次是：《农民工子女教育研究的立场》，发表于《教育发展研究》（CSSCI 期刊），2012 年第 7 期；《论农民工子女教育研究的范式》，发表于《学术论坛》（CSSCI 期刊），2013 年第 3 期；《农民工子女教育研究的三个转向》，发表于《学术论坛》（CSSCI 期刊），2013 年第 6 期；《农民工子女就学政策的演变、困境和趋势》，发表于《学术论坛》（CSSCI 期刊），2013 年第 12 期。第三阶段与第二阶段在时间上有些交叉，在整理资料和分析数据的过程中，对所整理的数据与资料进行理论思考，并形成相应的研究成果。这个阶段大致持续到 2013 年的 12 月。

第四个阶段是最终研究成果的撰写过程。结合文献资料和调研所得到的数据及材料，在理论分析的基础上，以研究报告的形式，比较系统与完整地呈现出最终研究成果——《留守与流动儿童关心关爱服务体系建设的比较研究》。这个阶段是 2013 年 7 月至 2014 年 5 月，2014 年 8 月至 12 月又对研究报告进行了多次修改。

二 研究方法

在整个研究过程中，主要采用了如下的研究方法。

（一）文献法

已有的文献主要是从心理学、教育学、社会学等不同学科背景对农民工子女进行了多层面的研究，从留守儿童的研究到流动儿童的研究，再到留守儿童与流动儿童的比较研究，大量文献资料为本课题的深入研究提供了文献基础，使本课题能够在已有的研究文献基础上拓展和深化。文献法既为本研究提供了研究思路与理论框架，也为本研究提供了相关的事实依据，从不同侧面佐证了本研究的主要观点。

（二）调查法

在研究中采用了问卷法和访谈法来具体了解农村留守与流动儿童的不同现状和需求，为构建留守与流动儿童关爱服务体系提供事实依据。为深入了解农村留守与流动儿童的现状，课题组对贵州、江西、重庆、湖北、安徽、河南这些省份的农村小学四年级至初中二年级留守儿童进行了问卷调查和个别访谈，对低年级的留守儿童主要采用观察法，对农村留守儿童的监护人、学校校长和教师分别进行了问卷调查和个别访谈。课题组对贵阳、南昌、深圳、重庆、杭州、上海、郑州及北京这些城市中的农村流动儿童进行了问卷调查和个别访谈，对农村流动儿童的家长、学校校长和教师分别进行了问卷调查和个别访谈。问卷法是从整体上呈现出农村留守与流动儿童的一般情况；访谈法是从不同侧面深入挖掘农村留守与流动儿童的实际情况，使他们的实际困难和真实需求得到切实反映。

（三）数量分析法

对问卷法所得到的资料和数据采用 SPSS 等方法来加以统计与分析，具体描述农村留守儿童的现状和实际需求；同时也呈现出农村流动儿童在城市的现状和实际需求。数量分析法能较清晰地描述留守与流动儿童的现状，较客观地反映留守与流动儿童的不同需求，为留守与流动儿童关爱服务体系的建设提供事实依据。本研究在农村留守与流动儿童的现状部分，较多地使用了数量分析法，目的是要从多个层面来较清晰地描述农村留守与流动儿童的生存现状与发展状况。

（四）逻辑分析法

农村留守与流动儿童的现状与问题究竟是什么？它们之间存在着什么样的内在关系？需要通过逻辑分析法来梳理；留守与流动儿童不同需求背后的原因是什么？需要逻辑分析法来挖掘；留守与流动儿童的不同需求和构建关爱服务体系之间有何内在联系？也需要逻辑分析法来展示，使两者间建立有机的联系，也使留守与流动儿童关爱服务体系的建设更有说服力。在整个研究过程中采用逻辑分析法，使相关的分析与判断尽量建立在合理的基础上，同时也使本研究更有逻辑性和理论色彩。

第二节　研究现状及述评

自 20 世纪 90 年代以来，教育学、心理学、人口学、社会学、管理学等学科对农村留守与流动儿童的研究倾注了极大的学术热情，形成了大量研究文献。梳理这些文献资料，有助于深化农村留守与流动儿童的相关研究。

一　研究现状

随着我国现代化、工业化和城镇化的不断深入，农村剩余劳动力向城市流动，留守或流动已成为当今农民工子女的显著特征。我国目前约有农村留守儿童6102万人，农村流动儿童2877万人。[①] 关注农民工子女这一群体的现状和发展已成为学术界研究的重点。

（一）留守儿童研究的现状

到目前为止，留守儿童的研究积累了大量文献成果，关于留守儿童究竟是什么样的研究状况，研究结论中呈现了什么样的留守儿童形象，有必要对已有研究成果进行再研究来予以回答。面对数量众多的研究文献，本文从中国知网（CNKI）中筛选出影响大且方法规范的期刊论文进行再研究，以研究立场、研究观点和研究方法为主线来梳理研究成果，再现留守儿童被认识的脉络，呈现留守儿童研究的演进历程。

1. 留守儿童研究的基本立场

研究立场是研究者站在什么样的角度来看待研究对象，由于研究立场的不同，对同样对象的研究可能会得出不同的结论，那是因为社会中的事实只对处于某个观察点上的关怀心灵开放，对处于不同观察点上的人来说，向他所呈现的社会事实也不同。不管研究者是否意识到，研究立场始终贯穿于研究过程中，并深刻地影响着研究结论，留守儿童的研究也不例外。挖掘留守儿童研究背后的立场，是要揭示研究者从何种角度来呈现留守儿童的现状与问题，以及研究者在整个研究过程中所体现出的最终关切。从研究文献中可以看出，留守儿童的研究主要秉持着教育学、心理学、人口学和社会学的学科研究立场。

---

① 全国妇女联合会课题组：《我国农村留守儿童、城乡流动儿童状况研究报告》，人民网2013年5月10日。

（1）教育学的学科研究立场

教育学的学科研究立场是基于教育学视野来分析留守儿童在校内外的教育现象、教育问题，探讨解决留守儿童教育问题的对策措施。在留守儿童的早期研究中较多地持有教育学的学科研究立场，把留守儿童的相关问题纳入教育学的学科范畴中来予以关注与思考。

在家庭教育中，由于父母外出务工后缺少学习辅导与监管、隔代教育的溺爱与放纵，以及爷爷奶奶等监护人文化水平低，对留守儿童的关怀只停留在吃饱穿暖上，在品格、道德等方面缺乏必要的家庭教育，造成留守儿童学习态度散漫，出现迟到、逃课、不交作业等现象，导致学习成绩下降。① 在学校教育中，受教育理念、办学条件、师资力量等因素的制约，学校对留守儿童的关注不够、教育方法不到位、教育措施缺乏针对性。② 在道德教育中，由于亲子关系的失谐、安全感和归属感的丧失、父母榜样作用的剥夺以及道德行为监控机制的弱化，共同对留守儿童的道德成长带来了负面影响，难以满足留守儿童对心灵关怀的需要，致使留守儿童道德发展出现危机。③ 在社会教育中，由于监护人"重生活抚育，轻社会抚育"，以及农村文化市场和治安环境较差，网吧、游戏厅及娱乐场所容易使留守儿童沾染上不良习惯，造成人格发展不健全，甚至成为乡村"混混"。④ 对于留守儿童存在的问题，要加大对农村教育的支持力度，加强寄宿制学校建设，建立留守儿童监护体系，组织"青年志愿者"关爱留守儿童，

---

① 李根寿、廖运生：《农村"留守子女"教育问题及对策思考》，《前沿》2005 年第 2 期；邹先云：《农村留守子女教育问题研究》，《中国农村教育》2006 年第 10 期。

② 于慎鸿：《农村"留守儿童"教育问题探析》，《中州学刊》2006 年第 3 期；庄美芳：《留守儿童自主性学习品质现状调查报告》，《江西教育》2006 年第 7 期。

③ 姚云：《农村留守儿童的问题及教育应对》，《教育理论与实践》2005 年第 4 期；迟希新：《留守儿童道德成长问题的心理社会分析》，《江西教育科研》2006 年第 2 期。

④ 黄海：《从留守儿童到乡村"混混"》，《当代青年研究》2008 年第 7 期；杨江泉、朱启臻：《农村留守家庭抚育策略的社会学思考——一项生命历程理论视角的个案考查》，《人口与发展》2011 年第 2 期。

增设心理课程，构建有助于留守儿童心灵成长的德育环境。①

（2）心理学的学科研究立场

心理学的学科研究立场是运用心理学的理论与方法，通过心理统计与测量等手段来反映农村儿童处于留守状态下的心理现象和心理问题，探讨提高留守儿童心理健康水平的对策措施。随着留守时间的增加，留守儿童身上表现出带有普遍性的心理现象与心理问题，已成为不得不面对的更为紧迫的问题，于是，形成了以心理学为主导的研究立场来从各个维度对留守儿童进行研究，逐渐取代教育学的研究立场而成为具有主导地位的学科研究立场。

当前，留守儿童普遍性地表现出情绪、自卑和交往等心理失衡问题，突出表现在低龄留守儿童和留守女童身上。② 而且，与父母分离时间越长，留守儿童的心理健康水平越低。③ 留守儿童心理问题的产生，与学习困难、亲子关系缺失所造成的分离焦虑，社会环境所带来的适应问题，以及缺乏心理安全感和自我认同感有关。④ 因此，留守儿童的心理问题并不单纯是一个由父母外出务工所引起的情感缺失和心态异常的问题，而是学校、社会、父母、监护人与留守儿童自身等多种因素交互作用的产物。⑤ 提高留守儿童心理健康水平的措施包括

---

① 吴霓：《农村留守儿童问题调研报告》，《教育研究》2004年第10期；范先佐：《农村"留守儿童"教育面临的问题及对策》，《国家教育行政学院学报》2005年第7期；马多秀：《心灵关怀：农村留守儿童德育的诉求》，《中国教育学刊》2011年第1期。

② 周宗奎、孙晓军、刘亚、周东明：《农村留守儿童心理发展与教育问题》，《北京师范大学学报》（社会科学版）2005年第1期；岳慧兰、傅小悌、张文斌、郭月芝：《留守儿童心理健康状况调查研究》，《教育实践与研究》2006年第10期。

③ 王阳亮：《农村留守孩心理健康的家庭因素研究》，《现代生物医学进展》2006年第3期。

④ 王良锋、张顺、孙业恒、张秀军：《农村留守儿童孤独感现状研究》，《中国行为医学科学》2006年第7期；刘正奎、高文斌、王婷、王晔：《农村留守儿童焦虑的特点及影响因素》，《中国临床心理学杂志》2007年第2期；邵艳、张云英：《农村留守儿童心理问题及对策：以湖南长沙为例》，《湖南农业大学学报》2007年第2期；和秀涓：《农村留守儿童的心理健康：一个生态学的视角》，《河北青年干部学院学报》2007年第3期。

⑤ 叶曼、张静平、贺达仁：《留守儿童心理健康状况影响因素分析及对策思考》，《医学与哲学》（人文社会医学版）2006年第6期。

与留守儿童建立良好的师生关系，加强与留守儿童家庭的家校合作，树立留守儿童积极的学业自我概念，重视心理咨询与辅导，建立留守儿童心理发展档案，开展"夏令营"来引导留守儿童的兴趣和爱好等。①

（3）人口学的学科研究立场

人口学的学科研究立场是运用人口学的理论与方法，从规模、分布、性别、健康、卫生等方面来反映留守儿童的群体特征。随着留守儿童数量的不断增加，已成为一个规模庞大的群体，关注留守儿童群体的人口学特征，从整体上把握留守儿童作为一个群体所表现出的特点，是对相关研究提出的必然要求，于是，人口学的学科研究立场也开始在整个研究中占有一席之地，并具有不可忽视的替代价值。

留守儿童的监护类型主要有隔代监护、单亲监护、上代监护、同辈监护，但以单亲监护和隔代监护居多，近80%的留守儿童与祖辈生活在一起。② 总体上来说，留守儿童的规模在不断扩大，主要分布在中西部省份的农村地区，性别比例基本持平。③ 有学者指出，人口流动会导致儿童健康照料关系中的主体与对象发生空间分离，留守儿童在健康照料上面临着更多的不确定性，与其他农村儿童相比，留守儿童存在"高患病率、高就诊率"的特征，对父母双方都外出的留守儿童而言，患病风险最高，就诊率最低，处于最为不利的境地。④ 2000年、2004年和2006年中国营养与健康调查数据表明，父母外出对0—5岁学龄前留守儿童的健康并无显著性影响，学龄前儿童的健康主要取决于家庭收入及医疗资源的可及性；但父母外出对6—18岁

---

① 姚计海、毛亚庆：《西部农村留守儿童学业心理特点及其学校管理对策研究》，《教育研究》2008年第2期。

② 刘见明：《关爱农村留守儿童》，《乌鲁木齐职业大学学报》（人文社会科学版）2005年第3期。

③ 段成荣、吕利丹、郭静：《我国农村留守儿童生存和发展基本状况——基于第六次人口普查数据的分析》，《人口学刊》2013年第3期。

④ 宋月萍、张耀光：《农村留守儿童的健康以及卫生服务利用状况的影响因素分析》，《人口研究》2009年第6期。

学龄儿童的健康有显著的负影响，特别是母亲外出务工对留守儿童的健康的负影响较为显著。[①]

（4）社会学的学科研究立场

社会学的学科研究立场是基于社会学的理论与方法，从社会化过程、社会交往、社会支持和社会保障等方面来剖析留守儿童的社会适应状况。对于留守儿童的研究不能只局限于教育学与心理学的学科范围内，这是对留守儿童研究的狭隘化，因为，留守儿童本身就是社会中不可或缺的组成部分，只有把留守儿童置于更广阔的社会背景中去研究，才能深度挖掘出产生留守儿童现象与问题的各种社会因素，因此，社会学的学科立场在留守儿童研究中占有越来越重要的地位。

有学者认为，同辈群体的封闭性、亲子关系的残缺性、教育管理的松散性、社会交往的闭锁性都会对留守儿童的社会化产生负面影响。[②] 同时，留守儿童在选择同辈群体成员时缺乏监管和引导，容易进入不良群体，在社会交往中会出现失范行为。[③] 特别是对于初中阶段的留守儿童而言，由于社会支持利用度低，存在较多的违法行为、欺骗行为和违纪行为等问题行为。[④] 出现上述问题的原因，在于留守儿童的基本生活保障权、照顾保障权、教育保障权、健康保障权等诸多权利处于全面缺失的不利状况。[⑤] 解决上述问题的对策包括：对留守儿童同辈群体文化进行引导，实行学校主导、教师主体的代理家长

[①]　陈在余：《中国农村留守儿童营养与健康状况分析》，《中国人口科学》2009 年第 5 期。

[②]　曹建平：《农村留守儿童成长方式对其心理健康状况影响探析》，《辽宁教育研究》2007 年第 5 期。

[③]　王秋香：《农村"留守儿童"同辈群体类型及特点分析》，《湖南社会科学》2007 年第 1 期。

[④]　刘霞、范兴华、申继亮：《初中留守儿童社会支持与问题行为的关系》，《心理发展与教育》2007 年第 3 期；许传新：《"留守儿童"教育的社会支持因素分析》，《中国青年研究》2007 年第 9 期。

[⑤]　项焱、郑耿扬、李沉：《留守儿童权利状况考察报告——以湖北农村地区为例》，《法学评论》2009 年第 6 期；董溯战：《中国农村留守儿童社会保障权研究》，《华东理工大学学报》（社会科学版）2012 年第 2 期。

制，构建全方位的留守儿童社会支持体系，发挥农村社区的教育功能等。①

　　学科研究立场强调分析学科理论与方法，是对留守儿童生存与发展状况的深入探究，是对留守儿童认识的不断积累和提高，这是很有必要的。但学科研究立场也存在着不足之处，即对留守儿童的研究是零散的，虽深入但不全面，各说自家话，造成对留守儿童认识的分裂，学科研究立场所呈现的是教育学、心理学、人口学或社会学中的留守儿童，是对整体人的分割，学科间的割裂无法全面描述留守儿童的整体形象。学科研究立场呈现出的是学科视野中的留守儿童形象，但研究仅停留在描述层面是不够的，无助于问题的实际解决，这就需要从解释问题的研究视角转向解决问题的研究视角，从学科研究立场转向实践研究立场，即从留守儿童本身出发，以留守儿童的身心发展为价值取向，以学科知识与方法为研究手段，打破学科壁垒，从教育公平、心理健康、人格健全、社会适应等方面服务于留守儿童现状的全方位改善，促进留守儿童身心的全面发展。

　　2. 留守儿童研究的主要观点

　　在留守儿童的研究中形成了大量研究文献，对研究文献进行梳理，我们可以发现，留守儿童的研究结论大致可以分成两大派别，形成了两种截然不同的主要观点。

　　（1）留守儿童是问题儿童，还是弱势群体

　　在对留守儿童本身的基本判断中，研究结论呈现出两种截然不同的主要观点。一种主要观点认为，留守儿童是问题儿童。有学者指出，学龄期留守儿童的现状并不乐观，69%的学龄留守儿童存在着不同程度的学习困难，近3成初中留守儿童有终止学业的意愿；与父母联系频率低，在卫生保健、安全等方面问题突出；同时存在着较严重的心理健康问题，55.5%的留守儿童表现为任性、冷漠、内向和孤

---

① 邓纯考：《农村留守儿童社会化困境与学校教育对策——对浙南 R 市的调查与实践》，《浙江社会科学》2012 年第 5 期；李孝川：《农村留守儿童家庭教育教养方式的社会学分析》，《学术探索》2012 年第 7 期。

独，64%的学龄期留守儿童心理健康滞后于身体健康。[①] 由于留守儿童道德认知易欠缺、道德品质易弱化、道德行为易失范，由此留守儿童还存在突出的道德问题。[②] 更为严重的是，在山东农村，由于法定监护人严重缺位、委托监护不力等原因，留守儿童的犯罪率高达12.54%，比非留守儿童高出近11个百分点，大大高于非留守儿童。[③]

随着研究的深入，留守儿童是问题儿童的观点开始受到质疑，并在实证研究基础上形成了另一种主要观点，即留守儿童并不是问题儿童，而是弱势群体。有学者指出，20年来关于留守儿童的研究结论表明，在留守儿童是否是"问题儿童"这一问题上存在着诸多争议。[④] 基于对5省留守儿童的实证调查显示，留守儿童是一个多元的群体，大多数留守儿童在生活、学习和心理发展等方面与非留守儿童没有差别，留守儿童并不是"问题儿童"，社会各界应客观理性地看待留守儿童现象。[⑤] 10省（市）农村义务教育阶段留守儿童的实证调查进一步表明，留守儿童在心理和学习等方面与非留守儿童无显著差异，留守儿童并非"问题儿童"，而是"弱势群体"，其弱势主要表现在身体生长发育、教育监管等方面。[⑥] 学生的自我报告结果也显示出，留守儿童在孤独感、社交焦虑和学习适应方面与其他儿童没有显

[①] 林宏：《福建省"留守孩"教育现状的调查》，《福建师范大学学报》（哲学社会科学版）2003年第3期；王静敏、安佳：《农村学龄期留守儿童现状调查分析——基于吉林省调查数据》，《调研世界》2015年第9期。

[②] 王露璐、李明建：《农村留守儿童道德教育的现状与思考》，《教育研究与实验》2014年第6期。

[③] 董士昙、李梅：《农村留守儿童监护问题与犯罪实证研究》，《中国人民公安大学学报》（社会科学版）2010年第3期。

[④] 赵景欣、刘霞、张文新：《同伴拒绝、同伴接纳与农村留守儿童的心理适应：亲子亲合与逆境信念的作用》，《心理学报》2013年第7期。

[⑤] 雷万鹏、杨帆：《对留守儿童问题的基本判断与政策选择》，《教育研究与实验》2009年第2期。

[⑥] 邬志辉、李静美：《农村留守儿童生存现状调查报告》，《中国农业大学学报》（社会科学版）2015年第1期。

著差异，只是在人际关系和自信心方面处于劣势。①

（2）留守儿童的问题是由于父母外出务工，还是由于农村本身的衰弱

留守在农村的儿童总会出现这样或那样的问题，这是不可避免的（这与把留守儿童看作问题儿童是两回事）。对于留守儿童问题的原因，也存在两种不同的主要观点。一种主要观点认为，留守儿童的问题是由于父母外出务工所造成的。有学者认为，劳动力流动的代际更替会对留守儿童的人格与心理产生负面效应，无论父母选择何种外出形式及时长，留守儿童都会出现非认知发展问题，表现出隐性的、较严重的适应问题；同样会对留守儿童的学习成绩产生负面影响，导致留守儿童学习成绩下降，特别是对留守男童的学习成绩负面影响较大。② 尤其是父母远距离外出务工、长时间外出务工，以及母亲外出务工，会对留守儿童的学习成绩产生显著的负面效应。③ 总之，正是由于父母与子女的分离导致了教育的缺失，造成了留守儿童学习成绩差、性格缺陷和行为偏差。④

另一种主要观点则认为，父母外出务工并不是造成留守儿童问题的主要原因，其主要原因是农村本身的衰弱。有学者认为，监护人是否为其父或母对留守儿童的教育其实没有显著的正面影响，父母外出务工之后再返乡并不会显著提高留守儿童的成绩，父母外出务工也没有导致留守儿童在学业成绩方面的劣势，甚至对留守儿童的学业成绩

---

① 周宗奎、孙晓军、刘亚、周东明：《农村留守儿童心理发展与教育问题》，《北京师范大学学报》（社会科学版）2005 年第 1 期。

② 潘璐、叶敬忠：《"大发展的孩子们"：农村留守儿童的教育与成长困境》，《北京大学教育评论》2014 年第 3 期；侯玉娜：《父母外出务工对农村留守儿童发展的影响：基于倾向得分匹配方法的实证分析》，《教育与经济》2015 年第 1 期。

③ 陶然、周慧敏：《父母外出务工与农村留守儿童学习成绩——基于安徽、江西两省调查实证分析的新发现与政策含义》，《管理世界》2012 年第 8 期；郑磊、吴映雄：《劳动力迁移对农村留守儿童教育发展的影响——来自西部农村地区调查的证据》，《北京师范大学学报》（社会科学版）2014 年第 2 期。

④ 范先佐、郭清扬：《农村留守儿童教育问题的回顾与反思》，《中国农业大学学报》（社会科学版）2015 年第 2 期。

有提升作用，特别是父母的汇款对初中及以上学习阶段的留守儿童来说，具有显著的正面作用。① 其实，留守儿童能较好地完成基础教育，留守儿童的平均成绩要好于非留守儿童，留守儿童的语文和数学两科总分平均比非留守儿童高 3.87 分。② 424 名农村儿童的实证研究也表明，双亲外出儿童、父亲外出儿童与非留守儿童在攻击、学业、违纪与孤独感上并不存在显著差异，这表明父母外出务工并没有制造出许多媒体或学者所批判的中国农村中的"问题儿童"，留守儿童的问题不能简单地归结于是父母外出务工所导致的。③ 事实上，留守儿童问题的实际根源是农村本身的衰败，乡村价值失范加剧了留守儿童的成长风险，导致其出现道德滑坡和越轨行为，使留守儿童陷入学业、行为和社会适应上的困境。④

（3）是通过干预措施来解决问题，还是建立关爱体系来预防问题

把留守儿童当作问题儿童来看待，对于已出现的问题，相应地就要通过干预措施来解决问题，这是留守儿童研究中所形成的一种主要观点。有学者指出，从教育层面来看，要完善寄宿制中小学建设，为留守儿童提供较好的学习环境和人身安全保障；创办托管中心，完善留守儿童教育和监护体系；建立"代理家长"制度，通过一对一结对帮扶，弥补留守儿童的"情感真空"；发展职业教育来改变大龄留守儿童失学、失管和失业的局面。⑤ 从心理层面来看，针对留守儿童存在的问题，以"爱国主义电影""过集体生日"和"野外生存体验"等主题活动为载体，通过建立阳光话剧团平台、希望编辑部、运

① 胡枫、李善同：《父母外出务工对农村留守儿童教育的影响——基于 5 城市农民工调查的实证分析》，《管理世界》2009 年第 2 期。

② 段成荣、吕利丹、王宗萍：《城市化背景下农村留守儿童的家庭教育与学校教育》，《北京大学教育评论》2014 年第 3 期。

③ 赵景欣、刘霞、张文新：《同伴拒绝、同伴接纳与农村留守儿童的心理适应：亲子亲合与逆境信念的作用》，《心理学报》2013 年第 7 期。

④ 潘璐、叶敬忠：《"大发展的孩子们"：农村留守儿童的教育与成长困境》，《北京大学教育评论》2014 年第 3 期。

⑤ 辜胜阻、易善策、李华：《城镇化进程中农村留守儿童问题及对策》，《教育研究》2011 年第 9 期。

用心理咨询辅导等方式，在思想政治、人格品质、心理情感、行为习惯和健康安全等方面进行干预，改善和提高留守儿童的心理健康水平。[①] 从社会层面来看，由于留守儿童在成长过程中面临着健康风险、安全风险、学习风险、人格形成风险与社会交往风险，要增强抗逆力教育，使留守儿童建立正面的人际关系、拥有实际生活技能和社会参与意识、具有合理期望和判断标准等各种应对风险的能力。[②]

另一种主要观点则认为，任何干预措施都会对留守儿童产生不同程度的负面影响，不利于留守儿童的身心健康成长，留守儿童的问题要通过建立关爱服务体系来加以预防，把问题消灭在出现之前。有学者认为，目前，农村地区所推行的"学校家庭化"和"代理家长制"等干预措施不宜提倡与推广，因为强迫教师承担留守儿童监护职责的做法是不妥当的。[③] 因此，一方面，要加强新农村建设，改善农村教育条件，提升农村教育质量，在发展农村教育中解决留守儿童问题。[④] 另一方面，要以留守儿童本身发展为本，建立健全留守儿童关爱服务体系，着力统筹城乡、学校、群体教育均衡发展。[⑤] 具体而言，是要在尊重留守儿童主体地位和保护平等人格的基础上，对留守儿童的安全、卫生、学习、品格、沟通交流及女童生理等方面提供关爱服务，并以校本课程的形式落到实处，通过满足需求来化解留守儿童可能会

---

① 白勤、林泽炎、谭凯鸣：《中国农村留守儿童培养模式实验研究——基于现场干预后心理健康状况前后变化的数量分析》，《管理世界》2012 年第 2 期。

② 吴帆、杨伟伟：《留守儿童与流动儿童成长环境的缺失与重构——基于抗逆力理论视角的分析》，《人口研究》2011 年第 6 期。

③ 程方生：《农村留守儿童教育问题的调查与思考——江西的案例》，《教育学术月刊》2008 年第 6 期。

④ 辜胜阻、易善策、李华：《城镇化进程中农村留守儿童问题及对策》，《教育研究》2011 年第 9 期。段成荣、吕利丹、王宗萍：《城市化背景下农村留守儿童的家庭教育与学校教育》，《北京大学教育评论》2014 年第 3 期。

⑤ 翟博：《均衡发展：我国义务教育发展的战略选择》，《教育研究》2010 年第 1 期；王正惠：《规划纲要视域下农村留守儿童教育关爱服务体系的构建》，《教育理论与实践》2011 年第 12 期。

出现的问题。①

留守儿童研究结论中所形成的主要观点不仅分为两大派别，而且呈现出清晰的演进路径。一派的主要观点认为，留守儿童是问题儿童，问题的根源在于父母亲外出务工，因此应通过干预措施来解决留守儿童的问题。另一派的主要观点则认为，留守儿童是弱势群体，弱势的根源在于农村本身的衰弱，因此应通过建立关爱体系来满足留守儿童的特殊需求，通过弱势补偿来消解可能会出现的问题。留守儿童究竟是问题儿童，还是弱势群体？留守儿童问题的根源究竟在于父母亲外出务工，还是农村本身的衰弱？究竟是通过干预措施来解决问题，还是通过关爱服务来预防问题？在研究观点上的分歧，导致对于留守儿童的认识存在模糊感。随着研究的推进，留守儿童的研究将从群体特征的外部呈现走向内部差异的深度描述，留守儿童研究的主要观点将表现出具体化趋势，研究对象将侧重于低龄留守儿童、大龄留守儿童、留守女童、母亲外出留守儿童、长时间处于留守状态儿童，因为他们正处于学习、心理、品格、交往等变化成长的关键期，相比其他留守儿童更是处于弱势状态，缺少关注与关心，容易成为问题儿童；研究重点将集中于问题出现的时间段、影响因素、程度、性质、负面影响及化解路径，对留守儿童的研究将更加微观，对留守儿童的认识将更加具体，更深刻地揭示出留守儿童的生存与发展状况。

3. 留守儿童研究的主要方法

研究方法是呈现研究结论的重要手段，能够反映出研究的整个过程。不同的研究方法体现出不同的研究路径和价值取向，对留守儿童研究的方法进行梳理可以发现，在留守儿童研究的主要方法中，具有代表性的研究方法是实证研究法、跟踪研究法和比较研究法。

（1）实证研究法

在留守儿童的初期研究中主要采取了观察法。在实际观察中发现问题，解释问题，并提出对策措施，是观察法的基本路径。观察法主

---

① 肖庆华：《农村留守儿童关爱服务体系的校本课程化探索》，《人民教育·首届基础教育国家级教学成果奖成果精选及解读》2015年（增刊）。

要体现在留守儿童的品德、社会化、教育等研究中，着重从经验层面来揭示留守儿童的实际状况，增强了关于留守儿童的感性认识，但由于受观察对象的数量及范围等方面的局限，缺少普遍的解释力。随着研究的深入，留守儿童的研究方法从经验层面走向实证层面，通过样本来验证假设，呈现出令人信服的事实依据，并以此来证明或反驳研究结论。留守儿童的实证研究法表现出三方面的特点：一是取样范围和样本量逐步扩大。从5城市（北京、南京、广州、兰州、亳州）到两省10县1010名农村在校儿童的样本数，以及对5省、区（甘肃、宁夏、四川、云南、广西）与5省（河北、湖北、安徽、河南、四川）的留守儿童进行调研，再到10省（市）9948名义务教育阶段留守儿童的样本数，取样范围和数量不断扩大。二是分析工具的规范化，在实证研究中主要使用了倾向值匹配方法、倍差估计法、逆境信念量表、计量经济模型和有序概率选择模型等工具来采集、统计和分析相关数据。三是揭示出父母外出务工与留守儿童发展间的关系，把父母外出务工作为自变量，留守儿童发展作为因变量，通过验证假设来描述两者间的关系，侧重于父母外出务工与留守儿童学习兴趣、学习成绩、学校适应、心理适应、身体发育、营养水平、健康状况、社会交往、自我效能感等关系的研究。①

　　实证研究法通过样本数据来验证农村儿童处于留守状态下的实际情况，是对留守儿童状况的一般性描述，能增强对于留守儿童的整体

---

① 雷万鹏、杨帆：《对留守儿童的基本判断与政策选择》，《教育研究与实验》2009年第2期；胡枫、李善同：《父母外出务工对农村留守儿童教育的影响——基于5城市农民工调查的实证分析》，《管理世界》2009年第2期；陶然、周慧敏：《父母外出务工与农村留守儿童学习成绩——基于安徽、江西两省调查实证分析的新发现与政策含义》，《管理世界》2012年第8期；赵景欣、刘霞、张文新：《同伴拒绝、同伴接纳与农村留守儿童的心理适应：亲子亲合与逆境信念的作用》，《心理学报》2013年第7期；郑磊、吴映雄：《劳动力迁移对农村留守儿童教育发展的影响——来自西部农村地区调查的证据》，《北京师范大学学报》（社会科学版）2014年第2期；侯玉娜：《父母外出务工对农村留守儿童发展的影响：基于倾向得分匹配方法的实证分析》，《教育与经济》2015年第1期；邬志辉、李静美：《农村留守儿童生存现状的调查报告》，《中国农业大学学报》（社会科学版）2015年第1期。

认识，以及提供有说服力的数据支撑，但同样是对"父母外出务工对留守儿童影响"的实证研究，由于对相关因素及变量控制的问题，所得出的结论可能完全不一样。显然，我们对于实证研究要持谨慎态度，要严格控制无关因素，所得到的结论才较真实可靠。而且，实证研究容易忽略留守儿童所处环境的区域差异、文化差异和民族差异等影响因素，而忽略上述因素所得出的研究结论是值得商榷的。实证研究法还容易忽视留守儿童的个体差异，无法揭示出留守儿童内心深处的真实想法。

（2）跟踪研究法

在不同时间背景下，留守儿童的群体特征会发生变化。跟踪研究法是对不同时间背景下留守儿童的群体特征进行描述，呈现留守儿童群体特征的演变状况。从规模上看，在2000年，全国有留守儿童1981万；2005年上升为5861万，留守儿童占所有儿童的比例从2000年的8.05%上升到2005年的21.72%，留守儿童在5年间增长了近两倍，成为一个规模庞大的群体；至2010年，留守儿童已达6102万，占农村儿童的28.52%，占全国儿童的21.88%。从年龄上看，目前，学龄前留守儿童的比例为38.37%，达到2342万；小学阶段留守儿童的比例为32.01%，达到1953万；初中阶段留守儿童的比例为16.30%，达到994万；大龄留守儿童的比例为13.32%，达到813万。留守儿童的年龄结构在5年间发生了较大变化，学龄前留守儿童的规模快速膨胀，义务教育阶段留守儿童的规模逐渐收缩，大龄留守儿童的规模明显缩小。从性别上看，2000年，留守儿童性别比为116.82；2010年，性别比为117.77，留守男童占54.08%，留守女童占45.92%，约2713万。从分布上看，留守儿童主要分布在四川、河南、安徽、湖南、湖北、广东、江西、广西、贵州的农村地区，其中四川留守儿童最多，占11.34%，约692万；其次是河南，占10.73%，约655万。从受教育上看，低龄留守儿童受教育状况无性别差异，都能正常接受义务教育；留守女童小学教育状况良好，但初中阶段教育问题明显；大龄留守儿童接受高中教育状况差，尤其是大龄留守女童；母亲外出务工的留守儿童受教育状况也较差。①

　　跟踪研究法能动态地反映出留守儿童在不同时间段的群体特征及变化状况，是很有价值的研究方法，但跟踪研究法目前还只局限于人口学研究中，表现出留守儿童群体的人口学特征，是对留守儿童群体特征的宏观描述。事实上，对留守儿童的学习、心理、身体及品格状况也很有必要采用跟踪研究法，在长期跟踪研究中，从微观层面深度描述留守儿童的状况在不同时间段的动态变化过程。跟踪研究法是一项耗时长，需要投入大量人力和物力的研究，是对研究者信念、勇气、毅力、耐心和专注度的综合考验，但对于全过程地呈现留守儿童的生存与发展状况是特别有意义的。

　　（3）比较研究法

　　处于留守中的农村儿童究竟是什么状况？唯有在与非留守儿童、流动儿童及其他儿童的比较中，才能真实地反映出来，因此在留守儿童的研究中大量使用了比较研究法。从生长发育来看，与流动儿童相比，留守儿童发育迟缓率较高，发育不良问题较严重。② 从心理状况来看，与流动儿童相比，留守儿童主要受情绪问题困扰，表现在孤独感、委屈难过、敏感自卑以及忧虑等方面，留守时间越长，消极情绪越强，公正感和自尊感则越弱；而且，留守儿童在未来压力感知、孤独感、抑郁和幸福感等方面也差于非留守儿童。③ 从教育机会来看，与流动儿童及其他儿童相比，11—14 岁留守儿童的教育机会显著偏

---

① 段成荣、周福林：《我国留守儿童状况研究》，《人口研究》2005 年第 1 期；段成荣、杨舸：《我国农村留守儿童状况研究》，《人口研究》2008 年第 3 期；段成荣、杨舸：《中国农村留守女童状况研究》，《妇女研究论丛》2008 年第 6 期；段成荣、杨舸、吕利丹：《我国大龄农村留守儿童现状》，《中国青年研究》2008 年第 10 期；段成荣、吕利丹、郭静：《我国农村留守儿童生存和发展基本状况——基于第六次人口普查数据分析》，《人口学刊》2013 年第 3 期。

② 陈丽、王晓华、屈智勇：《流动儿童和留守儿童的生长发育与营养状况分析》，《中国特殊教育》2010 年第 8 期。

③ 申继亮：《流动和留守儿童的发展与环境作用》，《当代青年研究》2010 年第 2 期；孙晓军、周宗奎、汪颖、范翠英：《农村留守儿童的同伴关系和孤独感研究》，《心理科学》2010 年第 2 期。

高，与母亲一起留守的儿童教育机会得到改善，但与父亲一起的留守儿童教育机会显著降低。① 从学校适应来看，留守儿童的学习方法、学习环境、行为习惯和人际交往等适应情况要差于流动儿童。② 从社会适应来看，与流动儿童及一般儿童相比，留守儿童自尊低、孤独感强、抑郁高，特别是留守女童和低龄留守儿童在社会适应方面处于不利地位。③

比较研究法呈现出留守儿童在学习、心理、生活等方面的相对状况，有助于在差异中发现问题，反映出留守儿童在身心发展方面的实际情况。已有的研究方法主要强调留守儿童、非留守儿童及流动儿童在空间上的横向比较，主要反映留守儿童在与其他儿童相比较中所表现出的问题，是一种问题视角的比较研究法。但事实上，处于留守状态下的儿童也有与其他儿童相一致的地方，这也需要通过比较研究法呈现出来。目前，对留守儿童本身的纵向比较研究是缺乏的，没有从时间维度上比较留守儿童在不同阶段的变化状态，没有从整体上描述留守儿童身心变化的历程。而且，由于比较研究法在样本取样、对象选择、因素控制、分析模型上的差异，同样的比较研究可能会得出不同的研究结论，这也是需要我们注意的地方。

面对留守儿童现象的纷繁、问题的复杂、影响因素的多样，以及群体内部的差异，单靠一种研究方法，将无法全面而深入地描述留守儿童的实际状况，因此，在研究方法上必须取长补短，从单一化走向综合化。实证研究法通过样本抽样、假设验证和模型建构，来解释留守儿童现象及问题的因果关系，是对留守儿童状况的静态描述，从横向上反映留守儿童在不同空间的实际情况，但无法深层次地揭示出留守儿童的心路历程，需要结合深度访谈法等方法来加以补充与深化；

---

① 杨菊华、段成荣：《农村地区流动儿童、留守儿童和其他儿童教育机会的比较研究》，《人口研究》2008 年第 1 期。

② 许传新：《学校适应情况：流动儿童与留守儿童的比较分析》，《中国农村观察》2010 年第 1 期。

③ 范兴华、方晓义、刘勤学、刘杨：《流动儿童、留守儿童与一般儿童社会适应比较》，《北京师范大学学报》（社会科学版）2009 年第 3 期。

跟踪研究法是长时间对留守儿童进行动态研究，反映留守儿童在不同时间背景下的演变状况，从纵向上呈现留守儿童的身心变化特征，但需要与实证研究法及访谈法等相结合，才能落到实处；比较研究法是要描述留守儿童在同龄儿童中身心发展的相对状态，呈现农村儿童在留守状态下身心发展的得失，但如何来进行比较，还需要借助于实证研究等方法来具体实施。因此，在留守儿童研究中固守单一的研究方法必然会得出片面的研究结论，无法相互印证事实；只有综合运用各种方法，才能全面、及时、动态地反映留守儿童在不同时空下的真实状态。

（二）流动儿童研究的现状

随着时间的推移，越来越多的农民带着孩子外出务工，在城市中的农民工随迁子女不断增多，逐渐形成了一个不同于城市当地儿童的特殊群体，这个特殊群体在城市中面临的学习、生活、心理等问题较突出，开始引起社会与学界的广泛关注，是继对留守儿童的研究之后，又一个学界关注的重点。其研究现状主要表现在以下几个方面。

1. 流动儿童基本状况研究

有学者指出，目前我国的流动儿童已形成巨大的规模，成了一个需要特殊关注的群体；流动儿童大多来自农村，来自人口大省，相对集中地分布于社会经济发展水平较高的省份；流动儿童的受教育状况不及全国儿童少年的平均水平；流动儿童的失学率较高，达到4.8%；流动儿童不能适龄入学表现得尤为突出，46%的6周岁儿童没有入学接受教育，部分流动儿童不能及时接受教育，较高比例的流动儿童不能完整地接受义务教育，15.4%的14岁流动儿童离开了学校。[①]

2. 流动儿童城市适应状况研究

有研究者认为，进城农民工子女由于受到原有乡村课堂文化等诸多因素的影响而难以适应城市学校的课堂文化，甚至与其发生冲突。从课堂文化内容的角度来看，进城农民工子女的课堂文化冲突主要表

---

① 段成荣、梁宏：《我国流动儿童状况》，《人口研究》2004年第1期。

现在价值倾向、符号体系、规范意识和教学行为层面。① 流动儿童城市适应过程呈现三种类型：U 形、J 形、水平线型；长期习得的外显行为、内隐观念、人文环境、学习成绩是几个较难适应的维度。在对三种适应过程进行比较后，提出了流动儿童的城市适应过程理论，认为流动儿童在城市适应过程中会经历四个发展阶段：兴奋与好奇、震惊与抗拒、探索与顺应、整合与融合。② 有研究者进一步指出，流动儿童比本地儿童表现出更多的行为问题，但流动儿童的学习成绩并不显著低于本地儿童，这可能与学习成绩评定的方法有关。风险因素的研究发现，虽然行为问题和学习成绩的风险因素不尽相同，但普通话水平、流动时间和留守时间是稳定的预测因子。③

3. 流动儿童社会融合研究

有研究者认为，流动儿童的社会融合主要包括心理融合、文化融合、社会交往融合和身份融合四个因子。从社会融合程度来考察，他们的社会融合已经达到了"半"融合水平，但内部差异较大。从具体影响因子来看，心理融合、文化融合、社会交往融合和身份融合呈现出依次降低的趋势，说明流动儿童社会融合的各个维度之间进展不平衡，社会融合质量不高。④ 流动儿童的社会认同大多属于同化和分离模式；流动儿童的社会认同及适应模式在性别、家庭经济地位、来城市时间、教育安置方式等因素上存在显著差异；城市认同对社会文化适应和心理适应均有正向预测作用，老家认同仅对社会文化适应有负向预测作用；城市认同在教育安置方式与社会文化适应、心理适应

① 查啸虎：《从冲突到融合：进城农民工子女的课堂文化适应研究》，《教育科学研究》2011 年第 1 期。

② 刘杨、方晓义等：《流动儿童城市适应状况及过程——一项质性研究的结果》，《北京师范大学》（社会科学版）2008 年第 3 期。

③ 曾守锤：《流动儿童的社会适应状况及其风险因素的研究》，《心理科学》2010 年第 2 期。

④ 刘庆等：《流动儿童社会融合的结构、现状与影响因素》，《中国青年政治学院学报》2014 年第 6 期。

间均起部分中介作用,而老家认同仅在社会文化适应上起部分中介作用。① 流动儿童对不同层面的城市特质认同状态存在差异,对易接触、易学习的表层文化特质了解更多,情感更亲近,一定程度上保持着原有的文化习惯,并选择性地接受城市文化,对具有"符号性""标志性"的城市文化愿意积极付诸实践;他们并未形成清晰的身份认同,仍具有乡城"我群""他群"之分,城市归属感较弱,其文化体验整合存在矛盾性。② 社会融合在代际间具有传承性,充分的亲子交流能够促进流动儿童社会融合状况及其发展。传承结果决定了流动儿童社会融合的起点,而亲子交流决定其方向和速度。③ 有研究者认为,影响农民工进城子女社会融合的因素主要包括制度、家庭、个性和社会接纳等。其中,制度障碍是影响农民工进城子女社会融合的决定性因素;家庭是农民工进城子女社会融合的重要基础;个性心理影响农民进城子女社会融合的进程与深度;社会接纳是农民工进城子女社会融合的前提。④ 有研究者进一步指出,流动儿童习得城市社会规范和行为规范的同时,却被城市的身份识别系统限制和区隔,他们在城市生活、学习和娱乐的过程是一个多重类型的社会化过程。通过田野调查发现,流动儿童的城市社会化呈现出"封闭化"与"街角化"现象,其令人担忧的社会化现状是家庭、学校、社区等社会化主体共同作用的结果,而社会融入则是流动儿童城市融入和城市社会化的重要路径。⑤ 农民工子女实际上是城市第二代移民,他们能否融入城市社会是公共管理的重大议题。有学者基于整体性治理的思路,提出具有可操作性的政策建议:首先,必须建立跨部门合作的机制和平台;其

---

① 袁晓娇、方晓义等:《流动儿童社会认同的特点、影响因素及其作用》,《教育研究》2010 年第 3 期。

② 吴新慧:《流动儿童城市文化认同分析——基于杭州、上海等地公办学校的调查》,《浙江学刊》2012 年第 5 期。

③ 周皓:《流动儿童社会融合的代际传承》,《中国人口科学》2012 年第 1 期。

④ 巩在暖、刘永功:《农村流动儿童社会融合影响因素研究》,《国家行政学院学报》2010 年第 3 期。

⑤ 张大维等:《封闭化与街角化:流动儿童现状及其社区融入研究》,《社会主义研究》2012 年第 2 期。

次，帮助农民工子女克服升学和就业瓶颈；再次，要积极鼓励社会组织参与合作治理，为农民工子女提供教育和社会服务；又次，少先队、共青团组织应当加强对农民工子女的关怀和吸纳；最后，以社区和学校为主要平台促进农民工子女的社会融合。①

4. 流动儿童社会认同研究

有学者以北京、上海等 10 个城市 4650 名农村户籍流动儿童问卷调查为基础，分析了农民工子女义务教育状况：农村户籍学生家庭举家迁移；学生就学年龄明显大于正常就学年龄且年龄跨度大；学生多次转学是因为教学质量差和父母工作流动；学生就读公办学校的最大障碍是繁杂的入学手续；与民办小学相比，民办中学的教师和硬件问题更为突出；省内流动、家庭购有住房、独生子女等有利于学生就读公办学校；在公办学校就读的学生对所在城市有更大的认同感。② 有研究者指出，公办学校的流动儿童更倾向于将自己归入城市，对城市认同度高、倾向与老家孩子比较、自我肯定；打工学校的流动儿童更倾向于将自己归入农村，对老家认同度高、倾向与城市孩子比较、自我否定。流动儿童社会认同中的城市归类、城市认同、自我肯定对城市适应中的探索顺应、融入整合有显著的正向预测作用，而老家认同对城市适应中的探索顺应、融入整合有显著的负向预测作用。③

5. 流动儿童受教育状况研究

有学者指出，非独生子女和兄弟姐妹个数增加对流动儿童继续选择读书有负面影响，其中女童受到的负面影响更显著。在无证打工子弟学校就读的流动儿童，选择回家继续读书和工作的概率，大于有办学许可证的打工子弟学校和在公立学校就读的流动儿童。因此，教育部门应建立对流动儿童的教育资助，改善打工子弟学校的办学条件；

---

① 熊易寒：《整体性治理与农民工子女的社会融入》，《中国行政管理》2012 年第 5 期。

② 陶红等：《农民工子女义务教育状况分析——基于我国 10 个城市的调查》，《教育发展研究》2010 年第 9 期。

③ 王中会等：《流动儿童社会认同特点及其对城市适应的影响》，《中国特殊教育》2012 年第 3 期。

各级政府应该协调配合，提高流动儿童高中入学率；各地政府应当立足各地的实际，在探索中逐步推进流动儿童异地高考改革。① 流动儿童转学次数的增加会导致学习成绩下降，特别是对女童、初中阶段和在公办学校就读的流动儿童的负面影响更大。分性别模型的估计结果表明，家庭经济状况只对男童有积极的影响，说明流动儿童家庭可能更倾向于增加男童的教育投入；在分教育阶段模型中，家庭生活状况只在初中有显著正影响；在分学校类型模型中，家庭经济状况在公立学校和有证打工子弟学校有显著正影响。② 流动儿童初中后教育的障碍包括流入地政府积极性缺失、迁徙自由受到影响、流动儿童面临初中后就学与就业的困境，作为既得利益者的城市居民有着强烈的制度依赖，不愿意分享改革成果。③ 有学者利用较大规模问卷抽样调查的结果，对农民工子女流动还是留守的选择进行分析后发现，八成农民工在进城过程中，选择将子女留在家乡成为留守儿童，将子女带进城的只占两成左右。农民工自身的经济资本、文化资本、社会资本以及在城市的适应状况对子女的教育选择有显著影响。④ 有学者进一步指出，进城农民工子女在进入城市后面临着两种编码的转化，即从以限制编码为主的场域转换为以精密编码为主的场域。两种编码的差异性主要体现在：教学内容的设计与农民工子女的家庭文化特征不相匹配；教师教学的实际内容与农民工子女学习内化之间存在差距；学业评价的内容和标准与农民工子女生活境遇区隔明显。在学校中，教师应采用多样性教学策略和多元化评价方式；社区、学校和家庭要形成教育合力，使他们更好地适应城市生活，改变其习惯的生活方式，以

---

① 张绘：《我国城市流动儿童初中后教育意愿及其政策含义》，《教育学报》2013 年第 1 期。

② 张绘等：《流动儿童学业表现及影响因素分析——来自北京的调研证据》，《北京大学教育评论》2011 年第 3 期。

③ 杜晓利：《迁徙自由视角下保障流动儿童初中后受教育权的思考与建议》，《教育发展研究》2015 年第 6 期。

④ 许传新等：《流动还是留守：家长的选择及其影响因素》，《中国青年研究》2010 年第 10 期。

提高他们的学习成绩。①

二　研究述评

从近二十年的有关农民工子女的研究文献中，我们可以发现，有值得肯定的地方，也有不足的方面，对已有的研究进行评析，具有借鉴意义和现实价值。

第一，已有文献从教育学、心理学、社会学和人口学等不同的学科背景对留守与流动儿童的现状进行了研究，研究是深入的，但对于农民工子女的研究还缺乏整合，还没有形成一个较为系统的整体，今后的研究趋势是要形成一个多学科的研究框架。同时，从教育学、心理学、社会学和人口学的视角来研究留守与流动儿童，是一种学科研究的立场，这种学科立场是从专业知识、专业方法和专业理论的角度来提供一个有关留守与流动儿童研究的解释框架，这种解释框架是深刻的，但无助于留守与流动儿童问题的实际解决，这就需要转变留守与流动儿童研究的立场，即从学科的立场转向实践的立场，基于留守与流动儿童的实际问题来提出相应的解决方案，学科背景只能起到优化解决方案的作用。

第二，把农民工子女当作问题儿童是目前的一个研究倾向，但农民工子女，无论是留守儿童还是流动儿童，并不等于是问题儿童，农村留守与流动儿童所表现出来的问题并不是他们本身所具有的问题，而是在留守或流动过程中表现出来的问题，是外在的环境所造成的问题，所以应该把他们看作目前社会经济结构下的一个特殊群体，今后的研究方向应该是基于这一群体的特殊需求的研究。

第三，已有的研究主要是从教育学、心理学、社会学和人口学等学科的视角来揭示留守与流动儿童身上的系列问题，并基于这些问题提出相应的干预措施，这是从把农民工子女看作问题儿童的假设中推导出来的，这种假设本身是值得质疑的。把问题群体的假设转换成特

---

① 姚运标:《编码视角下的进城农民工子女学业成绩不良原因之探析》,《教育科学研究》2011 年第 1 期。

殊群体的假设、把干预措施转换成关爱服务体系建设的研究是今后有关农民工子女研究的方向。我们的研究应该更多地站在预防的角度，而不是站在干预的角度来看待留守与流动儿童的问题，因此需要在今后的研究中着力构建留守与流动儿童的关爱服务体系，把农村留守与流动儿童作为具有特殊需求的群体来看待，通过建立关爱服务体系来促进农村留守与流动儿童身心的健康成长。

第四，从已有的研究来看，主要是关注农村留守与流动儿童身心发展的共性部分，较少去涉及农村留守与流动儿童身心发展的个性部分，即不同年龄、不同性别、不同家庭背景的农村留守与流动儿童在身心发展方面的现状与问题是不一样的，他们有其自身的特点，需要分门别类地对此进行深入的研究。除呈现农村留守与流动儿童的共性特征外，还要深入地挖掘他们在身心发展方面的个性特点，尽量全面地反映农村留守与流动儿童的实际情况和真实问题。要挖掘农村留守与流动儿童身心发展的个性特点，在研究方法上需要使用人类学的研究方法和田野调查法，深入农村留守与流动儿童的学习与生活中，切实去了解这些儿童真实的生存与发展状况。

第三节　研究思路、核心概念和主要观点

本部分主要介绍研究的总体思路、核心概念及在研究过程中所得出的主要观点。

一　研究思路

本书以农村留守与流动儿童的不同需求为研究假设，基于这个研究假设来展开研究思路和开展本课题的相关研究，达到验证假设和构建农民工子女关爱服务体系的目的，具体的研究思路参照下图。

二　核心概念

本书的核心概念有四个，分别是"农民工子女""留守儿童""流动儿童"和"关爱服务"。

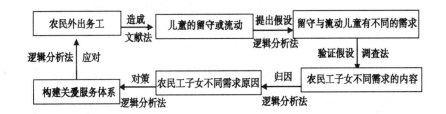

（一）农民工子女

随着我国工业化的推进，大量农民外出到城镇务工。这些农民虽然在城镇务工，但他们的户籍却仍然在农村，因此被称为农民工。对于有子女的农民工而言，农民工有两种选择：要么把其子女留在农村的老家，让其处于留守状态而成为农村留守儿童；要么把其子女带在身边一起去城镇务工就学，让其处于流动状态而成为农村流动儿童，或者称为农民工随迁子女。本书中的农民工子女是农村留守与流动儿童的总称，书中所出现的农村留守与流动儿童都是指农民工子女。可以这样说，农村留守儿童与农村流动儿童是农民工子女这个硬币的两个面。

（二）留守儿童

按照国际惯例，本书中的儿童是指十八岁以下的未成年人。留守儿童的范围其实是比较广的，既包括城镇中的留守儿童，也包括农村中的留守儿童，本书中的"留守儿童"专指农村留守儿童，即因农民外出务工而留守在农村的儿童。本书的研究对象是义务教育阶段的农村留守儿童，但由于调研的实际困难，农村留守儿童问卷的对象主要是指小学四年级至初中二年级的学生，主要是因为小学一、二、三年级的留守儿童在问卷中较难收集到相关的资料，对这部分儿童主要是通过观察法和访谈法来收集相关的材料。

留守儿童大致可以分为四大类：第一类是父母一方外出务工，其子女与父母的另一方留守在家里。一般来说，是母亲与其子女留守在家里，父亲外出务工，而且这类留守儿童的年龄普遍较小，自我照顾的能力不足；第二类是父母双方都在外务工，其子女由爷爷奶奶或外公外婆照顾，留守儿童的年龄相对较大些，这类留守儿童目前在农村较为普遍；第三类是父母双方都外出务工，其子女由亲戚朋友照看，这类留守儿童在数量上相对来说较少；第四类是父母双方都外出务工，其子女由自己照顾，一般来说，这些孩子年龄都较大，具有一定的照顾自己和弟弟妹妹日常生活的能力。

（三）流动儿童

流动儿童一开始是指城镇中的儿童跟随其父母在务工城市流动的未成年人，这部分儿童由于父母所从事的职业不同，可分成不同的类型，但他们在经济、生活等方面要好于从农村来到城市的流动儿童。目前流动儿童的主体是随父母来到城市的农村儿童，本书中的流动儿童特指农村流动儿童，不包括来自城镇的流动儿童。农村流动儿童也可称作"进城务工农民随迁子女"，或者称作"农民工随迁子女"，他们是城市中的特殊群体。进入 21 世纪以来，农民外出务工有一个新特点，即由原来的"单身外出"变成目前的"全家外出"，农民工子女跟随其父母来到城市而成为流动儿童。流动儿童的突出问题是其在城市的就学问题及学习、生活和文化适应问题。

从流动的时间来看，流动儿童大致可分为三大类：一类是农民长期在城市务工，其子女本身就出生在城市，并在城市长大，与城里人没有多大区别，只是户籍在农村；第二类是农民在城市务工，在收入和工作方面比较稳定后，把其子女接到城市来一起生活而成为流动儿童；第三类是从一开始，父母就和其子女一起来到城市，农民工子女成为流动儿童。从流动的城市来看，流动儿童大致可以分为两大类：一类是在固定的城市流动，由于父母长期在一个城市务工，其随迁子女一般来说也就在这个城市；另一类是在不同城市流动，由于父母的工作并不固定，其子女也跟着流动。从流动的范围来看，流动儿童也大致可分为两大类：一类是在省内的城市流动；另一类是在省外的城市流动，特别是西部地区的农民工及其子女往往是在东部沿海城市流动。从流动城市的大小来看，流动儿童大致可以分为三大类：第一类是在大城市内流动，如北京、上海和广州等大城市；第二类是在省会城市及沿海经济发达的城市流动，如杭州、南京、深圳和宁波等城市；第三类是在地州市及县城流动。

由于对小学一二三年级流动儿童在收集数据与资料方面存在实际困难，问卷针对的是小学四年级至初中二年级阶段的学生，对小学一二三年级的流动儿童来说，主要采用观察法和访谈法。本书的研究对象主要是义务教育阶段的流动儿童。

（四）关爱服务

"关爱服务"是针对农村留守儿童的实际问题和真实需求所提出来的一个核心概念，是要对处于留守状态下的农村儿童在学习、生活、心理、品格、安全、卫生、沟通交流等方面提供全方位和全过程的关爱服务，促进农村留守儿童的健康成长和全面发展。农村留守儿童表现出来的问题主要是由于处于留守状态而缺乏相应的关爱所造成的，因此，对于农村留守儿童来说，他们最为缺乏的是关爱，他们最为需要的也是关爱，来自社会、学校和家庭的关爱服务，以满足他们身心发展的需要。本书中的"关爱服务"是针对农村留守儿童而言的，强调对于农村留守儿童要侧重于"关爱"，即对他们身心的关爱，因为他们最为需要的是来自各方面的关爱。

"关爱服务"也是针对农村流动儿童的实际问题和真实需求所提出来的一个核心概念，是要对处于流动状态下的农村流动儿童在学习、生活、心理、品格、行为、沟通交流等方面提供全方位和全过程的关爱服务。农村流动儿童面临的最大问题是适应问题，从农村来到城市，由于环境的变迁必然会带来一系列的适应问题。针对农村流动儿童的适应问题，要从学习、生活、心理等方面提供相应的关爱服务，帮助农村流动儿童适应城市环境，满足他们对于城市适应的需求，从提供关爱服务的视角来解决他们在城市的适应问题，改善他们在城市的适应状况。

三 主要观点

本书在研究过程中形成了四个主要观点，这四个主要观点贯穿于整个研究过程中。

第一，农村留守与流动儿童不是问题儿童，而是特殊群体。这是本书在研究过程中始终坚持的主要观点之一。以往的研究把留守与流动儿童当作问题儿童，从教育学、心理学、社会学等角度对这些儿童的问题作出诊断和分析，并提出相应的干预措施。本书认为，无论是农村留守儿童，还是农村流动儿童，他们都不是问题儿童，而是当代中国经济社会结构下的特殊群体，这个特殊群体有他们自身不同的心理、学习、认知、道德、个性、生活等发展需求。农村留守与流动儿童的实际需求不是问题，而是这些需求在现实生活中没有得到充分满足，这些没有得到充分满足的需求在农村留守与流动儿童身上表现出来而成为问题。

第二，对于农村留守与流动儿童表现出来的问题，不是要采取干预措施，而是要建立关爱服务体系来加以预防。干预措施是建立在留守与流动儿童是问题儿童的研究假设之上的，这种研究假设本身是不成立的，留守与流动儿童并不是天生就是问题儿童。事实上，通过干预措施来解决农村留守与流动儿童身上的"问题"，是对农村留守与流动儿童问题的部分解决，而不是彻底解决，而且在问题解决的过程中或多或少会对留守与流动儿童带来副作用。把留守与流动儿童当作问题儿童，与农村儿童在留守或流动状态下所表现出来的问题，两者之间有着本质的区别。建立关爱服务体系的目的是要预防农村儿童在留守或流动状态下所出现的问题，使问题解决在出现之前，这有助于保护农村留守与流动儿童的身心健康，更好地促进他们的身心全面发展。

第三，农村留守与流动儿童的关爱服务存在差异性。由于生活环境、家庭因素、学校教育、自我认知、家长期望等方面的原因，农村留守与流动儿童的关爱服务体系在原则、目标、内容、方法、途径和措施等方面存在差异性。对于农村留守儿童而言，由于亲人外出务工，他们最缺乏的就是关爱，最需要的也是关爱，因此要侧重于建立以关爱服务为导向的体系，给予留守儿童以情感、亲情、心灵和精神上的关爱服务，满足农村留守儿童对于关爱的现实需求。对于农村流动儿童而言，由于从农村来到城市，他们面临的主要问题是城市适应问题，主要表现在学习、生活、文化、心理等方面，因此，要侧重于建立以关爱服务为导向的体系，给予流动儿童在公办学校的入学机会、适应城市生活、消除文化隔阂、融入社区等方面的关爱服务，满足农村流动儿童对于适应城市学习、生活等方面的现实需求。

第四，要加强农民工子女关爱服务体系建设的探索。第三个观点提出要关爱服务农村留守与流动儿童，但关爱服务并不是孤立的，而是要形成体系才能发挥出应有的作用。农村留守与流动儿童作为学生中的弱势群体，单靠家庭、学校、社会及政府中的任何一方力量，都不能完全达到关爱服务的目的，而是要充分调动和利用一切资源，通过家庭、学校、社会及政府部门的上下联动，才能实施有效的关爱服务，因此，要加强对农民工子女关爱服务体系建设的探索，更好地改善农村留守与流动儿童的生存状况，更好地服务于农民工子女的身心发展。

第二章

农民工子女的实际状况

本部分主要是通过全国的统计资料和调研数据来呈现农民工子女的实际状况，主要包括农村留守与流动儿童的整体状况、农村留守儿童的现状、农村流动儿童的现状和农村留守与流动儿童现状的比较分析这四方面的内容。

第一节　农民工子女的整体状况

通过对近几年的全国统计数据进行分析来呈现农村留守与流动儿童的整体状况，从而对目前全国留守与流动儿童的整体状况有一个较全面的认识。

一　流动儿童的规模继续增长

2011 年，全国义务教育阶段农村流动儿童（进城务工人员随迁子女）达 1261 万人，比上年增长 93.8 万人，增长 8%，分区域看，在东部地区学校就读的进城务工随迁子女达到 744.2 万人，比上年增长 9.8%，占到全国的 59%，在中部地区学校就读的随迁子女占到全国的 17.5%，与上一年基本持平，在西部地区就读的随迁子女占全国的 23.5%，比上年略降低 1 个百分点。①

2012 年，全国义务教育阶段进城务工人员随迁子女达 1393.9 万人，比上年增长 132.9 万人，增长 10.5%，分区域看，在东部地区学校就读的进城务工随迁子女达到 820.9 万人，比上年增长 10.3%，占

---

① 数据来源于 2012 年的《全国教育统计年鉴》，高等教育出版社 2012 年版。

到全国的 58.9%，比上年微降 0.1 个百分点；在中部、西部地区学校就读的随迁子女占到全国的 17.7% 和 23.4%，与上一年相比，中部地区微升 0.2 个百分点，西部地区微降 0.1 个百分点。①

二　东部地区流动儿童的数量增长最快

2011 年，全国进城务工人员随迁子女有 932.7 万人在小学就读，比上年增加 68.4 万人，增长 7.9%。分区域看，东部地区小学随迁子女人数最多，为 568.8 万人，比上年增长 9.6%，中部地区为 149.1 万人，西部地区为 214.8 万人，增长 3.1%。2011 年，全国进城务工随迁子女在初中就读的为 328.2 万人，比上年增加 25.4 万人，增长 8.4%，增速快于小学。东部地区增长最快，比上年增长 10.4%，中部地区随迁子女人数最少，为 71.2 万人。②

2012 年小学进城务工人员随迁子女在校生增速快于初中，中部地区增长最快。2012 年，全国进城务工人员随迁子女有 1035.5 万人在小学就读，比上年增加 102.8 万人，增长 11%，增速快于初中。分区域看，东部地区小学随迁子女人数最多，为 626 万人，比上年增长 10.1%；中部地区增长最快，比上年增长 15.7%。2012 年，全国进城务工人员随迁子女在初中就读的为 358.3 万人，比上年增加 30.1 万人，增长 9.2%。分区域看，中部地区在初中就读的进城务工人员随迁子女的人数最少，为 73.7 万人；东部地区增长最快，比上年增加 11.1%。③

三　东部地区流动儿童在校生比例高于中西部

2011 年，全国义务教育阶段进城务工人员随迁子女占在校生总人数的比例为 8.4%，比上年提高 0.7 个百分点。其中，小学阶段随迁子女占在校生总规模的比例为 9.4%，东部地区仍然最高，为

---

① 数据来源于 2013 年的《全国教育统计年鉴》，高等教育出版社 2013 年版。
② 数据来源于 2012 年的《全国教育统计年鉴》，高等教育出版社 2012 年版。
③ 数据来源于 2013 年的《全国教育统计年鉴》，高等教育出版社 2013 年版。

16.3%，比上年提高1.2个百分点；中部地区最低，为4.3%，比上年提高0.3个百分点。初中阶段随迁子女占在校生总人数的比例为6.5%，东部地区最高，达9.9%，比上年提高1.4个百分点；中部地区最低，为4.2%，比上年提高0.5个百分点。[1]

2012年，全国义务教育阶段进城务工人员随迁子女占在校生总人数的比例为9.6%，比上年提高1.2个百分点。其中，小学阶段随迁子女占在校生总规模的比例为10.7%，比上年提高1.3个百分点，东部地区仍然最高，为17.8%，比上年提高1.6个百分点，中部地区最低，为5.2%，比上年提高0.9个百分点。初中阶段随迁子女占在校生总人数的比例为7.5%，比上年提高1.0个百分点，东部地区最高，达11.5%，比上年提高1.6个百分点；中部地区最低，为4.7%，比上年提高0.5个百分点。[2]

四　流动儿童省内流动的比例高于省外

从义务教育阶段进城务工人员随迁子女的来源来看，省内流动的比例高于外省迁入。2011年，在全国义务教育阶段就读的进城务工人员随迁子女中，外省迁入的占45.8%，省内其他县迁入的占54.2%。东部地区外省迁入的比例占60.8%，比上年减少1.3个百分点；中部地区省内流动的比例为83.6%，比上年降低0.4个百分点；西部地区省内流动的比例为70.0%，比上年降低0.7个百分点。[3]

2012年进城务工人员随迁子女省内流动的比例高于外省迁入，东部地区仍以外省流入为主，但比例有所下降，中西部地区仍以省内流动为主，且比例上升。

从义务教育阶段进城务工人员随迁子女的来源来看，省内流动的比例高于外省迁入。2012年，在全国义务教育阶段就读的进城务工

---

[1]　数据来源于2012年的《全国教育统计年鉴》，高等教育出版社2012年版。

[2]　数据来源于2013年的《全国教育统计年鉴》，高等教育出版社2013年版。

[3]　数据来源于2012年的《全国教育统计年鉴》，高等教育出版社2012年版。

人员随迁子女中，外省迁入的占 45.4%，省内其他县迁入的占 54.6%。东部地区外省迁入的比例占 60.7%，比上年减少 0.1 个百分点，中部地区省内流动的比例为 84.3%，西部地区省内流动的比例为 70.6%，均比上年提高了 0.7 个百分点。①

五 中部地区留守儿童数量最多

2011 年，全国义务教育阶段在校生中，农村留守儿童有 2200.3 万人，比上年减少 71.2 万人，减少 3.1%，占农村义务教育阶段在校生总人数的比例为 20%。2012 年，全国义务教育阶段在校生中，农村留守儿童有 2271 万人，比上年增加 70.7 万人，增长 3.2%。②

2011 年，小学在校生中，全国农村留守儿童为 1436.8 万人，比上年减少 25.0 万人，减少 1.7%。中部地区留守儿童最多，2011 年达到 719.2 万人，比上年增加 1.2%，占农村在校生的比例达到 26.4%。初中在校生中，农村留守儿童有 763.5 万人，比上年减少 46.2 万人，减少 5.7%，中部地区留守儿童较多，2011 年为 352.1 万人，比上年减少 3.9%，占农村在校生的比例为 27.4%。③

2012 年，小学在校生中，全国农村留守儿童为 1517.9 万人，比上年增加 81.1 万人，增长 5.6%。中部地区留守儿童最多，达到 738.9 万人，比上年增加 2.7%，占农村在校生的比例达到 28.7%。初中在校生中，农村留守儿童有 753.2 万人，比上年减少 10.3 万人，减少 1.4%，中部地区留守儿童最多，2011 年为 338.7 万人，比上年减少 3.8%，占农村在校生的比例为 29.3%。④

① 数据来源于 2013 年的《全国教育统计年鉴》，高等教育出版社 2013 年版。
② 数据来源于 2012 年的《全国教育统计年鉴》，高等教育出版社 2012 年版。
③ 同上。
④ 数据来源于 2011 年、2012 年和 2013 年的《全国教育统计年鉴》，高等教育出版社 2011、2012、2013 年版。

第二节　农村留守儿童的实际状况

通过对 1560 份农村留守儿童有效问卷的分析，来呈现不同地区农村留守儿童的现状。

一　年级分布

表 2 - 1　　　　　　　　　农村留守儿童年级分布状况

		频率	百分比	有效百分比	累积百分比
	年级				
有效	四年级	232	14.9	14.9	14.9
	五年级	300	19.2	19.2	34.1
	六年级	304	19.5	19.5	53.6
	初一	376	24.1	24.1	77.7
	初二	348	22.3	22.3	100.0
	合计	1560	100.0	100.0	

从表 2 - 1 所呈现的数据来看，农村留守儿童在各个年级的分布相对比较均匀，最少的是四年级，占 14.9%，最多的是初一，占 24.1%。这组数据也反映出，随着年级的增加，留守儿童的人数也在增加，所占的比重更大些，特别是在初中阶段，留守儿童的比重有所增加。根据我们的实地调查和观察，学前及小学低年级农村留守儿童的数量也较多，但相比高年级的农村留守儿童而言，所占的比重相对较小些。为什么农村留守儿童在初中阶段所占的比重较大呢？在高年级阶段，儿童的学习与生活自理能力在增强，农民比较放心把孩子留守在农村而外出务工，这是初中阶段留守儿童比重较大的主要原因。初中阶段是人生的黄金期和分化期，在人生的这样一个重要时期，儿童处于留守状态，他们的身心会受到较大的影响。初中阶段也是农村留守儿童出现各种问题的高峰期，学校、家庭和社会要特别关注处于这个阶段的农村留守儿童。

二　年龄分布

表 2－2　　　　　　　　　　　农村留守儿童年龄分布状况

年龄					
		频率	百分比	有效百分比	累积百分比
有效	9.00	76	4.9	4.9	4.9
	10.00	148	9.5	9.5	14.4
	11.00	248	15.9	15.9	30.3
	12.00	400	25.6	25.6	55.9
	13.00	328	21.0	21.0	76.9
	14.00	204	13.1	13.1	90.0
	15.00	156	10.0	10.0	100.0
	合计	1560	100.0	100.0	

　　从表 2－2 可以看出，随着年龄的增大，留守儿童的数量有增加的趋势，特别是 12 岁至 15 岁的留守儿童所占的比例较大，占到所有留守儿童的 69.7%。为什么这个年龄段的留守儿童所占的比例较大呢？主要的原因是，这个年龄段的留守儿童已具备了一定的生活、学习自理能力，能够留守在家，家长也相对放心些。但不可忽视的是，这个阶段的孩子仍处于心理发育期，父母亲长期不在身边，缺乏沟通与交流，很容易对他们的心理健康造成影响。农村留守儿童年龄分布状况与年级分布状况有相吻合的地方，为什么还要分析农村留守儿童的年龄分布状况呢？主要是为了呈现出农村留守儿童分布的年龄特点，通过年龄特点来反映农村留守儿童的人口学特征，农村留守儿童中哪个年龄段的群体更可能处于留守状态，这为学校、社会及政府部门采取相应措施提供了事实依据。

三 性别状况

表 2 - 3　　　　　　　　　农村留守儿童的性别状况

		性别			
		频率	百分比	有效百分比	累积百分比
有效	女	820	52.6	52.6	52.6
	男	740	47.4	47.4	100.0
	合计	1560	100.0	100.0	

从表 2 - 3 可以看出,虽然农村留守女童的比例要高于农村留守男童约 5 个百分点,但从总体上来看,农村留守儿童在男女性别上是基本持平的,也就是说,是否留守,与儿童的性别没有多大的关系。不同年龄段农村留守女童的数量在这里没有作出数据统计,但据我们的实际观察,在小学低年级阶段,农村留守女童的比例相对要高些。目前农民外出务工的根本原因是要改善家庭经济生活状况,因此如果农民要外出务工而决定把子女留守在农村时,他们更多的是考虑各种经济上的因素,较少考虑留守儿童在性别上的差异,男童或女童都可能成为留守的对象。但如果农民经济条件允许的话,他们可以把子女带在身边一起外出务工,受农村传统文化的影响,他们更可能把男孩带在身边,这也可以解释农村留守女童的比例相对高于留守男童的原因。

四 监护人状况

表 2 - 4　　　　　　　　农村留守儿童监护人状况

		和谁住一起			
		频率	百分比	有效百分比	累积百分比
有效	父亲	52	3.3	3.3	3.3
	母亲	92	5.9	5.9	9.2

和谁住一起					
		频率	百分比	有效百分比	累积百分比
有效	爷爷奶奶	932	59.7	59.7	69.0
	外公外婆	316	20.3	20.3	89.2
	亲戚	168	10.8	10.8	100.0
	合计	1560	100.0	100.0	

表 2-4 呈现出农村留守儿童监护人的大致情况。和父亲住在一起的留守儿童比例最小，只有 3.3%；然后是与母亲住在一起的留守儿童，所占百分比是 5.9%；与亲戚住在一起的留守儿童超过了十分之一；和爷爷奶奶、外公外婆生活在一起的留守儿童的比例最大，各占 59.7% 和 20.3%，加起来达到了 80%。从农村留守儿童监护人的情况来看，绝大多数的留守儿童都是和爷爷奶奶或外公外婆生活在一起，这种隔代抚养的方式，使留守儿童缺乏与父母一起生活的交流时间，这样的生活方式会导致家庭教育的缺位，难免会对留守儿童的学习、生活、价值观等产生一些负面影响。而且爷爷奶奶或外公外婆这些监护人本身就是留守老人，再加上这些农村老年人的文化水平普遍不高，他们对于留守儿童的监护能力不强，不能有效地保障孩子健康快乐地成长。

五 留守成员

表 2-5　　　　　　　农村留守儿童的成员

几个兄弟姐妹在家					
		频率	百分比	有效百分比	累积百分比
有效	1	992	63.6	63.6	63.6
	2	376	24.1	24.1	87.7
	3	120	7.7	7.7	95.4
	最后	72	4.6	4.6	100.0
	合计	1560	100.0	100.0	

从表 2 - 5 可以看出，农村留守儿童并不是单独留守在家里，还有兄弟姐妹一起留守在家。近三分之二的留守儿童还有一个兄弟姐妹一起留守在家。在农村地区，有 2 个及 2 个以上的孩子留守在家的比例达到了 95.4%，也就是说，目前农村儿童的留守状态呈现出家庭化特征。在一个家庭里，留守儿童成员的增加，会带来正负两方面的影响。正面影响是留守儿童的成员中有兄弟姐妹，家庭成员之间能够相互照顾与关心，共同来克服处于留守状态中的困难，特别是年龄偏大的留守儿童能够关照到弟弟妹妹。负面影响是留守儿童成员的增加，无疑会增加爷爷奶奶或外公外婆这些老年群体的生活负担，由于年龄偏大，监护人在时间与精力上较难周全地关照到这些留守儿童的学习与生活，从而造成留守儿童在学习与生活上的系列困难。特别是如果农村留守儿童的年龄偏小，生活自理能力有限，更会增加留守老人的负担。

六　学习状况

表 2 - 6　　　　　　　　农村留守儿童的学习状况

		学习成绩处于			
		频率	百分比	有效百分比	累积百分比
有效	上游	164	10.5	10.5	10.5
	中游	996	63.8	63.8	74.4
	下游	356	22.8	22.8	97.2
	最后	44	2.8	2.8	100.0
	合计	1560	100.0	100.0	

表 2 - 6 呈现出农村留守儿童在学校的学习状况。从表中可以看出，大部分农村留守儿童的学习成绩处于中游水平，这个比例接近三分之二，学习成绩处于上游的农村留守儿童的比例是 10.5%，而学习成绩处于下游和最后的农村留守儿童的比例超过了 25%，达到了四分之一，这与父（母）亲或父母亲外出务工有关，导致留守儿童在学习上缺乏相应的辅导。从农村留守儿童在学校的学习状况可以看

出，与农村非留守儿童相比，他们的学习状况处于弱势地位。农村留守儿童学习状况不理想，其中的原因比较复杂，对于低年龄段的农村留守儿童而言，由于父母亲外出务工，缺乏督促可能是最主要的原因，因为低年龄段儿童的学习自觉性不高，需要家长的督促；对于中高年龄段的农村留守儿童而言，他们学习成绩不理想的主要原因是缺乏足够的学习辅导，随着就读年级的增加，学习内容的难度也在增加，留守儿童放学回到家里后，由于缺乏父母亲的学习辅导，容易造成学习成绩的不理想。

七 薄弱科目

表 2 – 7　　　　　　　　　农村留守儿童的薄弱科目

		频率	百分比	有效百分比	累积百分比
			哪个科目不好		
有效	语文	208	13.3	13.3	13.3
	数学	448	28.7	28.7	42.1
	英语	760	48.7	48.7	90.8
	物理	144	9.2	9.2	100.0
	合计	1560	100.0	100.0	

表 2 – 7 呈现出农村留守儿童在学校所学科目的状况。从表中可以看出，在中小学所开设的主要科目中，近一半的农村留守儿童反映，他们在英语方面学得最不好，接下来依次是数学、语文、物理。由于农村地区的整体教育资源相对比较缺乏，教育水平比较低，特别是英语教学的师资力量更为有限，而且英语学习需要一定的语言环境，这些不利因素势必会影响到留守儿童对英语的学习兴趣与学习效果。英语成为农村留守儿童最薄弱的科目，主要是针对初中阶段的农村留守儿童而言的，确实，在农村地区，学生在英语方面普遍存在着学习困难，这种现象在留守儿童当中尤其严重。在小学阶段，语文与数学相比，农村留守儿童更多的是在数学方面存在学习困难，这与留守儿童在数学方面缺乏学习辅导有着较大的关系，相比语文而言，数

学的学习需要监护人投入更多的时间与精力来进行辅导与督促，才不至于落在后面。总之，与农村非留守儿童相比，农村留守儿童在学习上最为薄弱的科目是英语和数学，这种现象在农村留守儿童当中较为普遍。

八　主要原因

表 2 - 8　　　　　　　农村留守儿童成绩不好的主要原因

	成绩不好的原因				
		频率	百分比	有效百分比	累积百分比
有效	上课听不懂	392	25.1	25.1	25.1
	没有家长的辅导	248	15.9	15.9	41.0
	没有家长的监督	208	13.3	13.3	54.4
	基础不好	712	45.6	45.6	100.0
	合计	1560	100.0	100.0	

表 2 - 8 呈现出农村留守儿童学习成绩不理想的主要原因。从表中可以看出，在农村留守儿童自己看来，基础不好是学习成绩不理想的主要原因，所占比例接近一半。我们知道，学习基础不好，是在长期的学习过程中积累的问题，说明留守儿童从一开始就在学习过程中存在不同程度的问题，这些问题从一开始就没有得到较好的解决，其原因与留守儿童在学习过程中缺乏父母亲的督促与辅导有关。上课听不懂、没有家长的辅导、没有家长的监督也是留守儿童学习成绩不好的原因。留守儿童之所以提出学习成绩不理想的上述原因，一方面，确实是他们在学习过程中遇到的实际困难，阻碍了他们进一步把学习搞好；另一方面，家长和学校也有值得反思的地方，家长在留守儿童学习过程中的缺位，造成了他们在学习过程中缺乏应有的督促与辅导，学校对于留守儿童缺乏足够的重视，致使他们在学习过程中的问题越积越多，一时难以解决，从而造成留守儿童的学习困难。

九 父母因素

表2-9 农村留守儿童成绩不理想的父母因素

		父母不在家对你学习的影响			
		频率	百分比	有效百分比	累积百分比
有效	很大	160	10.3	10.3	10.3
	较大	304	19.5	19.5	29.7
	一般	736	47.2	47.2	76.9
	不大	360	23.1	23.1	100.0
	合计	1560	100.0	100.0	

表2-9呈现出农村留守儿童学习成绩不理想的父母因素。根据留守儿童自己的反映,虽有近四分之一的留守儿童认为,父母不在家对自己的学习影响"不大",但也有超过四分之一的留守儿童认为,父母不在家对他们学习的影响"较大"或"很大";还有近一半的留守儿童认为,父母不在家对他们学习的影响"一般"。对于父母亲不在家对留守儿童学习的影响,应该作出更深入的研究与分析。为什么父母不在家对留守儿童学习的影响不一样?这里要作出具体的分析。对于学习较自觉的留守儿童来说,影响不是很大,对于学习自觉性较差的留守儿童来说,影响较大;对于年龄较大的留守儿童来说,影响不是很大,而对于年龄偏小的留守儿童来说,影响是比较大的;对于留守男童来说,影响较大些,对于留守女童来说,影响较小些。作为留守儿童的父母亲说,要根据自己孩子的实际情况,尽量减少自己外出务工对孩子的学习所造成的消极影响,尽自己的努力来改善孩子的学习状况。

十　想念程度

表 2 – 10　　　　　　　农村留守儿童对于父母的想念程度

		频率	百分比	有效百分比	累积百分比
	你对外出务工父母的想念				
有效	很强烈	412	26.4	26.4	26.4
	较强烈	540	34.6	34.6	61.0
	一般	528	33.8	33.8	94.9
	不大	80	5.1	5.1	100.0
	合计	1560	100.0	100.0	

表 2 – 10 呈现出农村留守儿童对于父母亲的想念程度。从表中可以看出，34.6% 的农村留守儿童对父母的想念"较强烈"，所占的比例最大；对父母的想念"很强烈"的留守儿童有 26.4%，可见留守儿童非常盼望与父母见面，和他们生活在一起。对父母想念"一般"的比例高达 33.8%，超过了三分之一，可能的原因是，部分父母在孩子还很小的时候就外出务工，留守儿童已经逐渐习惯了长年累月的孤独，对父母亲的思念已变得不那么强烈了。农村留守儿童对于父母亲的想念，与留守儿童的年龄、父母亲外出务工的时间周期、留守儿童对于父母亲的依赖程度等因素有关。根据我们的实际观察，一般来说，留守儿童年龄较小、父母亲外出务工周期较长，留守儿童对于父母亲想念的程度较强烈些，但对于年龄偏小的留守儿童来说，他们往往较难表达出这种想念的情感。总体而言，农村留守儿童对于外出务工父母亲的想念是比较强烈的，也就是说，在留守儿童的成长过程中，父母亲的角色是不可或缺的，外出务工的父母亲要想办法在这个方面进行弥补。

十一 回家周期

表 2 - 11 农村留守儿童父母亲回家周期

		父母多长时间回来一次			
		频率	百分比	有效百分比	累积百分比
有效	两年	156	11.3	11.3	11.3
	一年	992	63.6	63.6	74.9
	半年	256	16.4	16.4	91.3
	三个月	136	8.7	8.7	100.0
	合计	1560	100.0	100.0	

　　表 2 - 11 呈现出农村留守儿童父母亲回家的周期。从表中可以看出，近三分之二（63.6%）的留守儿童的父母亲基本上是一年回家一次；3 个月能回家一次的父母亲比较少，只有 8.7%，还不到十分之一；甚至还有超过十分之一的父母亲要两年才回家一次，当然，也有 16.4% 的父母亲能够每半年回家一次。以上数据说明，外出务工的农民基本上是每年回家一次，即年前回家过春节，年后外出务工，留守儿童与父母亲见上一面是比较困难的，相互间见面间隔的周期较长，这对于留守儿童的身心健康成长会产生一定的负面影响。也有部分父母亲做得较好，能够每半年回家一次，甚至是每三个月回家一次。特别是对于家里有年龄偏小的留守儿童的父母亲而言，要尽量缩短回家的周期，最好能做到每三个月回家一次，回到孩子的身边，关心他们的学习、生活与心理状况，重视他们成长中的困难，并给予最大限度的帮助。

十二　务工地点

表 2 - 12　　　　　　　　农村留守儿童父母亲务工地点

父母在哪务工					
		频率	百分比	有效百分比	累积百分比
有效	省外	1064	68.2	68.2	68.2
	省城	201	12.8	12.8	81.0
	市里	216	13.8	13.8	94.9
	县城	79	5.1	5.1	100.0
	合计	1560	100.0	100.0	

　　表 2 - 12 呈现出农村留守儿童父母亲务工的地点。从表中可以看出，超过三分之二的留守儿童的父母亲在省外务工。根据课题组实地调研的资料显示，目前农民外出务工的主要输出地是中西部地区，农民务工的地点主要集中在北京、上海、广州等大城市，以及东部经济较发达的省会城市及中小城市，这些区域的薪酬待遇较高，但与留守在家的孩子间的距离却在拉大，这种空间上的距离也会拉大留守儿童与父母亲之间在心灵上的距离。空间距离的拉大意味着回家一次更加不容易，要花费更多的时间、精力、金钱，这也就不难理解，为什么有些父母会每两年才回家一次。随着中部经济的崛起和西部大开发的实施，农民外出务工也出现了新的趋势，即在省内的省会城市及中小城市务工的人数在不断地增加。农民就近务工与创业的新趋势与新形式，不仅是中西部地区城镇化的需要，对于农村留守儿童来说也是一种好现象，或者能在父母亲务工的城镇学校就读，既解决孩子就读的问题，也解决家庭团聚的问题；或者至少能增加父母亲回家的次数，增加家庭成员间的交流与沟通。

十三　联系方式

表 2 - 13　　　　　　　　农村留守儿童与父母亲的联系方式

		频率	百分比	有效百分比	累积百分比
		通过什么与父母进行联系			
有效	电话	1504	96.4	96.4	96.4
	信件	36	2.3	2.3	98.7
	QQ	20	1.3	1.3	100.0
	合计	1560	100.0	100.0	

表 2 - 13 呈现出农村留守儿童与父母亲的联系方式。从表中可以看出，农村留守儿童主要是通过电话这种通信工具与远在他方的父母亲相联系，信件和 QQ 等方式运用得相对少些，这是因为电话联系更方便些，可以在不同的时间与地点随时进行联系。充分利用现代通信来加强农村留守儿童与父母亲的联系，对于增加父母亲与孩子间的亲情，是很有必要的。

十四　联系间隔

表 2 - 14　　　　　　　　农村留守儿童与父母亲联系的间隔

		频率	百分比	有效百分比	累积百分比
		多长时间与父母亲联系一次			
有效	月	232	14.9	14.9	14.9
	星期	1052	67.4	67.4	82.3
	天	164	10.5	10.5	92.8
	三天	112	7.2	7.2	100.0
	合计	1560	100.0	100.0	

表 2 - 14 呈现出农村留守儿童与父母亲之间的联系间隔。从表中可以看出，超过三分之二的农村留守儿童与父母亲联系的时间间隔大体上为每个星期一次，这个比例为 67.4%，这在一定程度上说明，

留守儿童与父母之间的联系还是比较密切的，但这种电话联系方式难以与亲自见面相比，毕竟一些话、一些情感仅仅通过电话是很难表达的。近七分之一的留守儿童每月与家长联系一次，每月联系一次的时间间隔是比较长的。留守儿童与父母亲究竟间隔多长时间联系一次是较合适的，这里不作过多的探讨。但对于不同年龄段的留守儿童来说，要根据实际情况作具体分析，特别是对于年龄较小的留守儿童，父母亲与其联系的时间间隔要短些，最好能做到每两三天联系一次；对于年龄较大些的留守儿童，联系的时间间隔可以稍微长些，但最好也要保证每个星期联系一次。

十五　谈话内容

表 2 - 15　　　　　　　　农村留守儿童与父母亲的谈话内容

		和父母谈什么			
		频率	百分比	有效百分比	累积百分比
有效	学习	900	57.7	57.7	57.7
	生活	384	24.6	24.6	82.3
	安全	172	11.0	11.0	93.3
	身体	104	6.7	6.7	100.0
	合计	1560	100.0	100.0	

表 2 - 15 呈现出农村留守儿童与父母亲谈话的主要内容。从表中可以看出，超过一半的留守儿童和父母亲谈论最多的是有关学习方面的事情，这说明学习困难确实是农村留守儿童面临的最大挑战，从中也可以看出，外出务工的父母亲最为关心的是孩子在学校的学习状况。当然，生活、安全、身体等方面也是留守儿童与父母亲谈话的主要内容，在相互联系时会不同程度地涉及。对于留守儿童来说，由于缺乏必要的督促与辅导，他们的学习成绩普遍处于不理想的状态，这不仅是留守儿童自己较为担心的事情，也是远在他方务工的父母亲经常挂念的事情，因此必然会成为联系时经常谈论的主要内容。对处于不同年龄段的留守儿童，谈话的主要内容也会发生变化，特别是对低年龄段的留守儿童而

言，谈话的主要内容更多的是安全和生活方面，因为他们在这方面的自理能力较低些，更需要父母亲不断地提醒和关照。

十六　在校困难

表 2 - 16　　　　　　　　农村留守儿童在校困难

	在学校最大的困难				
		频率	百分比	有效百分比	累积百分比
有效	受别人歧视	176	11.3	11.3	11.3
	学习成绩不好	940	60.3	60.3	71.5
	家长不能来学校开家长会	392	25.1	25.1	96.7
	别人不和我玩	52	3.3	3.3	100.0
	合计	1560	100.0	100.0	

表 2 - 16 呈现出农村留守儿童在学校所遇到的困难。从表中可以看出，60.3%的农村留守儿童认为，他们在学校所遇到的最大困难是学习方面的，学习成绩不理想往往使他们感到处境艰难。25.1%的农村留守儿童认为，家长不能来学校开家长会，也是他们在学校所面临的尴尬事情，因为留守儿童觉得，家长常来学校开家长会，是对自己的关心与支持，也使自己在同学面前更有自信心。另有超过十分之一的留守儿童认为，受到别人歧视也是他们在学校所遭遇到的困难，因为父母亲不在身边，有时会遭到其他同学的冷落。

十七　在家困难

表 2 - 17　　　　　　　　农村留守儿童在家的困难

	在家最大的困难				
		频率	百分比	有效百分比	累积百分比
有效	缺乏生活照顾	220	14.1	14.1	14.1
	缺乏学习辅导	824	52.8	52.8	66.9
	缺乏交流	324	20.8	20.8	87.7
	缺乏关心	192	12.3	12.3	100.0
	合计	1560	100.0	100.0	

表2-17呈现出农村留守儿童在家里所遭遇到的实际困难。从表中可以看出，52.8%的农村留守儿童认为，他们在家里面临的最大困难是在学习上缺乏辅导，特别是对于高年级的留守儿童而言，由于数学和语文等学科学习难度的增加，缺乏家长的学习辅导，不能解决的学习问题往往会成为后续学习的障碍，从而导致他们学习成绩不理想。这种现象与他们目前所处的家庭环境有关，父母亲外出务工，他们长期与爷爷奶奶、外公外婆等老年群体生活在一起。从总体上来看，农村地区的老年群体在思想、文化和知识等方面与现代社会及年青一代存在差距和代沟，难以在学习辅导上和心理疏导上给予孩子应有的帮助，在相互交流沟通方面也存在不同程度的障碍。留守老人平时还要忙于农活，不大可能挤出较多的时间去关心孩子们的学习，也没有多少时间与精力去和孩子进行必要的交流与沟通，从而造成代与代之间的隔阂。

第三节　农村流动儿童的实际状况

通过对1875份农村流动儿童有效问卷的分析，来呈现不同城市中农村流动儿童的现状。

一　年级分布

表2-18　　　　　　　　农村流动儿童年级分布状况

	年级				
		频率	百分比	有效百分比	累积百分比
有效	四年级	233	12.4	12.4	12.4
	五年级	186	9.9	9.9	22.3
	六年级	339	18.1	18.1	40.4
	初一	624	33.3	33.3	73.7
	初二	493	26.3	26.3	100.0
	合计	1875	100.0	100.0	

表 2 - 18 呈现出农村流动儿童在不同年级的分布状况。从表中可以看出，农村流动儿童在小学四年级至初二均占了一定的比例，这意味着农村流动儿童在各个年级都有分布。初一年级农村流动儿童的比例最高，达到了三分之一，初二年级农村流动儿童的比例也较高，超过了四分之一。为什么初中阶段的农村流动儿童的比例较高呢？主要原因在于，农村儿童小学阶段在老家或者其他居住地学校上学的可能性较大，进入初中阶段，随着他们在生活等方面自理能力的提高，留守儿童成为流动儿童或者非留守儿童变成流动儿童的可能性也在增加，跟随着务工的父母亲来到城市而成为流动儿童。农村儿童的这一转变，在一定程度上打破了他们原来学习上的连续性和连贯性，这是需要我们关注的。总之，在义务教育阶段的不同年级都有农村流动儿童的分布，都需要我们去关注。

二　年龄分布

表 2 - 19　　　　　　农村流动儿童的年龄分布状况

年龄					
		频率	百分比	有效百分比	累积百分比
有效	9.00	107	5.7	5.7	5.7
	10.00	124	6.6	6.6	12.2
	11.00	171	9.1	9.1	21.4
	12.00	417	22.3	22.3	43.7
	13.00	448	23.9	23.9	67.6
	14.00	360	19.2	19.2	86.8
	15.00	248	13.2	13.2	100.0
	合计	1875	100.0	100.0	

表 2 - 19 呈现出农村流动儿童的年龄分布状况。从表中可以看出，12 岁和 13 岁这两个年龄段的农村流动儿童所占的比例最大，分别是 22.3% 和 23.9%。9 岁至 12 岁这个年龄段，随着年龄的增加，农村流动儿童所占的比例也在增加，在 12 岁和 13 岁这两个年龄段达

到高峰期。这说明，随着年龄的增大，农民工子女成为流动儿童的可能性也在增加，这是因为外出务工农民认为，孩子的年龄更大些，适应城市学习与生活的能力会更强些，在这个年龄段，父母亲更愿意把孩子接到务工的城市来就读。同时也说明，外出务工农民只要经济条件允许，再加上孩子具有一定的自理能力，留守儿童成为流动儿童的可能性在增加，农民也希望孩子能在城市学校里接受更好的教育。

三　性别状况

表 2 - 20　　　　　　　　　农村流动儿童的性别状况

性别					
		频率	百分比	有效百分比	累积百分比
有效	女	907	48.4	48.4	48.4
	男	968	51.6	51.6	100.0
	合计	1875	100.0	100.0	

　　表 2 - 20 呈现出农村流动儿童的性别分布状况。从表中可以看出，农村流动男童的比例稍微高于流动女童，高出约 3 个百分点，但从总体上来看，农村流动儿童在男女比例上基本持平，也就是说，性别并不是影响农民工子女成为流动儿童的主要因素。根据我们在访谈中得出的观点，农民工子女是否处于流动状态，是否跟随在外出务工父母的身边，主要与农民工的家庭经济状况及农民工子女本身的自理能力有关。据我们的观察，低年龄段农村流动男童的比例要高于流动女童，这说明在同等条件下，外出务工的农民更愿意把男孩带在身边，更重视男孩子的教育，这与农民根深蒂固的传统文化观念有关。

四 学校性质

表 2 - 21   农村流动儿童就读学校的性质

		学校性质			
		频率	百分比	有效百分比	累积百分比
有效	公办	1547	82.5	82.5	82.5
	民办	328	17.5	17.5	100.0
	合计	1875	100.0	100.0	

　　表 2 - 21 呈现出农村流动儿童就读学校的性质。从表中可以看出，82.5% 的农村流动儿童就读于城市公办学校，这说明国家的"两为主"政策在各地已得到贯彻与落实，在义务教育阶段，公办学校已成为接纳农村流动儿童就读的主力军。当然，也有 17.5% 的农村流动儿童就读于农民工子弟学校这类民办学校。根据课题组的实际调查，在北京、上海和广州这些大城市，由于农村流动儿童在公办学校就读的压力较大，农村流动儿童进入公办学校的比例要低于 82.5%，但这些大城市，比如上海市在改善民办学校的办学条件方面做了大量的工作，通过购买学位的形式向招收包括农民工子女在内的流动儿童的民办学校提供补助，改善学校办学条件。而在一些经济较发达的中小城市，农村流动儿童进入公办学校的比例要高于 82.5%。

五 流动成员

表 2 - 22   农村流动儿童的成员

		几个兄弟姐妹一起就读			
		频率	百分比	有效百分比	累积百分比
有效	0.00	476	25.4	25.4	25.4
	1.00	634	33.8	33.8	59.2
	2.00	549	29.3	29.3	88.5
	3.00	211	11.2	11.2	99.6
	更多	75	0.4	0.4	100.0
	合计	1875	100.0	100.0	

表 2-22 呈现出农村流动儿童的家庭成员构成。从表中可以看出,三分之一以上的农村流动儿童是单独与父母亲来到城市学校就读的;不到三分之一的务工农民家庭有两个随迁儿童在城市学校就读;有10%以上的务工农民家庭有三个甚至三个以上随迁儿童在城市学校就读。通过以上的数据可以发现,越来越多的农民是整个家庭到城市来务工、生活和学习的。这种家庭式的流动能保证家庭生活的完整性,但在城市适应中也存在着各种现实挑战。

六 学习状况

表 2-23　　　　农村流动儿童的学习状况

		学习成绩			
		频率	百分比	有效百分比	累积百分比
有效	上游	203	10.8	10.8	10.8
	中游	808	43.1	43.1	53.9
	下游	598	31.9	31.9	85.8
	最后	266	14.2	14.2	100.0
	合计	1875	100.0	100.0	

表 2-23 呈现出农村流动儿童在城市学校的学习状况。从表中可以看出,43.1%的农村流动儿童认为,他们的学习成绩处于中游水平,这是最高比例的农村流动儿童对于自己学习状况的评价。近三分之一的农村流动儿童认为,他们的学习成绩处于下游水平,这个比例也是较高的。10.8%的农村流动儿童认为,他们的学习成绩处于上游,占所有农村流动儿童的十分之一。14.2%的农村流动儿童认为,他们的学习成绩处于最后,这个比例需要引起我们的重视。总体而言,农村流动儿童认为,他们的学习成绩处于中下游水平。农村流动儿童在城市学校的学习状况及学习成绩应引起各方的关注。

七 薄弱科目

表 2 – 24　　　　　　　　农村流动儿童的薄弱科目

		学得不好的科目			
		频率	百分比	有效百分比	累积百分比
有效	语文	390	20.8	20.8	20.8
	数学	621	33.1	33.1	53.9
	英语	658	35.1	35.1	89.0
	物理	206	11.0	11.0	100.0
	合计	1875	100.0	100.0	

　　表 2 – 24 呈现出农村流动儿童在城市学校学习的薄弱科目。从表中可以看出，农村流动儿童自己反映，他们在语文、数学、英语这三个科目的学习状况都不理想，尤其是英语。35.1% 的农村流动儿童认为，他们在城市学校学得不好的科目是英语；近三分之一的农村流动儿童认为，他们在城市学校学得不好的科目是数学。无论是处于留守状态的农村儿童，还是处于流动状态的农村儿童，英语一直都是农村学生学习上的薄弱科目，这可能与农村学生学习英语的语言环境有着极大的关系。在农村学校，缺乏英语学习的语言环境；在城市学校，农村流动儿童较难适应城市中的英语学习环境，这对农村流动儿童学好英语带来了负面影响。数学也是农村流动儿童反映较强烈的薄弱科目，这与数学基础和学习辅导有较大的关系，部分农村流动儿童的数学基础并不扎实，来到城市学校就读后，无法跟上教师的教学进度，再加上外出务工的农民整天忙于生计，根本没有时间与精力来辅导孩子的功课，从而导致农村流动儿童在数学学习中感到很吃力。

八　主要原因

表 2 – 25　　　　农村流动儿童学习成绩不理想的主要原因

		成绩不好的原因			
		频率	百分比	有效百分比	累积百分比
有效	上课听不懂	319	17.0	17.0	17.0
	没有家长的辅导	233	12.4	12.4	29.4
	不适应老师的上课方式	281	15.0	15.0	44.4
	基础不好	1042	55.6	55.6	100.0
	合计	1875	100.0	100.0	

　　表 2 - 25 呈现出农村流动儿童在城市学校学习成绩不理想的主要原因。从表中可以看出，超过一半的农村流动儿童认为，他们学习成绩不理想的主要原因是"基础不好"，这与农村地区，特别是偏远农村学校的教育质量不高有很大的关系，基础不好会直接导致农村流动儿童在城市学校难以跟上教师的教学进度。17%的农村流动儿童认为，"上课听不懂"是自己学习成绩不理想的主要原因；15%的农村流动儿童认为，"不适应老师的上课方式"是自己学习成绩不理想的主要原因，因为城市学校教师的教学方式与农村学校的教师是有区别的，从农村来到城市，流动儿童对于城市学校教师的教学方式有一个较长的适应过程。另外，12.4%的农村流动儿童反映，"没有家长的辅导"是他们学习成绩不理想的主要原因。总之，农村流动儿童学习成绩不理想，既有其自身的原因，也有城市学校教师教学方式的原因，还有家长的原因。对于这些原因，我们要综合加以考虑与分析。

九　学习适应

表 2 - 26　　　　　　　　农村流动儿童的学习适应状况

		\multicolumn{4}{c}{学习上的不适应}			
		频率	百分比	有效百分比	累积百分比
有效	老师上课速度太快	213	11.3	11.3	11.3
	布置的作业太多	332	17.7	17.7	29.1
	老师的上课方式不一样	915	48.8	48.8	77.9
	听不懂老师上课	415	22.1	22.1	100.0
	合计	1875	100.0	100.0	

　　表 2 - 26 呈现出农村流动儿童在城市学校的学习适应状况。从表中可以看出，近一半的流动儿童认为，学习上的不适应主要表现在"老师的上课方式不一样"，对于农村流动儿童来说，城市学校的教学方式显然与其在农村所经历的教学方式存在极大的差异，这种差异性造成他们在学习上的不适应。22.1% 的农村流动儿童认为，学习上的不适应主要表现在"听不懂老师上课"，"听不懂老师上课"与农村流动儿童本身的学习基础薄弱有关，再加上流动儿童从农村来到城市所导致的学习连续性的中断，也可能使流动儿童在课堂教学上跟不上教师的教学进度。17.7% 的农村流动儿童认为，学习上的不适应主要表现在"布置的作业太多"，确实，城市学校的作业量要多于农村学校，这与城市学校间的竞争性较大有关。11.3% 的农村流动儿童认为，学习上的不适应主要表现在"老师上课速度太快"，这与城市学校的课堂信息量较大有关，同时也与城市学校教师的教学节奏较快有关，这使来到城市学校就读的农村流动儿童产生了学习上的不适应。

十　生活适应

表 2 – 27　　　　　　　　农村流动儿童的生活适应状况

		频率	百分比	有效百分比	累积百分比
	生活上的不适应				
有效	别人听不懂我说话	151	8.0	8.0	8.0
	城市的生活方式	514	27.4	27.4	35.5
	城市的行为方式	908	48.4	48.4	83.9
	城市的饮食习惯	302	16.1	16.1	100.0
	合计	1875	100.0	100.0	

表 2 – 27 呈现出农村流动儿童在城市中的生活适应状况。从表中可以看出，48.4% 的农村流动儿童认为，生活上的不适应主要表现在"城市的行为方式"方面，城市的行为方式与农村有较大的差异，对来自农村的儿童来说，一时还较难适应城市的行为方式，转变行为方式有个较长的过程。27.4% 的农村流动儿童认为，生活上的不适应主要表现在"城市的生活方式"方面，长期生活在农村的生活环境中，养成的是农村生活方式，不同于城市生活方式，给他们带来生活上的不适应。农村流动儿童在生活上的不适应还表现在城市的饮食习惯和语言表达等方面。农村流动儿童生活上的不适应已成为他们融入城市生活的主要障碍，也影响到他们在城市学校的学习状况和心理状态。

十一　同学关系

表 2 – 28　　　　　　　　农村流动儿童的同学关系状况

		频率	百分比	有效百分比	累积百分比
	同学关系的不适应				
有效	别人不理我	645	34.4	34.4	34.4
	别人歧视	514	27.4	27.4	61.8
	城市学生的冷落	488	26.0	26.0	87.8
	别人不愿与我交朋友	228	12.2	12.2	100.0
	合计	1875	100.0	100.0	

表2－28呈现出农村流动儿童在城市学校的同学关系状况。从表中可以看出，34.4%的流动儿童认为，同学关系的不适应主要表现在"别人不理我"这方面，尤其是在公办学校，城市的当地学生不理睬农村流动儿童，成为同学间关系不和谐的主要原因。"别人歧视""城市学生的冷落"和"别人不愿与我交朋友"等都是农村流动儿童在同学关系方面不适应的主要因素。我们知道，农村儿童是生活在一个熟人社会中，在这个熟人社会中大家都是知根知底的，同学关系是自然融洽的。而城市社会是一个陌生人社会，学生的家庭背景差异性很大，在学校及班级中形成了各种群体文化，这种群体文化并不会一开始就接纳来自农村的流动儿童。对农村流动儿童来说，要与城市当地学生形成较好的同学关系，还有一个适应、接纳与融合的过程，而且同学关系的形成不是单方面的，而是在农村儿童与城市儿童双方的互动中形成的。农村流动儿童在同学关系方面的不适应会影响到他们在城市的学习和生活，因此城市学校有必要下大力气来营造与形成融洽的同学关系，为农村流动儿童的学习与生活构建一个良好的环境。

十二　课余生活

表2－29　　　　　　　农村流动儿童的课余生活状况

和谁一起玩					
		频率	百分比	有效百分比	累积百分比
有效	自己	549	29.3	29.3	29.3
	家里的兄弟姐妹	388	20.7	20.7	49.9
	城里的学生	270	14.4	14.4	64.4
	其他流动儿童	668	35.6	35.6	100.0
	合计	1875	100.0	100.0	

表2－29呈现出农村流动儿童在城市中的课余生活状况。从表中可以看出，35.6%的农村流动儿童认为，他们在课余主要是与其他的农村流动儿童一起玩，这个比例最大，这表明流动儿童在选择玩伴时

倾向于找与自己较接近的群体，流动儿童之间有更多的共同语言，更能玩到一起。值得注意的是，在课余生活中选择个人独处的流动儿童接近30%，不能和别人一起玩，或者不愿和别人一起玩，以及别人不愿和自己玩，无论是哪一种原因都会对这部分流动儿童的心理造成不利影响。相对来说，农村流动儿童与城里学生一起玩的比例最低，约七分之一，这说明农村流动儿童与城里的学生在沟通交流等方面还存在一定的隔阂。农村流动儿童的交流与交往长期局限于自己这个小群体的圈子中，容易出现"内卷化"的倾向。内卷化（involution）源于美国人类学家吉尔茨《农业内卷化》，是指一种社会或文化模式在某一发展阶段得到一种确定的形式后，便停滞不前或无法转化为一种高级模式的现象。过去一般用来描述小农化经济的发展，但它具有相当程度的普适性，同时也具有工具性分析价值。[①] 有学者在对进城务工人员子女融合问题进行研究后指出，"目前，进城务工人员子女融合的问题也逐渐呈现出内卷化的特点"。[②]

十三　课堂提问

表 2 - 30　　　　　　　　　　农村流动儿童课堂提问的情况

		\begin{tabular}{c}课堂上老师对你提问的情况\end{tabular}			
		频率	百分比	有效百分比	累积百分比
有效	经常提问	253	13.5	13.5	13.5
	有时提问	662	35.3	35.3	48.8
	偶尔提问	748	39.9	39.9	88.7
	从不提问	212	11.3	11.3	100.0
	合计	1875	100.0	100.0	

表 2 - 30 呈现出农村流动儿童在城市公办学校课堂提问的情况。

---

① 郭继强：《"内卷化"概念新理解》，《社会学研究》2007 年第 3 期。

② 黄兆信、李远煦、万荣根：《"去内卷化"：融合教育的关键——进城务工人员子女融合教育的现状与对策》，《教育研究》2010 年第 11 期。

从表中可以看出，39.9%的农村流动儿童反映，教师在课堂教学中只是"偶尔提问"自己；35.3%的农村流动儿童反映，教师在课堂教学中"有时提问"自己；甚至有11.3%的农村流动儿童反映，教师在课堂教学中"从不提问"自己。从这三个数据可以看出，教师在课堂教学中忽视与农村流动儿童的互动。从学习效果来看，课堂提问有助于激发农村流动儿童的学习积极性，农村流动儿童也会感觉到老师对他们的关心和重视，有利于激发农村流动儿童的学习热情。表中的数据也反映出，教师对于农村流动儿童的课堂提问显然是少了，这说明教师在课堂上对于流动儿童的关注度较低。

十四　受助情况

表 2 - 31　　　　　　　　　农村流动儿童学习上受帮助的情况

		学习上谁帮助你			
		频率	百分比	有效百分比	累积百分比
有效	老师	628	33.5	33.5	33.5
	城里的学生	771	41.1	41.1	74.6
	其他流动儿童	195	10.4	10.4	85.0
	父母	165	8.8	8.8	93.8
	没有人	116	6.2	6.2	100.0
	合计	1875	100.0	100.0	

表 2 - 31 反映出农村流动儿童在城市学校学习上的受助情况。从表中可以看出，41.1%的农村流动儿童认为，在学习上对自己帮助较大的是城里的学生，这个比例最高。从心理学的角度来讲，流动儿童在公办学校中作为弱势群体，更有可能得到城里学生的同情与帮助，特别是在学习方面。33.5%的农村流动儿童认为，在学习上对自己有帮助的是学校老师。由于其他农村流动儿童本身在学习方面都需要帮助，因此相互帮助的可能性较低，大概有十分之一的农村流动儿童，在学习上有困难会求助于其他流动儿童。只有8.8%的农村流动儿童认为，在学习中有困难会得到家长的帮助，这个比例之所以较低，与

农民工整日在外务工有关，根本顾不上孩子的学习。还有 6.2% 的农村流动儿童认为，在学习过程中遇到了困难，只有靠自己来解决，没有其他人来帮助自己。

十五 谈话内容

表 2 - 32   农村流动儿童与父母亲的谈话内容

		在家父母和你谈什么			
		频率	百分比	有效百分比	累积百分比
有效	学习	1018	54.3	54.3	54.3
	生活	456	24.3	24.3	78.6
	品格	261	13.9	13.9	92.5
	身体	140	7.5	7.5	100.0
	合计	1875	100.0	100.0	

表 2 - 32 反映出农村流动儿童在家与父母亲谈话的内容。从表中可以看出，超过一半的农村流动儿童反映，父母亲在家与他们谈论最多的是学习方面的事情，这说明父母亲最为关心的是孩子在学校的学习情况。表中的数据还显示出，父母亲对于孩子在品格和身体方面的关注相对少些，这与农民工只看重孩子的学习而忽视品格和身体有关。在外务工的父母可能会认为，孩子在城市学校上学不容易，学习成绩优秀是最重要的。但父母对于孩子其他方面的忽视，会对流动儿童适应城市生活带来较大的困难，使他们不能及时地去解决他们在城市适应过程中出现的各种问题，不利于他们的健康成长。

十六 在校困难

表 2 - 33　　　　　　　　　农村流动儿童在校困难

	在学校的最大困难				
		频率	百分比	有效百分比	累积百分比
有效	受别人歧视	257	13.7	13.7	13.7
	学习成绩不好	923	49.2	49.2	62.9
	家长不能来学校开家长会	274	14.6	14.6	77.5
	别人不和我玩	421	22.5	22.5	100.0
	合计	1875	100.0	100.0	

　　表 2 - 33 反映出农村流动儿童在城市学校所面临的困难。从表中可以看出，近一半的农村流动儿童认为，自己在学校的最大困难是自己的"学习成绩不好"。与城里的学生相比，农村流动儿童在学习上没有任何的比较优势。"学习成绩不好"的标签，往往使得农村流动儿童在学校的处境困难，因为在目前的评价体系中，学习成绩已成为衡量一个人在学校处境的重要指标。因此，"学习成绩不好"成为时刻压在农村流动儿童心中的一块石头，有时让他们喘不过气来。特别值得注意的是，13.7% 的农村流动儿童认为，他们在学校"受别人歧视"，这不是一个好的信号。农村流动儿童受到别人歧视，特别是受到城市儿童或任课教师的歧视，对于农村流动儿童来说，不仅是他们在学校所面临的现实困难，而且对他们是一种有形或无形的伤害。

十七 在家困难

表 2 - 34 农村流动儿童在家里面临的困难

		在家的最大困难			
		频率	百分比	有效百分比	累积百分比
有效	缺乏生活照顾	212	11.3	11.3	11.3
	缺乏学习辅导	671	35.8	35.8	47.2
	缺乏交流	662	35.3	35.3	82.4
	缺乏关心	330	17.6	17.6	100.0
	合计	1875	100.0	100.0	

表 2 - 34 反映出农村流动儿童在家里所面临的现实困难。从表中可以看出，35.8%的农村流动儿童认为，在家中遇到的最大困难是"缺乏学习辅导"；35.3%的农村流动儿童认为，在家里遇到的最大困难是"缺乏交流"，两者加起来，比例超过了三分之二，这是需要重视的问题。根据我们的实际观察，主要原因是父母亲工作繁重，早出晚归，没有时间和精力来辅导孩子的学习与进行必要的交流，有些父母亲甚至没有能力来辅导孩子的功课，因为有些功课的难度比较大。农村流动儿童放学回到家里后，有时还要帮助家里干一些必要的家务活，甚至还要帮助父母亲照顾"生意"或"买卖"，这也会影响到流动儿童课余时间的学习，以及影响到他们在课余时间发展自己的兴趣爱好。农村流动儿童在家里所面临的各种现实困难，不能为他们的充分发展提供必要的时间、空间和条件，以及有利的成长环境。

第四节 农村留守与流动儿童现状的比较分析

同样是农民工子女，一部分孩子留守在家，成为留守儿童；另一部分孩子随外出务工的父母来到城市，成为流动儿童。农村留守与流动儿童的现状既存在相同点，也存在差异性。通过比较分析，能更清晰地描述出农村留守与流动儿童的现状。

一　农村留守与流动儿童的相同点

通过比较分析，我们发现农村留守与流动儿童的现状具有相同点，主要表现在以下几个方面。

（一）薄弱科目

近一半的农村留守儿童反映，他们在英语学习方面存在困难；超过三分之一的农村流动儿童认为，他们在英语学习方面也存在困难，只不过留守儿童的比例要高于流动儿童。农村留守与流动儿童在学习上的薄弱科目都是英语，所占的比重最大。一方面，跟农村学校英语教育质量有较大的关系；另一方面，跟农村留守与流动儿童的监护人根本无法辅导英语功课有着很大的关系。数学是学习上的薄弱科目，也是农村留守与流动儿童共同反映的问题，所占的比例也比较大。随着年级的增加，数学的难度在加大，辅导的难度也在增加，缺乏监护人和家长的及时辅导，数学容易成为他们学习上的薄弱科目。

（二）主要原因

近一半的农村留守儿童认为，学习成绩不好的主要原因是基础不好，所占的比重最大；农村流动儿童中过半的学生认为，自己学习成绩不好的主要原因也是基础不好，所占比例最高。为什么农村留守与流动儿童都把所学科目不好的原因归结为"基础不好"呢？我们知道，无论是哪个科目的学习，都讲究学习的连续性，如果这个科目一开始或前期的基础不扎实，必将影响到这个科目后续内容的学习，像数学和英语这样的基础科目尤其如此。对于农村留守儿童来说，由于父母外出务工，在学习上缺乏相应的辅导，特别是对于低年龄的留守儿童来说，一开始就没有打下扎实的学习基础，这势必影响到后续内容的学习，因为学习内容是环环相扣的。对于英语的学习，因为缺乏相应的语言环境，一开始又没有打好基础，缺乏兴趣，到后来很多学生都会放弃对它的学习。对于农村流动儿童来说，由于跟随父母一起流动，很容易打破原来学习上的连贯性，造成自己学习基础的不扎实。

（三）交谈内容

超过一半的农村留守儿童在与父母亲联系时，谈论最多的是他们的学习状况；农村流动儿童也是一样的，超过一半的流动儿童与家长谈论的主要内容是学习方面。这说明，无论是对于农村留守与流动儿童而言，还是对于农民工子女的家长来说，困扰着他们的共同问题是来自学习方面的，因此他们谈论的话题主要涉及学习态度、学习成绩、学习习惯、学习方法和学习辅导等方面。学习问题确实是农村留守与流动儿童面临的最大困难，如何提高学习成绩也是农村留守与流动儿童共同面临的现实挑战。

（四）在家困难

52.8%的农村留守儿童认为，他们在家里面临的最大困难是缺乏学习辅导，这个比重在所有的困难中是最高的；35.8%的农村流动儿童认为，他们在家面临的最大困难也是缺乏学习辅导，这个比重在所有的困难中也是最高的。也就是说，农村留守与流动儿童都认为，他们在家里面临的最大困难是缺乏学习辅导。对于农村留守儿童来说，由于隔代抚养，爷爷奶奶或外公外婆本身就没有能力来辅导他们的功课，当然也没有时间与精力来辅导他们的功课；对于农村流动儿童来说，他们是与父母亲生活在一起的，父母亲本来有更多的机会来辅导他们的功课，同时父母亲的文化水平也更高些，也更有能力来辅导他们的功课，但为什么他们跟随父母亲面临的最大困难也是缺乏学习辅导呢？主要原因是农民外出务工，生活压力大，早出晚归，根本没有时间来顾及孩子的学习，甚至每天与孩子进行沟通交流的时间也比较少。

（五）学习状况

大部分的农村留守儿童认为，他们的学习成绩处于中下游水平；这不仅是农村留守儿童对自己学习成绩的评价，也是学校教师及监护人对留守儿童学习状况的评价；三分之二的农村流动儿童认为，他们的学习成绩处于中游水平，四分之一的农村流动儿童认为，他们的学习成绩处于下游水平，这不仅是农村流动儿童对自己的评价，也是学校教师及家长对流动儿童学习状况的评价。也就是说，无论是农村留守儿童，还是农村流动儿童，对于自己的一个基本判断是，他们的学习成绩处于中下游水平。因此，超过一半的农村留守儿童认为，他们在学校里的最大困难也是学习方面，这个比重在农村留守儿童中是最高的；近一半的农村流动儿童同样认为，他们在学校面临的最大困难也是学习方面，这个比重在农村流动儿童当中也是最高的。

二　农村留守与流动儿童的差异性

通过比较分析，我们发现农村留守与流动儿童的现状具有差异性，主要表现在以下几个方面。

（一）年龄分布

农村留守儿童的分布具有随着年龄的增长，其数量逐步增多的特点，最高峰是在 12 岁左右，即小学六年级阶段，但在 13 岁至 15 岁这个年龄段，农村留守儿童在数量上和比重上基本保持平衡的状态。农村留守儿童这种人口学分布特征的原因表现在三个方面：一是在 12 岁左右，即小学六年级阶段，留守儿童所占的比重是最大的，主要是因为 12 岁左右儿童的生活自理能力在增强，同时由于是小学毕业阶段，按照就近入学的政策，在升入初中学校方面更容易些，因此更有可能成为留守儿童；二是在 15 岁左右，即初中二三年级阶段，农村留守儿童所占的比重是最低的，是因为留守儿童的辍学率主要发生在初中二年级和三年级阶段，特别是初二年级的学生；三是随着年龄的增长，农民的孩子更有可能成为留守儿童，也更有可能成为辍学儿童。按照常理来说，留守儿童的数量随着年龄的增长而增加，那么流动儿童随着年龄的增加，其数量必然会减少，而事实却是与留守儿童一样，随着年龄的增加，成为流动儿童的可能性也在增加，这只能说明，在这个年龄阶段，更多的非留守儿童成了留守儿童和流动儿童。在 13 岁左右，即初一阶段流动儿童所占的比重最大，主要原因是很多外出务工的父母亲认为，小学阶段在老家的学校就读，如果条件允许的话，从初中阶段开始带到城市的中学来就读，还有就是 15 岁的农村流动儿童比 13 岁的农村流动儿童少了十个百分点，主要原因是在义务教育阶段，农民工子女更容易在城市的公办学校就读，但要在城市的高中学校就读，特别是普通高中就读，由于受户籍制度的限制，难度是很大的，甚至是不可能的，因此，很多农村流动儿童在15岁便会转学回到老家的学校就读，参加本地的中考，以便升入本地的高中学校就读。

（二）性别状况

总体上来说，农村留守儿童的男女比例是持平的，农村流动儿童的男女比例也基本是保持平衡的。但从年龄的角度来说，农村留守与流动儿童在性别分布上具有差异性。女生随着年龄的增大，成为农村留守女童的可能性较大，因此在高年级阶段，农村留守女童的比例要明显高于低年级，主要是因为年龄较大的留守女童不仅在生活上能自理，同时也能照顾到弟弟妹妹，农民在女童的这个年龄阶段更有可能外出务工。农村男生与女生相比，男生成为流动儿童的可能性更大，主要是因为农村地区重男轻女的传统思想还比较根深蒂固。相对低年级的儿童来说，高年级的男孩子和女孩子成为流动儿童的可能性都较大，随着年龄的增大，农村中的男孩子和女孩子都有可能成为流动儿童，但父母亲更愿意把男孩子带在身边，随着男孩子生活自理能力的增强，其流动性也在增加。如果经济条件允许，对于全家一起外出务工和读书的农民工家庭来说，不存在性别上的差异。

（三）面临困难

对于农村留守儿童来说，他们面临的最大困难主要来自情感方面，由于父母亲长年在外务工，而且主要是在省外务工，空间上与时间上的距离拉大了他们与父母亲之间在情感上的距离，这种情感上的距离化作农村留守儿童对于父母亲的思念，三分之二的农村留守儿童对于父母亲的思念是强烈的，而这种思念并不能化作与父母亲见面和一起生活，往往会对农村留守儿童的心理状况产生负面影响，因此农村留守儿童所面临的最大困难是情感方面的。对于农村流动儿童而言，由于与父母亲生活在一起，情感方面已不是他们所面临的最大困难。流动儿童从农村来到城市，首先面对的是对于城市学习、生活等方面的适应问题。一半的农村流动儿童认为，自己不能适应城市的行为方式，这是他们融入城市生活的主要障碍；三分之一的农村流动儿童在城市学校里不能适应同学关系；一半的农村流动儿童认为，自己不能适应城市学校里的学习方式，主要原因是，与原来的学校相比，"老师上课的方式不一样"，这导致部分农村流动儿童听不懂老师上课。因此，农村流动儿童面临的最大困难是在生活、学习、同学关系等方面的适应问题。农村留守儿童与农村流动儿童所面临的最大困难具有差异性，要具体问题具体分析，并采取针对性的对策措施。

第三章

教师及监护人眼中的农民工子女

本部分主要是从教师（校长）和监护人的视角来反映农村留守与流动儿童在学习、生活、心理等方面的现状，为全面反映农村留守与流动儿童的现状提供另一个角度。

第一节　教师及监护人眼中的农村留守儿童

本部分通过 88 份教师（校长）的有效问卷和 139 份监护人的有效问卷，从不同侧面来反映农村留守儿童的实际情况。

一　教师眼中的农村留守儿童

（一）学习状况

表 3 - 1　　　　　　　农村留守儿童的学习状况

		留守儿童成绩			
		频率	百分比	有效百分比	累积百分比
有效	上游	9	10.2	10.2	10.2
	中游	39	44.3	44.3	54.5
	下游	28	31.8	31.8	86.3
	最后	12	13.7	13.7	100.0
	合计	88	100.0	100.0	

表 3 - 1 从教师的视角反映出农村留守儿童的学习状况。从表中可以看出，44.3% 的教师认为，农村留守儿童在班级中的学习成绩处于中游水平；31.8% 的教师认为，农村留守儿童在班级中的学习成绩处于下

游；10.2%的教师认为，农村留守儿童的学习成绩在班级中处于上游；13.7%的教师认为，农村留守儿童的学习成绩在班级中处于最后。总体而言，在教师眼中，农村留守儿童的学习成绩在班级中处于中下游，这是教师对于农村留守儿童学习状况所下的一个基本判断。教师的这个基本判断，与第二章中农村留守儿童对于自己在学习方面的评价基本相吻合，反映出农村留守儿童学习的实际情况。

（二）成绩差异

表 3 - 2　　　　　　　　农村留守儿童学习成绩的性别差异

		留守男童比留守女童成绩			
		频率	百分比	有效百分比	累积百分比
有效	好于	20	22.7	22.7	22.7
	等同于	22	25.0	25.0	47.7
	差于	46	52.3	52.3	100.0
	合计	88	100.0	100.0	

表 3 - 2 从教师的视角反映出农村留守儿童学习成绩在性别上的差异。从表中可以看出，超过一半的教师认为，农村留守男童的学习成绩要比留守女童差；四分之一的教师认为，农村留守男童的学习成绩与留守女童不相上下；只有 22.7% 的教师认为，农村留守男童的学习成绩要好于留守女童。总体上来看，教师普遍认为，农村留守女童的学习成绩要好于留守男童，这与我们在调研中观察到的情况基本一致，主要是因为农村留守女童懂事更早些，因此在学习上更自觉些。

（三）课堂表现

表 3 - 3　　　　　　　　农村留守儿童课堂表现的状况

		留守儿童课堂表现			
		频率	百分比	有效百分比	累积百分比
有效	不提问	26	29.5	29.5	29.5
	不回答问题	26	29.5	29.5	59.1
	不参与课堂活动	36	40.9	40.9	100.0
	合计	88	100.0	100.0	

表 3 - 3 从教师的视角反映出农村留守儿童在课堂学习上的表现。从表中可以看出，40.9% 的教师认为，农村留守儿童在课堂上的主要表现是"不参与课堂活动"；各有近 30% 的教师认为，农村留守儿童在课堂上的主要表现是"不提问"和"不回答问题"。以上数据说明，在教师眼中，农村留守儿童的课堂表现不佳，他们在学习上的积极性不高。农村留守儿童为什么会出现这种情况？这需要我们深入地去反思教学内容与教学方法，不仅要从农村留守儿童本身去寻找问题的根源，也要从教师方面去寻找问题的原因。

（四）主要问题

表 3 - 4　　　　　　　　　农村留守儿童学习中的主要问题

留守儿童学习中存在的主要问题					
		频率	百分比	有效百分比	累积百分比
有效	学习习惯不好	36	40.9	40.9	40.9
	注意力不集中	28	31.8	31.8	72.7
	基础不好	20	22.7	22.7	95.5
	听不懂课	4	4.5	4.5	100.0
	合计	88	100.0	100.0	

表 3 - 4 从教师的角度反映出农村留守儿童学习中存在的主要问题。从表中可以看出，40.9% 的教师认为，农村留守儿童在学习中存在的最大问题是"学习习惯不好"，这主要是因为农村留守儿童在学习上缺乏督促与监督，进而使农村留守儿童容易养成课前不预习、课后不复习等不好的学习习惯，这也说明，家长外出务工是造成农村留守儿童学习习惯不好的主要原因，这是农村留守儿童的家长及监护人需要关注的问题。31.8% 的教师认为，"注意力不集中"也是农村留守儿童在学习中存在的主要问题。造成留守儿童注意力不集中的原因是多方面的，家长外出务工恐怕是主要原因。22.7% 的教师认为，"基础不好"也是农村留守儿童在学习中存在的主要问题，这是农村

留守儿童在长期的学习过程中积累的问题，教师本身和留守儿童的家长及监护人都负有一定的责任。

（五）受助状况

表 3 - 5　　　　　　　　农村留守儿童受助状况

	为留守儿童提供	频率	百分比	有效百分比	累积百分比
有效	多辅导	18	20.5	20.5	20.5
	个性化指导	22	25.0	25.0	45.5
	多提问	2	2.3	2.3	47.7
	多关心	46	52.3	52.3	100.0
	合计	88	100.0	100.0	

　　表 3 - 5 从教师的视角反映出农村留守儿童受到帮助的情况。从表中可以看出，超过一半的教师认为，在学习上能为农村留守儿童提供的帮助是"多关心"他们，学习上的关心包括学习态度的端正、学习方法的指导和具体内容的辅导等方面。四分之一的教师认为，在学习上能给予农村留守儿童的帮助是为他们提供"个性化指导"。由于每个农村留守儿童在学习上存在的问题是不一样的，这需要教师根据不同农村留守儿童的具体问题来进行指导，并提供具有个性化的帮助，这样才能最大限度地促进留守儿童的学习进步。20.5%的教师认为，在学习上能给予农村留守儿童的帮助是"多辅导"，由于部分农村留守儿童存在"基础不好"的问题，在学习上多辅导他们，是他们最为需要的，也能不断督促与帮助他们在学习上取得进步。

二　监护人眼中的农村留守儿童

（一）监护人状况

表 3 - 6　　　　　　　　　农村留守儿童监护人状况

	你是留守儿童的			
		频率	百分比	有效百分比	累积百分比
有效	母亲	11	7.9	7.9	7.9
	父亲	8	5.8	5.8	13.7
	爷爷奶奶	75	54.0	54.0	67.6
	外公外婆	22	15.8	15.8	83.5
	亲戚	23	16.5	16.5	100.0
	合计	139	100.0	100.0	

　　表 3 - 6 反映出农村留守儿童监护人的状况。从表中可以看出，54%的农村留守儿童的爷爷奶奶反映，他们是留守儿童的监护人；15.8%的农村留守儿童的外公外婆反映，他们是留守儿童的监护人。从这两个数据可以看出，爷爷奶奶和外公外婆是农村留守儿童的主要监护人，接近 70%。亲戚作为农村留守儿童监护人的比例也是不低的，达到了 16.5%，超过了父亲或母亲作为监护人的比例；父亲作为农村留守儿童监护人的比例是 5.8%，母亲作为农村留守儿童监护人的比例是 7.9%。对于监护主体而言，父亲或母亲作为监护人对农村留守儿童的成长来说，是最有益处的，特别是母亲作为监护人。但父亲或母亲作为监护人的比例却是最低的，加起来才略超过十分之一，母亲的比例稍微高于父亲。

（二）留守成员

表3-7　　　　　　　　　**农村留守儿童的留守成员**

		\multicolumn{4}{c}{你有几个留守孩子在身边}			
		频率	百分比	有效百分比	累积百分比
有效	1.00	46	33.1	33.1	33.1
	2.00	57	41.0	41.0	74.1
	3.00	22	15.8	15.8	89.9
	4.00	14	10.1	10.1	100.0
	合计	139	100.0	100.0	

　　表3-7从监护人的视角反映出农村留守儿童的留守成员状况。从表中可以看出，三分之一的监护人反映，自己是与一个农村孩子一起留守在家的；41%的监护人反映，自己是与两个农村孩子一起留守在家的，这个比例是最高的；15.8%的监护人反映，自己是与三个农村孩子一起留守在家的；甚至还有十分之一的监护人反映，自己是与四个农村孩子一起留守在家的。从上面的数据可以看出，爷爷奶奶、外公外婆这些留守老人在家不只要照顾一个留守儿童，一般要照顾两个，甚至达到三个或更多，无疑会加重留守老人各方面的负担。

（三）学习辅导

表3-8　　　　　　　**监护人对农村留守儿童的学习辅导状况**

		\multicolumn{4}{c}{你平时对孩子的辅导}			
		频率	百分比	有效百分比	累积百分比
有效	很多	10	7.2	7.2	7.2
	比较多	22	15.8	15.8	23.0
	不多	66	47.5	47.5	70.5
	没有	41	29.5	29.5	100.0
	合计	139	100.0	100.0	

　　表3-8反映出监护人对于农村留守儿童的学习辅导状况。从表中可以看出，近一半的监护人认为，自己平时对孩子的辅导"不

多"，甚至有近三分之一的监护人认为，自己平时根本"没有"对孩子进行辅导。从这两个数据可以发现，农村留守儿童在家得到监护人学习辅导的可能性不大，特别是监护人是农村留守老人，主要原因有两个，一是监护人要忙于农活，没有时间与精力来辅导孩子的学习；二是监护人本身的文化水平不高，甚至不识字，没有能力去辅导孩子的功课。15.8%的监护人认为，他们对于农村留守儿童的学习辅导"比较多"，还有7.2%的监护人认为，他们对于农村留守儿童的学习辅导"很多"，主要原因是，这些监护人可能是农村留守儿童的父亲或母亲，他们比较重视孩子的学习辅导。相对来说，这个比例还是比较低的，还不能满足孩子对于学习辅导的需求。

（四）主要原因

表3-9　　　　　　　农村留守儿童缺乏学习辅导的主要原因

		\multicolumn{4}{c}{你如果对孩子没有辅导，原因是}
		频率	百分比	有效百分比	累积百分比
有效	没有时间	33	23.7	23.7	23.7
	自己不懂	93	66.9	66.9	90.6
	学习是学校的事情	6	4.3	4.3	95.0
	学习是孩子的事情	7	5.0	5.0	100.0
	合计	139	100.0	100.0	

表3-9表现出监护人对于农村留守儿童缺乏学习辅导的主要原因。从表中可以看出，三分之二的监护人反映，对于孩子没有辅导的主要原因是"自己不懂"，这从另一个侧面说明，监护人大多是留守老人，由于文化水平不高，没有能力去辅导孩子的学习；近四分之一的监护人认为，没有辅导孩子功课的主要原因是自己"没有时间"，这说明时间与精力也是影响监护人辅导孩子功课的主要因素。近十分之一的监护人认为，自己之所以没有辅导孩子的功课，主要原因在于，"学习是学校的事情""学习是孩子的事情"。

（五）关心事项

表 3 – 10　　　　　　　　　　监护人关心的事项

		频率	百分比	有效百分比	累积百分比
	你在家里主要关心孩子的				
有效	吃穿	15	10.8	10.8	10.8
	生活	55	39.6	39.6	50.4
	学习	51	36.7	36.7	87.1
	品格	18	12.9	12.9	100.0
	合计	139	100.0	100.0	

表 3 – 10 反映出监护人对于农村留守儿童的主要关心事项。从表中可以看出，39.6% 的监护人认为，自己在家里最关心的是孩子的"生活"，这个比例是最高的，这说明监护人把主要的时间与精力放在照顾孩子的生活上，照顾留守儿童的生活已成为监护人的主要关心事项；超过三分之一的监护人认为，他们比较关心孩子的学习，这说明监护人还是很看重孩子的学习成绩的，虽然自己没有时间与精力，或者没有能力去辅导孩子的功课。12.9% 的监护人认为，他们最关心的是孩子的"品格"，确实，中小学阶段是孩子品格形成的关键期，成为监护人的重要关心事项，在所有的关心事项中，这个比例显然是较低的，这也说明，孩子的"品格"并不是他们最为关心的事情。

（六）最大问题

表 3 – 11　　　　　　　　　农村留守儿童的最大问题

		频率	百分比	有效百分比	累积百分比
	你觉得留守在家里的孩子最大问题是				
有效	不听话	33	23.7	23.7	23.7
	品德不好	9	6.5	6.5	30.2
	习惯不好	59	42.4	42.4	72.7
	安全不好	38	27.3	27.3	100.0
	合计	139	100.0	100.0	

　　表3-11从监护人视角反映出农村留守儿童在家里存在的最大问题。从表中可以看出，42.4%的监护人认为，农村留守儿童在家的最大问题是"习惯不好"，这主要是因为父亲（母亲）或父母亲都外出务工，隔代抚养不能很好地规范和养成留守儿童的各种行为习惯。27.3%的监护人认为，农村留守儿童在家里存在的最大问题是"安全不好"；23.7%的监护人认为，农村留守儿童在家里存在的最大问题是"不听话"。这些问题在农村留守儿童的群体中具有普遍性。

（七）可能原因

表3-12　　　　　　农村留守儿童最大问题的可能原因

	出现上述问题的可能原因				
		频率	百分比	有效百分比	累积百分比
有效	父母或母亲不在家	19	13.7	13.7	13.7
	父母都不在家	93	66.9	66.9	80.6
	管不住	10	7.2	7.2	87.8
	有较强的叛逆心理	17	12.2	12.2	100.0
	合计	139	100.0	100.0	

　　表3-12从监护人的视角反映出农村留守儿童最大问题的可能原因。从表中可以看出，超过三分之二的监护人认为，孩子在家出现的最大问题的主要原因是"父母都不在家"，农民外出务工确实是农村留守儿童产生各种问题的主要根源，这是需要我们深入反思的一个问题。从表中也可以看出，如果父母亲有一方能和孩子在一起，那么留守儿童在家出现各种问题的概率会减少五十个百分点，这说明，在孩子的成长过程中不能离开父母亲的教育。另外，农村留守儿童随着年龄的增加，"有较强的叛逆心理"也是留守儿童在家出现各种问题的主要原因之一，这里也提醒我们要去关注农村留守儿童的心理现象与心理问题，由于亲人外出务工，他们会出现一些与其他儿童不同的心理现象与心理问题。

（八）联系间隔

表 3 – 13　　　　　　　**父母亲与农村留守儿童联系的间隔**

		频率	百分比	有效百分比	累积百分比
	\multicolumn{5}{c}{在外务工的父母多久与孩子联系一次}				
有效	每半年	12	8.6	8.6	8.6
	每两个月	11	7.9	7.9	16.5
	每个月	12	8.6	8.6	25.2
	每个星期	104	74.8	74.8	100.0
	合计	139	100.0	100.0	

表 3 – 13 从监护人视角反映出外出务工的父母亲与农村留守儿童联系的间隔。从表中可以看出，超过三分之二（即 74.8%）的监护人认为，每个星期都会与留守儿童相联系的父母亲最多。事实上，外出务工的父母亲不仅每个星期都要与农村留守儿童相联系，而且对于年龄较小的农村留守儿童而言，联系的频率应该更密些。但我们也要看到，近十分之一的监护人认为，外出务工的父母亲是每个月与留守在家的孩子联系一次；7.9% 的监护人认为，外出务工的父母亲是每两个月与留守在家的孩子联系一次；甚至有 8.6% 的监护人认为，外出务工的父母亲是每半年才会和留守在家的孩子联系一次。外出务工的父母亲与留守在家的孩子的联系间隔反映出父母亲对于留守孩子的关心程度。

（九）谈论内容

表 3 – 14　　　　**外出务工父母亲与农村留守儿童谈论的主要内容**

		频率	百分比	有效百分比	累积百分比
	\multicolumn{5}{c}{在外务工父母联系时主要谈论孩子的}				
有效	学习	91	65.5	65.5	65.5
	生活	30	21.6	21.6	87.1
	身体	9	6.5	6.5	93.5
	安全	9	6.5	6.5	100.0
	合计	139	100.0	100.0	

表 3-14 从监护人的视角反映出外出务工的父母亲与农村留守儿童谈论的主要内容。从表中可以看出，近三分之二的监护人认为，外出务工的父母亲在与留守儿童进行联系时，谈论最多的是学习。一方面的原因是，留守儿童在学习上由于缺乏辅导，在学校的学习状况是父母亲最担心的事情；另一方面的原因是，学习成绩是最重要的，因此在联系时会经常督促和关心孩子的学习。外出务工的父母亲其次谈论较多的是留守儿童的生活，特别是对于年龄较小的留守儿童而言，由于生活自理能力较低，虽然有爷爷奶奶或外公外婆以及其他亲戚的照料，但在生活方面依然会存在不少的困难，因此生活方面也是父母亲在与留守儿童联系时关注的重点。

（十）监护人的期望

表 3-15　　　　　　　　监护人对于学校的期望

		你最希望学校为留守儿童做的事情是			
		频率	百分比	有效百分比	累积百分比
有效	辅导学习	103	74.1	74.1	74.1
	经常家访	5	3.6	3.6	77.7
	关爱心理	24	17.3	17.3	95.0
	做思想工作	7	5.0	5.0	100.0
	合计	139	100.0	100.0	

表 3-15 反映出监护人期望学校能为农村留守儿童所做的事情。74.1% 的监护人最希望学校为留守儿童做的事情是辅导孩子的学习，由于监护人自身的文化水平有限或时间及精力有限，自己无法辅导留守儿童的学习，因此最希望学校能辅导孩子的学习。再者，监护人最希望学校做的事情是关爱孩子的心理，一方面，农村留守儿童在心理方面确实存在一些问题，需要得到切实的解决；另一方面，监护人自己没有能力去关爱农村留守儿童身上所出现的心理状况。

（十一）留守儿童的需要

表 3 - 16　　　　农村留守儿童对于学校的需要

		频率	百分比	有效百分比	累积百分比
	你觉得对于留守儿童来说学校最需要做的是				
有效	做好心理疏导工作	40	28.8	28.8	28.8
	帮助提高成绩	80	57.6	57.6	86.3
	做好安全工作	8	5.8	5.8	92.1
	多做思想工作	11	7.9	7.9	100.0
	合计	139	100.0	100.0	

表 3 - 16 从监护人的视角反映出农村留守儿童对于学校的需要。首先，从表中可以看出，超过一半的监护人认为，留守儿童最需要学校做的事情是帮助他们提高学习成绩，这是监护人比较普遍的愿望，也是留守儿童最大的需要。其次，从监护人自身的角度出发，他们认为，做好留守儿童的心理疏导工作也是学校最需要做的事情，所占的比例是 28.8%。这说明，监护人在提高留守儿童的学习成绩和做好心理疏导工作方面，是他们的弱项，也反映出这两方面是目前留守儿童迫切要得到满足的需要。

（十二）父母的职责

表 3 - 17　　　　父母亲要为农村留守儿童做的事情

		频率	百分比	有效百分比	累积百分比
	父母亲要为留守儿童做的事情				
有效	学习上的关心	62	44.6	44.6	44.6
	生活上的关心	30	21.6	21.6	66.2
	品格上的关心	11	7.9	7.9	74.1
	心理上的关心	36	25.9	25.9	100.0
	合计	139	100.0	100.0	

表 3 - 17 从监护人的视角反映出父母亲要为农村留守儿童所做的事情。从表中可以看出，近一半的监护人认为，外出务工的父（母）

亲或父母亲最应该关心的是留守儿童的学习，这说明监护人已经意识到，留守儿童在学习习惯、学习方法和学习成绩方面确实存在一些问题，这些问题需要远在外地务工的父母亲的关心。25.9%的监护人认为，外出务工的父母亲应该多关心留守在家的孩子的心理；21.6%的监护人认为，外出务工的父母亲应该多关心留守在家的孩子的生活。从表中也可以看出，只有7.9%的监护人认为，外出务工的父母亲应该多关心留守儿童的品格成长，还不到十分之一，这说明监护人比较忽视留守儿童的品格成长。

（十三）政府的责任

表3－18　　　　　　　　政府部门应该为农村留守儿童做的事情

		你觉得政府部门对留守儿童最该做			
		频率	百分比	有效百分比	累积百分比
有效	采取措施保证留守儿童的安全	65	46.8	46.8	46.8
	采取措施保证留守儿童的心理健康	51	36.7	36.7	83.5
	采取措施为留守儿童提供食宿	23	16.5	16.5	100.0
	合计	139	100.0	100.0	

表3－18从监护人的视角反映出政府部门应该为农村留守儿童做的事情。从表中可以看出，46.8%的监护人认为，政府部门最应该为留守儿童做的事情是"采取措施保证留守儿童的安全"，这与农村留守儿童在这个年龄段由于缺乏安全知识和安全意识，容易出现安全事故有关，作为政府部门，应该担负起这个责任来。超过三分之一的监护人认为，政府部门最应该做的事情是"采取措施保证留守儿童的心理健康"，这说明目前的农村留守儿童当中存在一定程度的心理问题，而监护人又无法解决留守儿童身上的这些心理问题，他们希望政府部门担负起这个责任来。

第二节　教师及监护人眼中的农村流动儿童

本部分通过72份教师（校长）有效问卷和45份监护人有效问卷来反映农村流动儿童在城市学习、生活等方面的状况。

一　教师眼中的农村流动儿童

（一）学习成绩

表 3 – 19　　　　　　　　农村流动儿童的学习成绩

流动儿童的学习成绩					
		频率	百分比	有效百分比	累积百分比
有效	上游	2	2.8	2.8	2.8
	中游	41	56.9	56.9	59.7
	下游	28	38.9	38.9	98.6
	最后	1	1.4	1.4	100.0
	合计	72	100.0	100.0	

表 3 – 19 从教师的视角呈现出农村流动儿童在城市学校的学习成绩。从表中可以看出，56.9%的教师认为，农村流动儿童的学习成绩处于中游水平；超过三分之一的教师认为，农村流动儿童的学习成绩处于下游水平；认为农村流动儿童的学习成绩处于上游水平的教师只有2.8%；还有1.4%的教师认为，农村流动儿童的学习成绩处于最后的位置。由此可以看出，高达95%的教师认为，农村流动儿童在城市学校的学习成绩并不是很理想，总体上处于中下游的水平。

（二）成绩差异

表 3 - 20　　　　　　　**农村流动男童与女童的成绩比较**

<table>
<tr><td colspan="6">流动男童成绩要比女童</td></tr>
<tr><td></td><td></td><td>频率</td><td>百分比</td><td>有效百分比</td><td>累积百分比</td></tr>
<tr><td rowspan="4">有效</td><td>好</td><td>7</td><td>9.7</td><td>9.7</td><td>9.7</td></tr>
<tr><td>等同</td><td>11</td><td>15.3</td><td>15.3</td><td>25.0</td></tr>
<tr><td>差</td><td>54</td><td>75.0</td><td>75.0</td><td>100.0</td></tr>
<tr><td>合计</td><td>72</td><td>100.0</td><td>100.0</td><td></td></tr>
</table>

表 3 - 20 从教师的视角呈现出农村流动男童与流动女童在学习成绩方面的性别差异。从表中可以看出，三分之二以上的教师认为，农村流动男童的学习成绩要比农村流动女童差些，这个比例达到 75%；只有十分之一左右的教师认为，农村流动男童的学习成绩要好于农村流动女童的学习成绩；认为农村流动男童的学习成绩与农村流动女童相差不大的教师比例是 15.3%。总体上来说，教师眼中的农村流动儿童的学习成绩是流动女童要好于流动男童。

（三）课堂表现

表 3 - 21　　　　　　　**农村流动儿童的课堂表现**

<table>
<tr><td colspan="6">流动儿童主要课堂表现</td></tr>
<tr><td></td><td></td><td>频率</td><td>百分比</td><td>有效百分比</td><td>累积百分比</td></tr>
<tr><td rowspan="4">有效</td><td>不提问</td><td>21</td><td>29.2</td><td>29.2</td><td>29.2</td></tr>
<tr><td>不回答问题</td><td>22</td><td>30.6</td><td>30.6</td><td>59.7</td></tr>
<tr><td>不参加课堂活动</td><td>29</td><td>40.3</td><td>40.3</td><td>100.0</td></tr>
<tr><td>合计</td><td>72</td><td>100.0</td><td>100.0</td><td></td></tr>
</table>

表 3 - 21 从教师的视角反映出农村流动儿童的课堂表现情况。从表中可以看出，40.3% 的教师认为，农村流动儿童课堂表现存在的突出问题是"不参加课堂活动"；30.6% 的教师认为，农村流动儿童课堂表现存在的突出问题是"不回答问题"；29.2% 的教师认为，农村流动儿童课堂表现存在的突出问题是"不提问"。从总体上来看，在

教师的眼中，农村流动儿童在课堂上存在的主要问题是"表现不积极"，这些问题使农村流动儿童很难有效地融入课堂学习中去，也会影响到他们同教师及同学的关系。

（四）学习问题

表 3 – 22   农村流动儿童学习中的问题

	流动儿童在学习中存在的最大问题				
		频率	百分比	有效百分比	累积百分比
有效	不适应老师上课方式	52	72.2	72.2	72.2
	学习习惯不好	3	4.2	4.2	76.4
	基础不好	15	20.8	20.8	97.2
	听不懂课	2	2.8	2.8	100.0
	合计	72	100.0	100.0	

表 3 – 22 从教师的视角呈现出农村流动儿童的学习问题。从表中可以看出，72.2%的教师认为，农村流动儿童在学习中的最大问题是"不适应老师上课方式"；五分之一的教师认为，"基础不好"是农村流动儿童在学习中的最大问题；4.2%的教师认为，农村流动儿童在学习中的最大问题是"学习习惯不好"；2.8%的教师认为，农村流动儿童在学习中的最大问题是"听不懂课"。在教师的眼中，农村流动儿童在学习中的最大问题主要表现在"不适应老师上课方式"和"基础不好"这两个方面，这与农村儿童在流动之前的课堂学习环境有关。

（五）受助情况

表 3 – 23   农村流动儿童在学习上的受助情况

	学习上能为流动儿童提供的帮助是				
		频率	百分比	有效百分比	累积百分比
有效	多关心	16	22.2	22.2	22.2
	个性化指导	17	23.6	23.6	45.8
	多提问	5	6.9	6.9	52.8
	多辅导	34	47.2	47.2	100.0
	合计	72	100.0	100.0	

　　表3-23从教师的视角反映出农村流动儿童在学习上的受助情况。从表中可以看出，近一半的教师认为，在学习上能为农村流动儿童提供的帮助是"多辅导"，流动儿童在学习上最大的需求是要多关心和多帮助他们；近四分之一的教师认为，在学习上能为农村流动儿童提供的帮助是"个性化指导"；22.2%的教师认为，在学习上能为农村流动儿童提供的帮助是"多关心"；6.9%的教师认为，在学习上能为农村流动儿童提供的帮助是"多提问"。

二　监护人眼中的农村流动儿童

（一）监护人状况

表3-24　　　　　　　　　　农村流动儿童的监护人状况

| | | \multicolumn{4}{c}{你是流动学生的} |
		频率	百分比	有效百分比	累积百分比
有效	父母亲	32	71.1	71.1	71.1
	母亲	4	8.8	8.8	79.9
	父亲	8	17.8	17.8	97.7
	亲戚	1	2.3	2.3	100.0
	合计	45	100.0	100.0	

　　表3-24呈现出农村流动儿童监护人的状况。从表中可以看出，71.1%的父母亲是农村流动儿童的监护人，这说明农村流动儿童主要是与其父母亲生活在一起；8.8%的母亲是农村流动儿童的监护人；17.8%的父亲是农村流动儿童的监护人；还有2.3%的亲戚是农村流动儿童的监护人，这部分农村流动儿童可能是暂住在城市的亲戚家里，然后在城市学校上学，因为城市学校的教育资源要好于农村学校。

（二）家庭成员

表 3 – 25　　　　　　　　农村流动儿童的家庭成员

		频率	百分比	有效百分比	累积百分比
	你有几个孩子跟你一起在城市生活				
有效	1.00	11	24.4	24.4	24.4
	2.00	21	46.7	46.7	71.1
	3.00	7	15.6	15.6	86.7
	4.00	6	13.3	13.3	100.0
	合计	45	100.0	100.0	

表 3 – 25 从监护人的视角呈现出农村流动儿童的家庭成员。从表中可以看出，超过 45% 的监护人反映，他们是与两个孩子在城市里务工和学习的；近四分之一的监护人反映，他们是与一个孩子在城市里务工和学习的；15.6% 的监护人反映，他们是与三个孩子在城市里务工和学习的；13.3% 的监护人反映，他们是与四个孩子在城市里务工和学习的。基于农民一般有两个孩子甚至有两个以上孩子的事实，我们可以看出，目前部分农民是全家来城市务工和学习，家长在城市务工，孩子在城市学校学习。部分家庭可能是由于经济或其他原因，只有一个孩子在身边。

（三）学校性质

表 3 – 26　　　　　　　农村流动儿童就读学校的性质

		频率	百分比	有效百分比	累积百分比
	你的孩子有几个在公办学校读书				
有效	0	5	11.1	11.1	11.1
	1.00	15	33.3	33.3	44.4
	2.00	18	40.0	40.0	84.4
	3.00	7	15.6	15.6	100.0
	合计	45	100.0	100.0	

表 3 – 26 从监护人的视角呈现出农村流动儿童在城市学校的就学

状况。从表中可以看出，大多数监护人反映的情况是，他们的孩子是在城镇的公办学校里读书，这个比例接近90%，当然，也有11%的流动儿童是在民办学校就读。从以上的数据可以看出，把孩子送到城镇的公办学校里就读，这是外出务工农民的首选，他们希望自己的孩子能在公办学校里就读，因为他们认为公办学校的教育资源要好些。当然，也有部分父母从经济成本、教育质量、就读的远近等方面来综合考虑孩子的就读学校，因此，也有部分流动儿童是在民办学校就读，主要是在打工子弟学校这样的民办学校就读。

（四）就读年级

表 3-27 农村流动儿童就读年级

与你一起在城市的孩子在读		
	人数	比例
四年级	12 个	13.80%
五年级	20 个	23%
六年级	5 个	6%
初一	18 个	20.60%
初二	32 个	36.60%

表 3-27 从监护人的视角反映出农村流动儿童在城市学校的就读年级。36.60%的监护人反映，他们的孩子在城市学校就读初中二年级；20.60%的监护人反映，他们的孩子在城市学校就读初中一年级。从监护人反映的情况来看，在城市初级中学就读的流动儿童的比例较高，这说明农村儿童的年龄越大，流动的可能性就越大，家长更愿意带着孩子一起来城市务工就读。13.80%的监护人反映，他们的孩子在城市学校就读小学四年级；23%的监护人反映，他们的孩子在城市学校就读小学五年级；6%的监护人反映，他们的孩子在城市学校就读小学六年级。从表中可以发现，在六年级这个阶段，农村流动儿童在城市学校就读的比例突然下降，而且下降的幅度较大，主要是因为六年级的学生面临着升学问题，是在老家的农村学校就读，还是在城市的学校就读，监护人需要作出选择。在老家农村学校就读的比例较

高，这样既可以在农村的中学继续就读，也可以转入城市的中学就读，比较机动灵活些。

（五）学习成绩

表 3 - 28　　　　　　　　农村流动儿童的学习成绩

		你的孩子在学校的成绩			
		频率	百分比	有效百分比	累积百分比
有效	很好	3	6.7	6.7	6.7
	较好	8	17.8	17.8	24.4
	一般	29	64.4	64.4	88.9
	较差	5	11.1	11.1	100.0
	合计	45	100.0	100.0	

表 3 - 28 从监护人的视角反映出农村流动儿童的学习状况。从表中可以看出，近三分之二的监护人认为，自己的孩子在校的学习成绩"一般"；超过十分之一的监护人认为，自己的孩子在校的学习成绩较差；6.7% 的监护人认为，自己的孩子在学校的学习成绩"很好"；17.8% 的监护人认为，自己的孩子在学校的学习成绩"较好"。总体上来看，监护人认为，他们的孩子在校的学习成绩处于中游偏下水平，学习成绩并不是很理想。

（六）辅导状况

表 3 - 29　　　　　　　　农村流动儿童的学习辅导状况

		你平时对孩子的学习辅导			
		频率	百分比	有效百分比	累积百分比
有效	很多	1	2.2	2.2	2.2
	比较多	9	20.0	20.0	22.2
	不多	27	60.0	60.0	82.2
	没有	8	17.8	17.8	100.0
	合计	45	100.0	100.0	

表 3 - 29 从监护人的视角反映出农村流动儿童在家里受到学习辅

导的情况。从表中可以看出，60%的监护人反映，自己平时对孩子的学习辅导"不多"；甚至有近五分之一的监护人反映，他们平时根本"没有"对孩子进行学习辅导；五分之一的监护人反映，他们平时对孩子的学习辅导"较多"；2.2%的监护人反映，他们平时对孩子的辅导是"很多"的。总体上来说，监护人对于孩子的学习辅导状况是不太理想的，这在某种程度上影响到农村流动儿童在城市学校的学习状况。

（七）主要原因

表 3-30　　　　　　　农村流动儿童缺乏辅导的主要原因

		频率	百分比	有效百分比	累积百分比
	如果你没有对孩子进行辅导，主要原因是				
有效	没有时间	19	42.2	42.2	42.2
	自己不懂	24	53.3	53.3	95.6
	学习是学校的事情	2	4.4	4.4	100.0
	合计	45	100.0	100.0	

表 3-30 从监护人的视角反映出农村流动儿童在家里缺乏学习辅导的主要原因。从表中可以看出，超过一半的监护人认为，自己没有辅导孩子的主要原因是"自己不懂"，由于外出务工农民文化知识水平有限，而随着流动儿童在学校就读年级的增加，其功课的难度也在相应地增加，这对监护人辅导自己孩子的功课提出了现实挑战。42.2%的监护人认为，自己"没有时间"是没有辅导孩子功课的主要原因，有些务工农民确实是没有时间与精力去关心孩子的功课，并给予孩子适当的学习辅导。也有4.4%的监护人认为，"学习是学校的事情"，自己没有必要去辅导孩子的功课。

（八）关心事项

表 3 – 31　　　　　　　　　监护人关心的事项

		你在家里主要关心孩子的			
		频率	百分比	有效百分比	累积百分比
有效	吃穿	2	4.4	4.4	4.4
	生活	11	24.4	24.4	28.9
	学习	21	46.7	46.7	75.6
	品格	11	24.4	24.4	100.0
	合计	45	100.0	100.0	

　　表 3 – 31 反映出监护人在家里对孩子最为关心的事项。从表中可以看出，监护人在家里主要关心的是孩子在学校的学习状况，这个比例接近一半；各有近四分之一的监护人认为，他们在家里主要关心的是孩子的生活与品格，这说明监护人还是比较重视孩子的生活状况和品格成长的，比较重视孩子在各方面的发展。4.4% 的监护人认为，他们在家里主要关心孩子的吃穿情况，这个比例相对来说，是较小的。

（九）最大问题

表 3 – 32　　　　　　农村流动儿童学习上的最大问题

		你觉得孩子目前存在的最大问题是			
		频率	百分比	有效百分比	累积百分比
有效	跟不上老师上课进度	14	31.1	31.1	31.1
	听不懂老师上课	3	6.7	6.7	37.8
	学习习惯不好	19	42.2	42.2	80.0
	学习成绩不好	9	20.0	20.0	100.0
	合计	45	100.0	100.0	

　　表 3 – 32 从监护人的视角反映出农村流动儿童在学习上的最大问

题。从表中可以看出，42.2%的监护人认为，孩子目前存在的最大问题是"学习习惯不好"，流动儿童的学习习惯是在流动之前的农村学校养成的，原有的学习习惯可能一时还无法适应城市学校的学习方式，这是监护人反映较为普遍的问题。近三分之一的监护人反映，目前孩子在学校的最大问题是"跟不上老师上课进度"，主要原因是农村教师与城市教师的上课方式有较大的差异，这种差异使流动儿童无法跟上城市学校教师上课的进度。城市学校教师上课的速度和进度相对要快些，特别是刚到城市学校的流动儿童一时还无法适应。

（十）问题的原因

表 3 - 33 农村流动儿童最大问题的原因

	出现上述问题的最大原因				
		频率	百分比	有效百分比	累积百分比
有效	不适应城市生活	5	11.1	11.1	11.1
	不适应学校生活	10	22.2	22.2	33.3
	不适应老师上课	4	8.9	8.9	42.2
	有较强的叛逆心理	26	57.8	57.8	100.0
	合计	45	100.0	100.0	

表 3 - 33 从监护人的视角反映出农村流动儿童最大问题的原因。从表中可以看出，57.8%的监护人认为，流动儿童"学习习惯不好"的主要原因是孩子有"较强的叛逆心理"。"学习习惯不好"与"有较强的逆反心理"之间是否存在因果关系，这需要进一步去探究，但监护人显然已将这两者画上了等号。不过，这个年龄段的孩子确实存在逆反心理，这种逆反心理会影响到流动儿童的学习成绩，同时也会抗拒新的学习方式，坚持原有的学习习惯。

（十一）谈论内容

表3-34　　　　　　　　　　与教师谈论的主要内容

		频率	百分比	有效百分比	累积百分比
	你和学校老师联系时主要谈论孩子的				
有效	学习	39	86.7	86.7	86.7
	身体	3	6.7	6.7	93.3
	安全	1	2.2	2.2	95.6
	品行	2	4.4	4.4	100.0
	合计	45	100.0	100.0	

　　表3-34反映出监护人在与学校老师联系时谈论的主要内容。从表中可以看出，近90%的监护人反映，他们到学校与老师谈论的主要内容是孩子的"学习"情况，这是监护人和老师谈论的核心话题，可见监护人非常重视孩子的学习状况；监护人在学校与老师谈论孩子品行的比例最小，这并不是说农村流动儿童在品行方面不存在问题，主要是因为监护人过于关注孩子在学校的学习情况，而忽略了对孩子品行的关注，这是一个需要注意的问题。

（十二）学校职责

表3-35　　　　　　　学校要为农村流动儿童尽的职责

		频率	百分比	有效百分比	累积百分比
	你最希望学校为流动儿童尽的职责是				
有效	辅导学习	19	42.2	42.2	42.2
	经常家访	7	15.6	15.6	57.8
	关爱孩子的心理	13	28.9	28.9	86.7
	做思想工作	6	13.3	13.3	100.0
	合计	45	100.0	100.0	

　　表3-35从监护人的视角反映出学校应为自己的孩子尽的职

责。从表中可以看出，42.2%的监护人反映，最希望学校为孩子做的事情是"辅导学习"；28.9%的监护人反映，最希望学校做的事情是"关爱孩子的心理"；同时"经常家访"和"做思想工作"也是监护人最希望学校为孩子做的事情。对孩子进行学习辅导并帮助他们提高成绩是监护人最希望学校做的事情。部分监护人也开始意识到孩子心理健康的重要性，他们认为学校应更多地对自己的孩子进行心理关爱，做好相关的心理疏导工作，使自己的孩子拥有更加健康的心理状态。

（十三）社区职责

表 3-36　　　　　　　　　社区要为农村流动儿童做的事情

	你觉得你所生活的社区要为流动儿童做的事情是				
		频率	百分比	有效百分比	累积百分比
有效	提供活动场所	8	17.8	17.8	17.8
	在生活中有些照顾	18	40.0	40.0	57.8
	帮助做些思想工作	14	31.1	31.1	88.9
	多提供一些咨询服务	5	11.1	11.1	100.0
	合计	45	100.0	100.0	

表 3-36 从监护人的视角反映出社区应为农村流动儿童做的事情。从表中可以看出，40%的监护人认为，"在生活中有些照顾"是社区最应为自己的孩子做的事情，即要为农村流动儿童提供生活方面的服务；31.1%的监护人认为，"帮助做些思想工作"是社区应为自己的孩子做的事情；"提供活动场所"和"多提供一些咨询服务"也是监护人期望社区为流动儿童做的事情。大多数的监护人期望，在孩子适应城市的过程中，社区能够在照顾生活和思想工作方面提供帮助。

（十四）监护人职责

表3-37　　　　　　　监护人应为农村流动儿童做的事情

	你觉得作为家长最应该为孩子做				
		频率	百分比	有效百分比	累积百分比
有效	经常关心孩子的学习	12	26.7	26.7	26.7
	尽可能让孩子少干家务活	3	6.7	6.7	33.3
	经常与学校联系	7	15.6	15.6	48.9
	更多地与孩子谈心	23	51.1	51.1	100.0
	合计	45	100.0	100.0	

表3-37反映出监护人自己对于孩子应该尽的职责。从表中可以看出，超过一半的监护人认为，自己应该"更多地与孩子谈心"，这说明监护人自己都觉得在这方面做得不够好，需要在这方面做出弥补，多与孩子进行沟通和交流。26.7%的监护人认为，自己最应该做的事情是要"经常关心孩子的学习"；15.6%的监护人认为，自己要"经常与学校联系"，主动去关心孩子在学校的学习和生活情况，配合学校教师做好相关工作。

（十五）儿童的需要

表3-38　　　　　　　农村流动儿童的需要状况

	你觉得流动儿童对父母来说最需要				
		频率	百分比	有效百分比	累积百分比
有效	学习上的关心	16	35.6	35.6	35.6
	生活上的关心	8	17.8	17.8	53.3
	品格上的关心	3	6.7	6.7	60.0
	心理上的关心	18	40.0	40.0	100.0
	合计	45	100.0	100.0	

表3-38从监护人的视角反映出农村流动儿童各方面的需求。从表中可以看出，40%的监护人认为，孩子对自己最需要的是"心理上的关心"，这是一种情感上的需求，说明监护人也意识到他们对这方

面的忽视；35.6%的监护人认为，孩子对自己最需要的是"学习上的关心"，这是监护人反思自己对孩子教育的结果，这种反思是有意义的。

（十六）政府责任

表3-39　　　　　政府应该为农村流动儿童做的事情

		你觉得政府部门对流动儿童最应该做的是			
		频率	百分比	有效百分比	累积百分比
有效	采取措施保证流动儿童在公办学校读书	15	33.3	33.3	33.3
	采取措施让流动儿童适应城市生活	6	13.3	13.3	46.7
	采取措施改善流动儿童的学习环境	12	26.7	26.7	73.3
	采取措施让流动儿童就地升学	12	26.7	26.7	100.0
	合计	45	100.0	100.0	

表3-39从监护人的视角反映出政府应该为农村流动儿童做的事情。从表中可以看出，三分之一的监护人认为，政府部门最应为农村流动儿童做的事情是"采取措施保证流动儿童在公办学校读书"；各有26.7%的监护人认为，政府部门最应为农村流动儿童做的事情是"采取措施改善流动儿童的学习环境"和"采取措施让流动儿童就地升学"。从数据中可以看出，目前监护人主要关心的是农村流动儿童在公办学校的就读问题、学习环境的改善问题和就地升学问题这三个现实问题。这三个问题是政府部门亟须解决的现实问题，是监护人最希望政府部门解决的问题，也是只有政府部门才有能力办到的事情。

第三节　教师眼中留守与流动儿童的比较分析

把教师眼中的农村留守与流动儿童放在一起进行比较分析，可以发现，农村留守与流动儿童两者间既有共同性，也存在差异性，具体表现在以下几个方面。

一　学习成绩的比较分析

近78%的教师认为，农村留守儿童的学习成绩处于中下游，10.2%的教师认为，农村留守儿童的学习成绩处于上游；95%左右的教师认为，农村流动儿童的学习成绩处于中下游，2.8%的教师认为，农村流动儿童的学习成绩处于上游。从教师的视角来看，农村留守儿童学习成绩处于上游的比例高于农村流动儿童，这是相比较而言的，是农村留守儿童与非留守儿童相比，农村流动儿童与城市当地学生相比。52.3%的教师认为，农村留守男童的学习成绩要差于留守女童；75%的教师认为，农村流动男童的学习成绩要差于流动女童。总体上来说，在教师的眼中，无论是农村留守儿童，还是农村流动儿童，他们的学习成绩大部分处于中下游的水平，但处于上游的农村留守儿童的比例要高于农村流动儿童；无论是农村留守女童，还是农村流动女童，她们的学习成绩都要好于农村留守和流动男童。

二　课堂表现的比较分析

在农村学校教师的眼中，农村留守儿童在课堂表现上的主要问题是"不参与课堂活动"；在城市学校教师的眼中，农村流动儿童在课堂表现上的主要问题也是"不参与课堂活动"。我们可以发现，农村留守与流动儿童在课堂表现上具有共同的特性，无论是农村留守儿童，还是农村流动儿童，在课堂上表现不积极是他们在学习上的主要问题。为什么会出现这种情况呢？一方面，与留守儿童的学习基础不好有关系。"学习基础不好"使留守儿童无法参与到课堂活动中，因为在课堂活动中，如果不熟悉以前所学过的知识，师生间就无法对话，从而导致留守儿童干脆不参与课堂活动。另一方面，也与农村流动儿童还不适应城市学校的教学方式有关。当农村流动儿童还习惯于原先的教学方式时，原有教学方式的惯性使农村流动儿童无法融入目前城市学校的教学方式中，致使农村流动儿童成为"局外人"，从而被排斥在课堂活动之外，他们也不愿意参与到课堂活动中来。在农村流动儿童的眼中，课堂活动无论再热闹也与自己无关，自己只是这场表演活动的旁观者，而不是亲身的参与者。

三　学习问题的比较分析

在农村学校教师的眼中，农村留守儿童在学习中的最大问题是"学习习惯不好"，其次是"注意力不集中"；但在城市学校教师的眼中，流动儿童在学习中的最大问题是"不适应老师的上课方式"，而"学习习惯不好"是排在其次的问题。在教师的眼中，农村留守与流动儿童在学习上所表现出来的最大问题是有差异的，这种差异性和留守与流动儿童的学习环境有很大的关系。为什么农村留守儿童的最大学习问题是"学习习惯不好"呢？学习习惯是逐渐形成的，特别是在学习初期所形成的学习习惯将影响到后续的学习效果。学习习惯一旦形成，会形成惯性的力量，直接影响到学习结果。"学习习惯不好"会使学生在学习过程中带来各种问题，它是各种学习问题的根源。良好的学习习惯需要他人的不断督促才能逐渐形成，而在留守儿童学习习惯形成的关键期，由于父母亲外出务工而造成的缺位，不能经常督促他们的学习情况，自然会形成不良的学习习惯，从而成为目前农村留守儿童的最大问题。为什么农村流动儿童的最大学习问题是"不适应老师的上课方式"呢？其实，我们在前面的章节中已做过分析，从农村学校来到城市学校，由于课堂教学环境的变迁，农村流动儿童无法适应城市学校中以快节奏为主要特征的上课方式，这成为他们在学习中的主要问题，因为无法适应老师的上课方式，农村流动儿童跟不上教师的教学进度，就不会参与到课堂活动中，就无法明白课堂教学的内容，从而导致农村流动儿童在学习上失去信心，甚至放弃对自己的学习要求，不愿意去努力学习。

四　受助情况的比较分析

在农村学校教师的眼中，他们认为，能为农村留守儿童提供的最大帮助是"多关心"；在城市学校的教师眼中，他们认为，能为农村流动儿童提供的最大帮助是"多辅导"。从教师的观点可以看出，农村留守与流动儿童所需要得到的帮助是有差异的。为什么农村留守儿童最需要的帮助是"多关心"呢？农村留守儿童的问题不仅表现在学习方面，而且还表现在品格和心理方面。之所以会出现这些问题，这与农村留守儿童缺乏关爱有着极大的关系，农村留守儿童最需要的帮助是"多关心"，在学习、心理和品格等方面的多关心，从"多关心"的角度来满足他们的实际需要。为什么农村流动儿童最需要的帮助是"多辅导"呢？农村流动儿童的问题主要表现在学习方面，学习方面的最大问题又是学习适应问题。农村流动儿童的学习适应问题主要表现在学习内容、教学方式、学习方法、教学进度、教学节奏、教学风格等方面，而且学习适应是一个过程，在这个过程中能够提供的最大帮助就是"多辅导"，通过"多辅导"来解决农村流动儿童在学习中的各种问题，这是农村流动儿童最需要的帮助。

第四节 监护人眼中留守与流动儿童的比较分析

把监护人眼中的农村留守与流动儿童放在一起进行比较分析，可以发现，农村留守与流动儿童两者间既有共同性，也存在差异性，具体表现在以下几个方面。

一 辅导状况的比较分析

监护人对于农村留守儿童学习辅导"比较多"和"很多"这两项的比例加起来是23%；监护人对于农村流动儿童学习辅导"比较多"和"很多"这两项的比例加起来是22.2%，从中可以看出，无论是留守儿童还是流动儿童，监护人对于他们的学习辅导存在一个共性，即对他们的辅导都比较少，都没有达到四分之一，这是不同监护主体对于农村留守与流动儿童的共同特征。究其原因，超过一半的农村流动儿童的监护人认为是"自己不懂"；农村留守儿童的监护人给出的理由大部分也是"自己不懂"，其比例高达三分之二，这也是不同监护主体无法辅导留守与流动儿童学习的共同原因，只不过农村留守儿童的监护人在这方面表现得更突出些，因为农村留守儿童的监护人大部分是爷爷奶奶或外公外婆这些留守老人，他们的文化水平导致其无能力辅导农村留守儿童的学习。

二　关心事项的比较分析

在农村留守儿童监护人的眼中，他们最为关心的事情是孩子的"生活"，照顾好留守儿童的"生活"成为他们的主要职责；在农村流动儿童监护人的眼中，他们最为关心的事情是流动儿童的"学习"，这个比例接近一半。从中可以看出，不同监护主体对于农村留守与流动儿童关心的主要事项存在差异，侧重点各不相同。为什么农村留守儿童的监护人关心的主要事项是孩子的"生活"呢？由于部分农村留守儿童年龄偏低，生活自理能力较弱，在生活方面需要他人的帮助，监护人主要是扮演这方面的角色，这也成了他们日常生活中的主要职责。为什么农村流动儿童的监护人关心的主要事项是孩子的"学习"呢？由于跟随务工的父母亲来到城市的农村流动儿童年龄较大些，生活自理能力更强些，再加上与父母亲生活在一起，"生活"已不是农村流动儿童监护人关心的主要事项。他们关心的主要事项是孩子的"学习"问题，这些从农村来到城市的流动儿童，其学习问题已成为他们的突出问题，这是监护人与孩子不得不共同面对的主要问题，如这个问题不能很好解决，将影响到他们在城市的发展状况。

三　主要问题的比较分析

农村留守儿童的监护人认为，留守儿童的最大问题是"学习习惯不好"；农村流动儿童的监护人认为，流动儿童的最大问题也是"学习习惯不好"。不同监护主体眼中的农村留守与流动儿童的最大问题具有高度一致性，都认为是"学习习惯不好"。但对于造成农村留守与流动儿童最大问题的原因，不同监护人的看法是不一致的。农村留守儿童的监护人认为，最大问题的主要原因是由于农村留守儿童的父母亲都不在家，而自己对于留守儿童学习习惯的形成又无能为力，从中也可以看出留守老人无力监管留守儿童的哀叹。农村流动儿童的监护人认为，最大问题的主要原因是流动儿童有较强的叛逆心理，与农村留守儿童相比，农村流动儿童的平均年龄相对较大些，这样才更有利于流动，而处于这一年龄阶段的农村流动儿童更易处于叛逆的心理时期，对于养成良好的"学习习惯"有一种抗拒心理，而且环境的变迁还容易激发流动儿童的叛逆心理，通过叛逆来表现出原本被掩饰的自我。

四 学校职责的比较分析

农村留守儿童的监护人认为，学校最需要为留守儿童做的事情是帮助"提高他们的学习成绩"；农村流动儿童的监护人认为，学校最需要为流动儿童做的事情是"辅导学习"。在最需要学校做的事情方面，不同监护主体的要求具有高度的一致性，都是要求学校对孩子进行辅导并提高他们的学习成绩，只不过农村留守儿童监护人的比例（57.6%）要远远高于农村流动儿童监护人的比例（42%），这说明农村留守儿童的监护人更急迫地要求提高孩子的学习成绩，同时也说明，农村留守儿童的监护人确实无力去辅导孩子的学习，只能寄希望于学校教师的大力帮助。当然，监护人对于学校职责的要求方面也存在细微的差别。农村留守儿童的监护人更强调孩子的学习结果，即要求提高孩子的学习成绩；农村流动儿童的监护人更强调孩子的学习过程，即要求对孩子进行学习辅导。

五 政府责任的比较分析

48.6%的农村留守儿童监护人认为，政府部门最需要为农村留守儿童做的事情是"采取措施保证留守儿童的安全"，而33.3%的农村流动儿童监护人认为，政府部门最应该为流动儿童做的事情是"采取措施保证流动儿童在公办学校读书"。从中可以看出，不同监护主体最需要政府部门做的事情是不一样的，存在较大的差异性，这与监护人认为"农村留守与流动儿童目前所面临的最严重问题是不一样的"有着极大的关系。而且这些农村留守与流动儿童所面临的最大问题是家长无力也无法解决的，是要靠政府部门的力量才能得到解决的，因此监护人认为这是政府部门的职责。为什么农村留守儿童监护人认为政府部门的职责是"采取措施保证留守儿童的安全"呢？主要是因为农村留守儿童由于缺乏安全知识与安全意识，在日常生活中经常出现一些意外的安全事故，比如在上下学途中，由于缺乏监管和相应的教育，容易出现安全事故。监护人当然也会对孩子进行安全教育，但效果并不是很好。因为安全问题不仅是学校及监护人的事情，它涉及多个部门，需要政府部门采取综合措施，才能得到切实的解决。为什么农村流动儿童监护人认为政府部门的职责是"采取措施保证流动儿童在公办学校读书"呢？在20世纪90年代至21世纪初，随迁至城市的农村流动儿童基本上是在农民工子弟学校就读。随着2001年国家"两为主"就学政策（以流入地政府为主，以公办学校为主）的颁布，农村流动儿童在公办学校就读的问题在逐步解决，但由于各种原因，并不是所有的农村流动儿童都能在公办学校就读，因此监护人认为，政府部门的主要责任是"采取措施保证流动儿童在公办学校读书"，因为没有国家从政策层面上的支持，作为弱势群体的农民工，其子女是很难在城市的公办学校就读的。

第四章

农民工子女的现实需求

有学者指出，"留守儿童并不等同于问题儿童，'留守'只是一种现象，它本身并不能直接使留守儿童出现问题和偏差。"① 确实，农村留守儿童不是问题儿童，农村流动儿童也不是问题儿童，他们是具有特殊需求的儿童群体，他们身上所出现的问题，是因为他们的特殊需求没有得到充分满足而表现出来的。以农村留守与流动儿童的需求作为分析的切入点，可以解释目前农村留守与流动儿童的现状及其存在的问题。

我们知道，正因为人在某些方面的缺乏，人在生活中具有各种需求，满足人的需求是人类生存与发展的主题。美国社会心理学家马斯洛把人的需求分成生理需求、安全需求、社交需求、尊重需求和自我实现需求五大类，依次由较低层次到较高层次排列。② 本部分的分析是建立在需求理论的基础之上的。农村儿童处在留守或流动状态下，他们的身心也处于某种缺失状态，因此他们在学习与生活中也就会表现出各种需求。农村留守与流动儿童的需求同样也具有层次性，我们可以借助马斯洛的需求层次理论来分析留守与流动儿童的需求状况。

第一节　农村留守儿童的实际需求

本节通过分析 1560 份农村留守儿童的有效问卷调查表，来呈现农村留守儿童在各方面的实际需求。

---

① 叶敬忠、潘璐：《别样童年——中国农村留守儿童》，社会科学文献出版社 2008 年版，第 437 页。

② ［美］亚伯拉罕·马斯洛：《动机与人格》，中国人民大学出版社 2007 年版。

一　对学校的需求

表 4 – 1　　　　　　　　　农村留守儿童对学校的需求状况

		\multicolumn{4}{c}{在学校最需要的}
		频率	百分比	有效百分比	累积百分比
有效	学习辅导	932	59.7	59.7	59.7
	人格尊重	288	18.5	18.5	78.2
	心理关心	232	14.9	14.9	93.1
	生活照顾	108	6.9	6.9	100.0
	合计	1560	100.0	100.0	

表 4 – 1 反映出农村留守儿童对于学校的需求状况。从表中可以看出，农村留守儿童对于学校的最大需求是"学习辅导"，所占比例达到59.7%；其次是"人格尊重"的需求，所占比例达到18.5%；"心理关心"的需求也较大，达到了14.9%，三者相加，达到近95%，这说明"学习辅导""人格尊重"和"心理关心"是目前农村留守儿童对于学校的最大需求；同时也说明，这三者是目前农村留守儿童最为缺乏的实际需要。农村留守儿童在这三方面的需要如果得不到充分满足，就会在他们身上表现出学习问题、品格问题和心理问题。

二　对家庭的需求

表 4 – 2　　　　　　　　农村留守儿童对于家庭的需求状况

		\multicolumn{4}{c}{在家里最需要的}
		频率	百分比	有效百分比	累积百分比
有效	父母亲的关心	504	32.3	32.3	32.3
	家长对学习的辅导	460	29.5	29.5	61.8
	生活上的照顾	192	12.3	12.3	74.1
	与亲人的交流与沟通	404	25.9	25.9	100.0
	合计	1560	100.0	100.0	

　　表4－2反映出农村留守儿童对于家庭的需求状况。从表中可以看出，近三分之二的农村留守儿童认为，在家里最需要的是"父母亲的关心"，但由于父母亲远在他乡务工，这种需求既是最为缺乏的，又是较难满足的；29.5%的农村留守儿童认为，"家长对学习的辅导"也是他们在家里最为需要的；由于留守在家里，有些农村留守儿童会感到孤独，与亲人的交流与沟通也是他们的强烈需求，这个比例超过了四分之一，农村留守儿童在学校上学往往会暂时忘记或者减轻对父母的思念，但一旦放学回到家中，对于父母亲的思念又会出现，同父母亲联系、见面、交流的渴望也就更强烈了。农村留守儿童的这种对于家庭关爱的强烈需求，以及这种需求不能得到充分的满足，是农村留守儿童身上表现出各种心理现象和情感问题的根源。按照马斯洛的需求层次理论，农村留守儿童对于家庭的需求是一种社交需求。

三　对父母的需求

表4－3　　　　　　　农村留守儿童对于父母亲的需求状况

		希望父母做什么			
		频率	百分比	有效百分比	累积百分比
有效	多与我联系	276	17.7	17.7	17.7
	多关心我	240	15.4	15.4	33.1
	多回家	624	40.0	40.0	73.1
	多与老师联系	124	7.9	7.9	81.0
	多与我交流沟通	296	19.0	19.0	100.0
	合计	1560	100.0	100.0	

　　表4－3反映出农村留守儿童对于父母亲的需求状况。从表中可以看出，40%的农村留守儿童反映，他们希望父母亲"多回家"，这个比例在农村留守儿童当中是最高的。19%的农村留守儿童反映，他

们希望父母亲"多与我交流沟通";17.7%的农村留守儿童反映,他们希望父母亲"多与我联系";15.4%的农村留守儿童反映,他们希望父母亲"多关心我"。由此可见,农村留守儿童对于父母亲的需求主要来自情感方面,而且这种情感需求是非常强烈的。但如果这种强烈的情感需求得不到充分的满足,就有可能会化作对于父母亲的怨恨和自我的自暴自弃。

四 对教师的需求

表4－4   农村留守儿童对教师的需求状况

		希望老师			
		频率	百分比	有效百分比	累积百分比
有效	多辅导你	788	50.5	50.5	50.5
	多家访	64	4.1	4.1	54.6
	多与你交流	568	36.4	36.4	91.0
	对你和气些	140	9.0	9.0	100.0
	合计	1560	100.0	100.0	

表4－4反映出农村留守儿童对于教师的需求状况。从表中可以看出,超过50%的农村留守儿童反映,他们最希望老师做的事情是多对他们进行学习辅导,可见农村留守儿童在这方面的需求是强烈的。36.4%的农村留守儿童反映,他们希望老师能和他们多交流,帮助他们解决个人成长中的问题以及心理方面的问题。农村留守儿童目前的生活环境并不是很理想,教师应尽力去满足农村留守儿童的各种实际需求,促进农村留守儿童的健康成长。其实,农村留守儿童还是很希望搞好自己的学习的,也有这方面的强烈需求,但如果教师忽视这方面的需求,可能会使农村留守儿童在学习上放弃努力,在课堂上表现出不积极的状态。

五 对同学的需求

表 4 – 5 农村留守儿童对于同学的需求状况

		频率	百分比	有效百分比	累积百分比
	希望同学				
有效	与你一起玩	112	7.2	7.2	7.2
	与你一起学习	640	41.0	41.0	48.2
	多帮助你	532	34.1	34.1	82.3
	多与你交流	276	17.7	17.7	100.0
	合计	1560	100.0	100.0	

表 4 – 5 反映出农村留守儿童对于同学的需求状况。从表中可以看出，41% 的农村留守儿童对于其他同学的最大需求是"一起学习"；34.1% 的农村留守儿童对于其他同学的最大需求是"多帮助"自己；17.7% 的农村留守儿童对于其他同学的最大需求是多与自己"交流"。同龄的同学中既有非留守儿童，也有留守儿童，特别是留守儿童之间有一定的共同性，有共同话语，能够互相了解、互相交流、互相安慰，可以缓解感情上对于父母的思念之情。但如果这种对于同学之情的需求得不到充分的满足，农村留守儿童很有可能会出现自卑感、孤独感和自我封闭等各种心理现象及问题。

六 对村庄的需求

表 4 – 6 农村留守儿童对村庄的需求状况

		频率	百分比	有效百分比	累积百分比
	希望村庄				
有效	能提供娱乐的场所	260	16.7	16.7	16.7
	能提供图书看	844	54.1	54.1	70.8
	能举行一些文体活动	456	29.2	29.2	100.0
	合计	1560	100.0	100.0	

　　表4－6反映出农村留守儿童对于村庄的需求状况。从表中可以看出，54.1%的留守儿童反映，他们希望村庄"能提供图书看"，这个需求是强烈的，一方面说明农村留守儿童是热爱学习的；另一方面也说明农村文化资源的相对匮乏；29.2%的留守儿童反映，他们希望村庄"能举行一些文体活动"，16.7%的留守儿童希望村庄"能提供娱乐的场所"，这两个数据说明，农村留守儿童的校外生活并不丰富，希望提供丰富的校外活动来满足他们对于充实精神生活的现实需求。如果农村留守儿童在这方面的需求得不到充分的满足，有可能使农村留守儿童更加思念远在他乡的父母亲和对情感更加依赖，从而出现各种不良的心理状态。

第二节　农村流动儿童的现实需求

　　本节通过分析1875份农村流动儿童的有效问卷，来呈现出农村流动儿童在各方面的实际需求。

一　对学校的需求

表4－7　　　　　　　　农村流动儿童对学校的需求状况

		在学校最需要的			
		频率	百分比	有效百分比	累积百分比
有效	学习辅导	771	41.1	41.1	41.1
	人格尊重	487	26.0	26.0	67.1
	心理关心	531	28.3	28.3	95.4
	生活照顾	86	4.6	4.6	100.0
	合计	1875	100.0	100.0	

　　表4－7反映出农村流动儿童对于学校的需求状况。从表中可以看出，41.1%的农村流动儿童认为，他们对于学校的最大需求是"学

习辅导"，这是农村流动儿童在学校中最想获得的帮助；紧随其后的是心理关心和人格尊重，生活照顾是最少的，这样的需求顺序在客观上为我们学校和老师在关爱服务农村流动儿童方面指明了方向。如果农村流动儿童对学校的需求得不到充分的满足，他们可能会对城市学校产生一种失望感，而这种失望感是他们在学校中不愿意积极进取的根源。

二　对父母的需求

表 4 - 8　　　　　　　　　　农村流动儿童对父母的需求状况

		频率	百分比	有效百分比	累积百分比
	最希望父母为你做				
有效	经常与老师联系	219	11.7	11.7	11.7
	经常辅导你的学习	488	26.0	26.0	37.7
	照顾好你的生活	339	18.1	18.1	55.8
	多与你交流与沟通	829	44.2	44.2	100.0
	合计	1875	100.0	100.0	

表 4 - 8 反映出农村流动儿童对于父母亲的需求状况。从表中可以看出，44.2%的农村流动儿童反映，他们最希望父母做的事情是和他们进行交流与沟通，由于农村流动儿童的父母亲大多有着较大的生计压力，工作回家后处于一种疲惫的状态，和孩子间交流的时间自然就少了，孩子们只能把一些疑问、心里话埋在心底。超过四分之一的流动儿童反映，他们最希望父母亲做的事情是能够经常辅导自己的学习，这说明父母亲对自己的孩子在学习辅导方面花的时间较少，不能满足他们对于学习方面的需求。如果农村流动儿童对于父母亲的需求不能得到充分的满足，他们可能会产生一种叛逆心理，而这种叛逆心理也是农村流动儿童产生各种问题的根源。

三　对环境的需求

表 4 – 9　　　　　　　　　农村流动儿童对环境的需求状况

你最希望得到的是					
		频率	百分比	有效百分比	累积百分比
有效	能在公办学校读书	117	6.2	6.2	6.2
	能提高学习成绩	895	47.7	47.7	53.9
	能有更多的朋友	312	16.6	16.6	70.6
	老师与同学都能尊重我	298	15.9	15.9	86.5
	能与城市里的学生一样快乐地学习生活	253	13.5	13.5	100.0
	合计	1875	100.0	100.0	

　　表 4 – 9 反映出农村流动儿童对于环境的需求状况。对于环境的需求，是指农村流动儿童希望在自己周围能形成一个有利于自我成长的学习、生活、人际关系的环境。从表中可以看出，近一半的农村流动儿童反映，他们最希望的是"能提高学习成绩"，这个比例达到了47.7%，这说明提高学习成绩是农村流动儿童最希望实现的目标，学习成绩的好坏与农村流动儿童在学校的处境有很大的关系，因为学习成绩优秀，农村流动儿童会赢得老师与其他同学更多的尊重。与此同时，与老师及同学间形成良好关系，也是农村流动儿童在学习之外的主要追求，他们想让自己的校园生活变得更加和谐与快乐。如果农村流动儿童在城市学校中的环境需求不能得到充分满足，可能会导致他们对于环境的反感，从而导致他们在城市适应方面出现困难。

四 对教师的需求

表 4 – 10   农村流动儿童对于教师的需求状况

		频率	百分比	有效百分比	累积百分比
	你最希望老师做的是				
有效	多辅导你	558	29.8	29.8	29.8
	多家访	202	10.8	10.8	40.6
	多与你交流	926	49.4	49.4	89.9
	对你和气些	189	10.1	10.1	100.0
	合计	1875	100.0	100.0	

表 4 – 10 反映出农村流动儿童对于教师的需求状况。从表中可以看出，49.4% 的农村流动儿童反映，他们最希望老师做的事情是多与他们交流，近一半的农村流动儿童有这方面的需求，这说明农村流动儿童与城市学校的教师间还存在一定的隔阂，师生间的沟通与交流并不是很畅通；29.8% 的农村流动儿童反映，他们最希望老师能多辅导他们；各有十分之一的农村流动儿童反映，他们最希望老师能 "多家访" 和和气些，这也说明城市里的老师与农村流动儿童间在师生关系方面还有较大的改进空间，这个责任应该主要由老师来负，老师有主动去创造师生间交流机会的责任。如果农村流动儿童对于老师的需求不能得到充分的满足，师生关系必然会紧张，这也是农村流动儿童在城市学校产生各种学习与生活问题的根源。

五 对同学的需求

表 4 – 11   农村流动儿童对同学的需求状况

		频率	百分比	有效百分比	累积百分比
	你最希望同学做的是				
有效	与你一起玩	421	22.5	22.5	22.5
	与你一起学习	686	36.6	36.6	59.0
	多帮助你	429	22.9	22.9	81.9
	多与你交流	339	18.1	18.1	100.0
	合计	1875	100.0	100.0	

　　表 4-11 反映出农村流动儿童对于同学的需求状况。从表中可以看出，36.6% 的农村流动儿童反映，他们最希望和同学一起学习，这说明农村流动儿童在学习上需要其他同学的帮助，相比老师来说，农村流动儿童在学习上更愿意请教其他同学，主要是因为同学间交流起来更顺畅些，不像师生间毕竟存在一些隔阂。22.9% 的农村流动儿童反映，他们最希望同学多帮助他们，这说明农村流动儿童在城市的学习与生活适应方面存在一定的困难，需要通过同学的帮助来适应城市的学习与生活。如果农村流动儿童对其他同学的这些需求不能得到充分的满足，农村流动儿童必然会走向自我封闭，走向美国人类学家吉尔茨所说的"内卷化"，这也是农村流动儿童在城市产生各种心理适应问题的根源。

六　对社区的需求

表 4-12　　　　　　　　农村流动儿童对社区的需求状况

你最希望社区做的是					
		频率	百分比	有效百分比	累积百分比
有效	能提供娱乐的场所	531	28.3	28.3	28.3
	能提供图书看	765	40.8	40.8	69.1
	能举行一些文体活动	431	23.0	23.0	92.1
	多提供一些咨询服务	148	7.9	7.9	100.0
	合计	1875	100.0	100.0	

　　表 4-12 反映出农村流动儿童对于社区的需求状况。从表中可以看出，40.8% 的农村流动儿童反映，他们最希望社区做的事情是"能提供图书看"，这说明农村流动儿童的校外生活并不丰富；同时也说明，流动人口聚集的社区在这方面还有很大的改进空间；28.3% 的农村流动儿童反映，他们最希望社区"能提供娱乐的场所"；23% 的农村流动儿童反映，他们最希望社区"能举行一些文体活动"，这两个数据表明，农村流动儿童的校外文体娱乐活动方面较为缺乏，因此他

们在这方面有着较强烈的现实需要，社区应该想办法去满足农村流动儿童在这些方面的需求。其实，城市社区有较多的文体活动资源，关键是社区如何使用好这些资源，以来服务于农村流动儿童的课余生活。如果农村流动儿童对于社区的需求不能得到充分的满足，会使他们不知道该如何适应城市生活，这也是农村流动儿童在城市中产生各种生活适应问题和文化适应问题的根源。

第三节　农村留守与流动儿童需求的比较分析

本节主要是对农村留守与流动儿童的现实需求进行比较分析，从中找出两者之间的差异与共同之处，加深对农村留守与流动儿童现实需求的认识。

一　对学校需求的比较分析

农村留守儿童对于学校的最大需求是"学习辅导"，其次是"人格尊重"和"心理关爱"；农村流动儿童对于学校的最大需求也是"学习辅导"，其次是"人格尊重"和"心理关爱"。从中可以看出，农村留守与流动儿童对学校的需求方面具有高度的一致性，这与农民工子女本身的处境有关。无论是作为留守儿童的农民工子女，还是作为流动儿童的农民工子女，他们都具有共同性，即外出务工农民没有时间与精力来辅导子女的学习，从而造成其子女在学习上普遍不理想的状况，这是一个不容忽视的现实问题。正是因为父母亲无法满足他们对于"学习辅导"的需求，他们才把这种"学习辅导"的需求转向学校，希望学校能够满足他们的需求。但农村留守与流动儿童对于"学习辅导"的需求在比例上是有差异的，农村留守儿童所占的比例是 59.7%，远远高于农村流动儿童的比例（41.1%），高出了 18 个百分点，这说明，农村流动儿童对于学校的需求是比较分散的，不像农村留守儿童那样完全集中在"学习辅导"方面。

二　对父母需求的比较分析

农村留守儿童对于父母亲的最大需求是希望父母亲"多回家"，其次是"多与我交流沟通"和"多关心我"，这说明农村留守儿童对于父母亲的需求主要是在情感方面，这与农村留守儿童的情感缺乏有很大的关系，导致农村留守儿童对于父母亲有一种情感依赖。农村流动儿童对于父母亲的最大需求是"多与自己交流沟通"，其次是经常"辅导自己的功课"。两者相比较可以看出，农村留守与流动儿童对于父母亲的最大需求虽然具有一定的差异性，但也有高度的相似性，都表现在情感方面。农村留守儿童由于父母亲的外出务工，距离感造成了思念感，尤其希望父母亲"多回家"；农村流动儿童虽然与父母亲生活在一起，但由于父母亲忙于生计，没有时间去关心他们，因此在情感方面最希望父母亲能"多与我交流沟通"。农村流动儿童在学习辅导方面，对父母亲也有较大的需求，因为农村流动儿童自己也感觉到了，与城市当地学生相比，他们在学习成绩方面有较大的差距，有一种危机感。

三　对教师需求的比较分析

农村留守儿童对于老师的最大需求是"多辅导"自己，其次是"多与自己交流"；农村流动儿童对于老师的最大需求是"多与自己交流"，其次是"多辅导"自己。从中可以看出，农村留守与流动儿童在老师的需求方面是有差异的。农村留守儿童最希望老师能"多辅导"自己，这与留守儿童回到家里，爷爷奶奶或外公外婆无法辅导自己的学习有关，这种在家里无法满足的需求继而转到学校老师的身上，希望在老师身上能够得到实现。农村流动儿童最希望老师能"多与自己交流"，这与农村流动儿童在城市学校受到孤立有关。农村儿童来到城市学校，由于城市学校学习与生活上的不适应，他们会发现，自己处于被孤立的处境。农村流动儿童希望老师能主动与自己交流沟通，老师能多关注自己，希望借此化解自己的孤立处境，得到应有的关心。当然，在学习上能得到老师的辅导，也是农村流动儿童对于老师的较大需求，这在前面的分析中可以反映出来。

四 对同学需求的比较分析

农村留守儿童对于同学的最大需求是能够"与自己一起学习"，其次是"多帮助自己"和"多与自己交流"；农村流动儿童对于同学的最大需求也是能够"与自己一起学习"，其次是"多帮助自己"和"与自己一起玩"。从中可以看出，农村留守与流动儿童对于同学的最大需求具有相似性，都是希望其他同学能与自己一起学习，这说明无论是农村留守儿童还是农村流动儿童，他们在学习上是比较孤独的，他们都希望在学习、生活、交流中建立同伴关系。"同伴关系（peer relationships）是指年龄相同或相近的儿童之间的一种共同活动并相互协作的关系，或者主要指同龄人间或心理发展水平相当的个体间在交往过程中建立和发展起来的一种人际关系。"[1] 在个体的成长过程中，同伴关系极其重要，它会影响到个体的身心发展。为什么留守与流动儿童对于其他同学在学习与生活上有着强烈的需求？由于处于留守或流动状态的儿童，在现实环境中缺乏本该具有的同伴关系，对这方面有着强烈的需求。作为学校与社区来说，可以多举行一些文体活动，使留守儿童与非留守儿童之间、流动儿童与城市本地学生之间相互融洽，满足留守与流动儿童对于同学帮助及同学交流的需求。

五 对社区需求的比较分析

农村留守儿童对于村庄最大的需求是"能提供图书看"，其次是"举行一些文体活动"和"能提供娱乐的场所"；农村流动儿童对于社区的最大需求也是"能提供图书看"，其次是"能提供娱乐的场所"和"能举行一些文体活动"。农村留守与流动儿童对于社区的需求具有高度相似性，特别是希望社区"能提供图书看"的需求最强烈。但农村留守与流动儿童对于"能提供图书看"的需求度有差距，农村留守儿童希望村庄"提供图书看"的比例是54.1%，远高于农

---

[1] 邹泓：《同伴关系的发展功能及影响因素》，《心理发展与教育》1998年第2期。

村流动儿童的 40.8%，说明农村留守儿童希望"能提供图书看"的需求更强烈，从另一方面也说明，农村适合于农村留守儿童看的书籍比较缺乏。从中可以看出，无论是农村留守儿童，还是农村流动儿童，他们的校外生活并不是丰富的，他们的精神生活也没有得到充分的满足。农村流动儿童还希望能提供一些咨询服务，使他们能更好地适应城市的生活。农村留守与流动儿童对于社区的需求其实是一种对于文化的需求。英国社会人类学家布朗认为，"文化是一定社会群体或社会阶级与他人的接触交往中习得的思想、感觉和活动的方式。"①农村留守儿童通过文化需求的满足，不仅在于丰富知识，而且在于使自己在精神与心理层面上得到应有的满足，这是每个儿童在文化需求上的天然情感，也是每个儿童乐于学习、乐于丰富自己的天性。对农村流动儿童来说，他们不仅通过文化需求的满足来达到上述目标，而且他们还通过文化需求的满足来适应城市生活。美国人类学家罗伯特·雷德指出，"当具有不同文化的各群体进行持续的直接的接触之后，就会导致双方或一方原有文化模式发生变迁"。②农村流动儿童要适应城市生活，他们就必须学习与适应城市文化，在乡村文化与城市文化的碰撞中，融合到城市文化中。农村流动儿童对于社区具有文化学习的需求，说明他们有融入社区生活与城市文化的强烈需求，社区应充分利用本身丰富的文化资源，为农村流动儿童的城市适应提供文化大餐。

从马斯洛的需求理论来分析，农村留守与流动儿童的需求具有层次性，他们的需求主要集中在生理需求和情感需求这两个层面，他们对于自我实现的需求还比较少，这说明留守与流动儿童在需求满足方面还有较大的提升空间。美国学者 J. Paul Leagans 以进化的观点对需求做了描述，他把需求分为实际需求、可能需求和理想需求。实际需求是需求的当前及现实状态，可能需求是现实需求的潜在状态，是当

---

① 《中国大百科全书》（社会学卷），中国大百科全书出版社 1991 年版，第 409 页。
② 转引自叶继红《城市失地农民的集中居住与移情文化适应》，《思想战线》2010 年第 2 期。

前需求的扩展，理想需求是主体对需求对象的理想状态的理解。[①] 从保罗的需求进化理论来看，目前农村留守与流动儿童的需求主要是实际需求（即生理方面和情感方面），反映出他们对于现实的要求，部分留守与流动儿童处于可能需求状态（即要求得到相应的尊重），这是在实际需求得到满足后所提出的新需求。目前处于理想需求状态（即自我实现）的留守与流动儿童的数量还比较少。无论是从需求层次理论来分析，还是从需求进化理论来分析，都可以看出，留守与流动儿童的需求处于较低的层次，有必要提供充分的资源来满足其各种需求，并提升他们的需求层次，促进他们的身心发展。

---

① 刘宝铭、孙建广：《需求理论及需求进化定律》，《科技管理研究》2011 年第18 期。

第五章

农民工子女关爱服务体系建设的问题

针对目前农村留守与流动儿童的现状及问题，社会各层面应该在留守与流动儿童的学习、生活、心理等方面加强对于他们的关爱服务，并建立相应的体系。但事实上，农村留守与流动儿童并没有得到他们所需要的关爱服务，他们的现状不容乐观，主要原因在于目前的农村留守与流动儿童关爱服务体系存在问题。

第一节 农村留守儿童关爱服务体系的问题

根据全国第六次人口普查的数据推算，我国目前约有农村留守儿童 6102.55 万人。[①] 由于父母外出务工，与农村非留守儿童相比，他们是更需要关注的弱势群体。对于农村留守儿童而言，他们面临的最大问题是关爱问题，他们最为缺乏的是关爱需求，他们最为需要的也是关爱需求。因此，在广大的农村地区构建留守儿童关爱服务体系是政府部门及学校的当务之急。

处于留守状态下的农村儿童确实表现出各种各样的问题，这些问题引起了社会各界的广泛关注，建立农村留守儿童的关爱服务体系不只是一种呼声，它在农村地区纷纷付诸实施。但在关爱服务体系的实际建设过程中，农村留守儿童并没有在"关爱服务"中得到实惠，农村留守儿童依然存在安全卫生、品格、学习和心理等方面的问题，究其根源，是因为目前的农村留守儿童关爱服务体系存在"散乱空"

---

① 全国妇女联合会课题组：《我国农村留守儿童、城乡流动儿童状况研究报告》，人民网，2013 年 5 月 10 日。

等方面的问题，无法为农村留守儿童提供实际有效的关爱服务，无法解决农村留守儿童实际存在的各种问题。

一 关爱服务体系中"散"的问题

政府部门、社会及学校都认识到构建关爱服务体系对于农村留守儿童的重要性，关爱服务体系是解决农村留守儿童各种问题的有效途径，但它们都是从自身的角度出发来构建关于农村留守儿童的关爱服务体系。政府部门侧重于从政策层面来关爱服务农村留守儿童，为关爱服务农村留守儿童提供各种政策资源；学校侧重于从教学层面来关爱服务留守儿童，为改进农村留守儿童的学习状况提供各种教学资源；社会层面则侧重于从提供志愿服务来关爱服务农村留守儿童，为改善农村留守儿童的心理状况等方面提供各种社会服务。政府部门、社会与学校都在为农村留守儿童提供各种形式的关爱服务，但这些关爱服务是分散的，是各自为政的，在纵向上是断层的，在横向上是相互割裂的，没有形成解决农村留守儿童问题的合力。正是因为关爱服务体系中"散"的问题，关爱服务体系无力满足农村留守儿童的实际需求。

关爱服务体系中"散"的问题，会导致学校在整个关爱服务体系中的"边缘化"。学校是农村留守儿童学习与生活的主要场所，政府及社会的各种关爱服务，都需要通过学校才能发挥作用，才能最后落实到留守儿童身上，因此要突出学校在关爱服务体系中的地位，否则学校就会在关爱服务体系中"边缘化"。学校的"边缘化"，在纵向上使政府及社会的关爱服务失去中介者，政府及社会的关爱服务无法落实到留守儿童身上，留守儿童的关爱需求也无法通过学校反映到政府部门和社会层面；在横向上使政府及社会与留守儿童间失去沟通者，关爱供给与关爱需求间无法有效对接。

二 关爱服务体系中"乱"的问题

在实践过程中，政府部门、社会及学校都在关爱服务农村留守儿童，但它们是各搞一套，没有形成体系，甚至是自相矛盾，这不仅不能解决农村留守儿童的实际问题，反而会引起农村留守儿童的反感。三者之间对于农村留守儿童在关爱服务的目标、内容、方式与途径等方面不能有机地衔接，无法相互协调与沟通，没有形成一个相互支持的体系，因此目前的关爱服务体系对于农村留守儿童而言，显然是较为零乱的。具体来说，农村留守儿童关爱服务体系中"乱"的问题主要表现在没有统一的教学计划、没有针对性的教育方案和缺乏固定的课程体系，这样容易导致对于农村留守儿童关爱服务的随意性大，想怎样搞就怎样搞，无法解决农村留守儿童实际存在的各种问题，因此这样的关爱服务是无法产生实际效果的。

关爱服务体系中"乱"的问题，会导致教师在整个关爱服务体系中的"失声"，淹没教师在关爱服务中的积极作用。关爱服务体系中为什么会出现"乱"的问题？主要是因为在关爱服务过程中缺乏有力的组织者和具体的实施者，而作为组织者和实施者的教师却完全被忽视，在整个关爱服务体系中"失声"。由于关爱服务体系中"乱"的问题，教师不是在关爱服务中"发声"，而是"失声"；教师在关爱服务中不是充当"主角"，而是充当"配角"，从而导致留守儿童的各种关爱服务无序化，处于混乱的状态。

三　关爱服务体系中"空"的问题

目前对于农村留守儿童的关爱服务是一种自上而下的体系，政府部门、学校和社会是关爱服务的推动者，农村留守儿童是关爱服务的受动者。在这样一种自上而下的关爱服务体系中，农村留守儿童的主体地位和实际需求并没有得到应有的尊重与满足。这种任务式的关爱服务并不是建立在农村留守儿童的实际问题和真实需求之上的，因此不可能切实满足农村留守儿童对于关爱服务的实际需求，是一种空对空的关爱服务，农村留守儿童并不能从关爱服务中受益，从而导致目前的农村留守儿童关爱服务体系空洞化现象严重。对于农村留守儿童的关爱服务不是建立在他们的实际需求之上的，这样的关爱服务既落不到点子上，起不到实际效果，也无法解决农村留守儿童的实际问题。

关爱体系服务中"空"的问题，会造成留守儿童在整个关爱服务体系中的"缺位"。留守儿童是关爱服务的对象，但关爱服务工作的空洞化，会造成关爱体系的"目中无人"，从而导致留守儿童在关爱服务体系中的"缺位"。一方面，留守儿童的"缺位"会导致关爱服务资源的浪费。留守儿童确实正在受到关爱服务，但他们实际上又无法获得自己所需要的关爱资源，造成关爱资源的浪费。另一方面，留守儿童的"缺位"会导致他们的主体性受挫，看似是在对自己提供关爱服务，但并不是自己想要的关爱服务，把自己看成关爱服务中的无关主体，致使留守儿童的主体性受挫。

四　关爱服务体系问题的负面影响

农村留守儿童关爱服务体系的"散乱空"问题，对关爱服务的对象和主体带来负面影响，同时又影响到关爱服务体系的实施及效果。

一是忽略留守儿童的真实需求。目前的农村留守儿童关爱服务体系是一种自上而下的机制，这种关爱服务机制通过层层中介最后落到留守儿童身上，但可能已经不再是留守儿童所需要的关爱服务，留守儿童的真实需求被这种关爱服务机制层层"过滤"掉了，留下的只是上面的"意志"，而不是留守儿童的"需求"。这种纵向关爱服务机制不能与留守儿童对学习、生活、心理的实际需求相对接，看不到农村儿童处于留守状态下的真实需求，是一种强加下来的关爱服务，是对留守儿童真实需求的忽略，反而会引起留守儿童的反感，达不到关爱服务农村留守儿童的真正目的，留守儿童并不能从关爱服务体系中受益。

二是忽视学校教师的主导作用。学校教师处在教育的第一线，是关爱服务的具体组织者和实施者，对于农村留守儿童的关爱服务，他们最有话语权，在农村留守儿童关爱服务的具体实施中应该起主导作用。但政府主导的这种纵向关爱服务机制却容易忽视学校教师的作用，学校成为辅助者，教师成为旁观者，无法发挥教师在关爱服务中的主导作用，这使得对于农村留守儿童的关爱服务无法具体落到实处，留守儿童也不能从关爱服务中受益，因为学校教师最清楚留守儿童的真实需求，了解他们最需要得到什么样的关爱服务，以及这些关爱服务对留守儿童的身心会产生什么样的影响。

三是无视监护人的实际能力。目前的关爱服务纵向机制最后是要通过监护人来把关爱服务落实到农村留守儿童身上，满足留守儿童在现实生活与学习中的各种需求，解决他们身上表现出来的各种问题。但这种效果肯定是不佳的，因为监护人是没有能力来达到预期目标的。根据我们的实际调查，80% 以上的监护人是爷爷奶奶或外公外婆这些留守老人，由于年龄较大、文化水平不高、农活较繁重、隔代抚养等原因，监护人对于留守儿童关爱服务的实际能力是有限的，只能照顾到留守儿童的生活，对于留守儿童学习、心理等方面的关爱服务是无能为力的，这反过来又使整个留守儿童的关爱服务体系空心化，留守儿童实际上并不能从中得到他们真正所需要的关爱服务。

第二节　农村流动儿童关爱服务体系的问题

根据全国第六次人口普查的数据推算，我国目前有农村流动儿童 2877 万人。[①] 随着我国工业化和城镇化的不断深入，进城务工就业农民随迁子女不仅数量庞大，而且呈现出新的特征。关爱服务体系不能抓住农村流动儿童的新特征，就不能满足他们的实际需要，其体系必然存在问题。

一　农村流动儿童的新特征

（一）呈现出低龄化的新特征

从年龄结构上来看，初期的农村流动儿童是以小学高年级和初中阶段的学生为主，呈现出年龄较大化的特点。相比低龄的农村流动儿童来说，年龄较大的农村流动儿童具有较强的生活自理能力和城市适应能力，因此更有可能随务工就业的父母来城市学习与生活。由于农

---

① 全国妇女联合会课题组：《我国农村留守儿童、城乡流动儿童状况研究报告》，人民网，2013 年 5 月 10 日。

民全家外出务工就业的现象越来越多，上面这种情况已发生了变化，农村流动儿童呈现出低龄化的新特征。这种新特征表现在两个方面：一方面，学龄前农村流动儿童的数量庞大。2010年，"学龄前流动儿童（0—5周岁）有981万人，占流动儿童总数的27.40%，与2005年相比，增幅达38.59%。"[1] 学龄前农村流动儿童不仅数量大，而且增长速度较快。这些学龄前农村流动儿童缺乏相应的生活照顾及智力开发，会影响到他们后续的学习和身心发展，这已成为农村流动儿童群体中不可忽视的问题。另一方面，小学阶段农村流动儿童的比重较大。2011年和2012年，小学阶段农村流动儿童分别是932.7万人和1035.5万人，分别占整个义务教育阶段农村流动儿童的74%和74.3%。[2] 小学阶段农村流动儿童在义务教育阶段的比重越来越大，其比例已接近四分之三，说明农村流动儿童呈现出低龄化的年龄特征。由以较高年龄段农村流动儿童群体为主到以低年龄段农村流动儿童群体为主的变化，这种年龄结构上的变化，对城市的学前教育体系、城市小学阶段的教育资源和城市学校的合理布局提出了现实挑战。

（二）呈现出以省内流动为主的新特征

农村儿童成规模地随父母流动到城市始于20世纪90年代中后期，他们主要分布在北京、上海、广州等大城市和东部地区经济较发达的城市，在分布区域上形成了以省外流动为主的特征。但近些年来，情况开始发生变化。根据全国教育统计年鉴上的数据显示，2010年、2011年和2012年全国进城务工就业农民随迁子女在省内流动的比例分别是54%、54.2%和54.6%，他们在省内流动的比例已超过了在省外流动的比例。[3] 随着西部大开发的持续推进和中部地区经济

---

[1] 全国妇女联合会课题组：《我国农村留守儿童、城乡流动儿童状况研究报告》，人民网2013年5月10日。

[2] 以上数据是根据2011年和2012年《全国教育统计年鉴》中的数据整理而成的，具体可以参见2011年和2012年的《全国教育统计年鉴》。

[3] 以上数据是根据2011年、2012年和2013年《全国教育统计年鉴》上的数据整理而成的，具体可以参见2011年、2012年和2013年的《全国教育统计年鉴》。

的崛起，中西部地区农村流动儿童在省内流动的比例明显高于在省外流动的比例，这是他们在分布区域上的变化。目前中部地区农村流动儿童在省内流动的比例保持在一个较高的水平上，2010 年、2011 年和 2012 年分别是 84%、83.6% 和 84.3%。西部地区农村流动儿童在省内流动的比例也是较高的，2010 年、2011 年和 2012 年分别是 70%、70% 和 70.6%。① 从上面的数据可以看出，2010 年至 2012 年，中西部地区农村流动儿童在省内流动的比例远高于省外，这是农村流动儿童在分布区域上所呈现的新特征。在分布区域上，农村流动儿童从以省外流动为主转变为以省内流动为主的新特征，对各省建立农村流动儿童省内一体化的城乡联动机制提出了现实要求。

（三）呈现出向中小城市流动的新特征

20 世纪 90 年代以来，北京、上海、广州等大城市和东部沿海地区经济发达的城市一直是农村流动儿童的主要流入地。但近年来，农村流动儿童在流动趋势上有明显的变化，农村流动儿童在向大城市及东部沿海经济发达城市流动的同时，开始向中西部经济发达的中小城市流动，其数量和比重在逐年增加。根据中国教育科学研究院调查的 12 个城市的数据显示，"义务教育阶段农民工随迁子女数量增长速度最快的 6 个城市依次为：郑州（39.83%）、义乌（22.86%）、杭州（18.08%）、成都（13.70%）、沈阳（13.16%）、石家庄（12.58%）。"② 农村流动儿童向经济发达的中西部城市流动的趋势，对这些城市的教育资源配置和"两为主"就学政策的实施提出了新的挑战。我们在调研中也发现，随着全国各地城镇化的不断深入，农民在县城等小城市务工和就业的人数越来越多，随迁子女的规模也在不断壮大。目前还存在这样一种特殊现象，由于农村学校教育资源的薄弱，留守老人和留守儿童在县城租住房子，或借住在县城的亲戚家里，然后在县城

---

① 以上数据是根据 2011 年、2012 年和 2013 年《全国教育统计年鉴》中的数据整理而成，具体可以参见 2011 年、2012 年和 2013 年的《全国教育统计年鉴》。

② 中国教育科学研究院：《农民工随迁子女教育趋势及对策》，http://www.npopss-cn.gov.cn／。

的中小学校就读，成为"留守中的流动儿童"，这将进一步加剧农村地区教育资源的闲置，对如何合理调配县域内教育资源提出了现实难题。

（四）呈现出升学问题突出的新特征

随着"两为主"就学政策在全国各地的逐步落实，他们在城市公办学校的入学状况大为改善，"2011 年全国 1300 万进城务工人员随迁子女在公办学校就读的比例达到 80%，比 2010 年增长了 12.7%。"① 这使"进城务工人员随迁子女在当地接受义务教育的问题得到初步解决"。② 农村流动儿童的突出问题由义务教育阶段的就读问题转变为义务教育后的升学问题，这是农村流动儿童表现出来的新特征。随着农村流动儿童完成义务教育人数的不断增多，必须关注这个庞大群体的去向，或者是回到户籍所在地的高中学校就读，或者是在流入地的高中学校就读，或者是加入务工就业的队伍中。由于受到户籍制度的限制，他们在城市高中学校的升学就读面临着重重困难，而且在流入地高中学校就读的随迁子女还面临着异地高考的问题，这也是农民工子女就学政策需要着力解决的实际问题。

二　农村流动儿童关爱服务体系的问题

针对农村流动儿童的新特征与表现出来的问题，目前的农村流动儿童关爱服务体系存在以下几方面的问题。

第一，没有建立分层的关爱服务体系。由于农村流动儿童年龄的多样化，从学龄前至初中阶段都有不同程度的分布，有必要建立针对不同年龄的分层关爱服务体系，以满足不同年龄段流动儿童对于关爱服务的需求。目前的体系中对于低龄（特别是学龄前）农村流动儿童的关爱服务是缺乏的，造成对于学龄前农村儿童关爱服务的"空档"。对于不同年龄段的农村流动儿童采取一样的关爱服务，这种

① 袁振国：《教育公平是社会公平的重要力量》，《中国教育报》2012 年 11 月 5 日。
② 中华人民共和国教育部：《关于做好进城务工人员随迁子女接受义务教育后在当地参加升学考试工作的意见》，中国政府网，2012 年 9 月 1 日。

"一刀切"式的关爱服务反而会引起流动儿童的反感，因为不同年龄阶段的农村流动儿童的需求有着较大的差异。因此，对于农村流动儿童不能提供分层分类的关爱服务，这是目前农村流动儿童关爱服务体系中存在的最大问题。

第二，没有建立省级统筹的关爱服务体系。随着农村儿童由省内流动为主向省外流动为主转变的新特征，以大城市及省会城市为中心而建立的关爱服务体系已不能适应目前农村流动儿童的需求，需要以省为单位来重构关爱服务体系。随着省内流动的农村儿童的不断增加，要从省级层面来统筹关爱服务体系的建设，通过资源配置等方式来支持农村流动儿童关爱服务体系的建设。为什么要建立省级统筹的关爱服务体系呢？因为在农村流动儿童较为集中的中小城市，如果缺乏省级财政的支持，很难新办中小学校来满足农村流动儿童进入公办学校就读的需求，甚至在增加流动儿童的就学学位和相应的师资方面也存在较大的困难。

第三，中小城市缺乏完善的关爱服务体系。随着城镇化的不断深入，农村儿童在中小城市流动的数量也在不断增加，而中小城市并没有相应地建立并完善其关爱服务体系，不能切实解决流入中小城市的农村流动儿童的现实问题，从而造成流动儿童的数量增加与关爱服务体系间的矛盾。这种矛盾反过来又会影响到中小城市的城镇化进程，影响到中小城市经济社会的发展。以往的农村务工人员都倾向于向大城市或者经济发达的城市流动，中小城市在建立农村流动儿童关心体系这个方面是缺乏准备的，甚至还没有建立起来，更不要说完全满足农村流动儿童各方面的需求。

第四，没有建立以升学为重点的关爱服务体系。以往的关爱服务体系是以农村流动儿童的就学为重点，着力于解决农村流动儿童在城市接受义务教育的问题。随着农村流动儿童在城市学校就读问题的基本解决，农村流动儿童的突出问题已由就读问题转向升学问题，关爱服务体系的重心也必须随之转向，建立以升学为重点的关爱服务体系，否则的话，农村流动儿童的现实需求与关爱服务体系间会存在矛盾冲突，从而导致关爱服务体系的空洞化，无法满足农村流动儿童对于升学的现实需求。

第五，没有建立以社区为中心的关爱服务体系。农村流动儿童和其家长生活在城市的各个社区中，而城市的各个社区中拥有丰富的关爱服务资源，但目前的关爱服务体系中并没有充分发挥出社区的作用，这也是关爱服务体系存在的主要问题。在为农村流动儿童提供关爱服务方面，社区往往能发挥出独特的作用，这个作用是政府、学校及家庭无法替代的，因为社区是各种关爱服务资源的聚集地，能够集中各方面的关爱服务资源来促进农村流动儿童的身心发展。

第三节　农民工子女关爱服务体系建设的问题

前两节分别论述了农村留守儿童与农村流动儿童关爱服务体系建设中存在的问题，在本节中将对农民工子女关爱服务体系建设的问题做个系统总结。其实，我们在实践中也认识到农民工子女关爱服务体系建设的重要性和必要性，但在实际建设中却存在着问题，与农民工子女的需求不能对接。农民工子女关爱服务体系建设的问题主要包括以下几个方面。

第一，整个农民工子女关爱服务体系不能与实际需求进行有效对接，这是农民工子女关爱服务体系建设的主要问题。如果一个关爱服务体系不是建立在农民工子女的实际需求之上，那么，无论是农村留守儿童关爱服务体系，还是农村流动儿童关爱服务体系，都是一个空架子，农民工子女的实际需求得不到切实满足，农民工子女的学习、心理与生活状况也得不到实际改善。因此，目前各地普遍在建立农民工子女关爱服务体系，但在建设中却"目中无人"，把农民工子女本人及实际需求排除在外，没有认识到关爱服务体系是为农民工子女的身心发展服务的，造成农民工子女的实际需求与身心发展"两层皮"现象，这是当前农民工子女关爱服务体系建设中需要克服的问题。

第二，农民工子女关爱服务体系的建设缺乏理论深度，这也是目前农民工子女关爱服务体系建设中普遍存在的问题，在实践中纷纷建设农民工子女关爱服务体系，但对于什么是关爱服务体系、为什么要建立关爱服务体系却缺乏深刻的认识。没有深入去探讨关爱服务体系建设的关爱原理、需求机制与动力这些深层次的东西，对理论缺乏深层次的探讨，所建立的关爱服务体系必然是肤浅的，落不到点子上，起不到实效。为了克服这些问题，有必要对关爱服务体系建设的探讨从实践层面进入理论层面，着手从关爱理论与需求理论来探讨关爱服务体系建设的理论基础，使关爱服务体系的建设具有理论深度。

第三，农民工关爱服务体系的建设缺乏政策支撑，这也是目前农民工子女关爱服务体系建设中存在的主要问题。政策意味着资源的分配与资源的支持，缺乏资源的支持，农民工子女关爱服务体系的建设只能是一句空话。在关爱服务体系建设中，缺乏对相关政策的探讨，缺乏相关政策的支持，这也是关爱服务体系的建设力不从心的原因。为了克服这方面的问题，有必要对关爱服务体系的建设做政策层面上的探讨，把农民工子女关爱服务体系的建设纳入政策框架中，在资源上取得政策的认可与支持，使理念化作具体的行动。同时，还有必要通过相关的政策来协调关爱服务农民工子女的各方力量，并在实际操作中做出切实的努力。

第四，农民工子女关爱服务体系的建设缺乏实践载体，这也是关爱服务体系建设中存在的主要问题之一。关爱服务在实践中虽然也有实施，但总感觉缺乏力度，关键是缺乏可操作性的具体行动，以及实施具体行动的实践载体。有些关爱服务只停留在口头上，却缺乏实践行动，这说明对农民工子女关爱服务体系建设的实践探索是不够的，还没有摸索出行之有效的实践载体。缺乏实践载体的关爱服务不具有推广性，无法产生实际效果。为了克服上述问题，有必要在实践层面加强关爱载体的探索，把关爱服务都融入载体中，通过载体来使关爱服务与农民工子女的需求进行有效对接。在这方面做出努力与探索是必要的，也是有价值和意义的。

第六章

农民工子女关爱服务体系建设的理论探索

本部分主要是探索农民工子女关爱服务体系建设的理论基础。为什么要去探索关爱服务体系建设的理论基础呢？这正如美国哲学家威廉·詹姆斯所说："你即使在田野里拣一块大头也需要理论。"① 只有把关爱服务体系建在一定的理论基础上，这样的关爱服务体系才具有厚度与说服力。本章节主要从三方面来说明这一问题，即需求理论的反思与探索，关怀理论的反思与关爱理论的探索，构建需求—关爱—课程的理论框架。

第一节 需求理论的反思与探索

只要是人，每个人都是有需求的。人之所以会有某方面的需求，是由人在某个方面的需求的缺乏所造成的。人不仅有生理上的需求，也有心理上的需求；人不仅有心理上的需求，还有物质和精神上的需求，而且不同个体既有需求上的共性，也有需求上的差异性，这种差异性表现在年龄、性别、地域、个性和文化等方面。

一 需求理论的反思

一提到需求理论，人们更多的是谈论美国社会心理学家马斯洛的需求层次理论，他把人的需求分为生理需求、安全需求、社交需求、

---

① M. H. Agar, *The Professional Stranger: An Informal Introduction to Ethnography*. New York: Academic Press. 1980. p. 23.

尊重需求和自我实现需求这五个层次。其实，无论是农村留守儿童，还是农村流动儿童，他们所表现出来的问题，是因为他们的实际需求没有得到切实满足，因此，需求理论，特别是马斯洛的需求层次理论可以用来解释农村留守与流动儿童的现状及问题，为本研究提供相应的理论资源。

但是马斯洛的需求层次理论也存在着缺陷。马斯洛的需求层次理论揭示出人的需求的全面性及层次性，这在揭示出人的需求方面，到目前为止，还是最为完整的需求理论，但完整的理论并不意味着完美无缺。马斯洛的理论中最重要的一个缺点是其需要层次理论是纵向的，只有满足了低层次的需求才会向高层次的需求递进，五个需求之间是依次递进的关系，从某个方面来说是有道理的，但同时，人的需求也存在某种横向上的联系，人的各种需求之间具有相互交叉的特点，并不一定是满足了低层次的需求，才会去追求高层次的需求，事实上是，人同时会有多方面的需求，也会同时去追求多方面需求的满足，只是在某个阶段会对某方面的需求有所侧重。还有一点我们要注意的是，对于不同群体的人而言，他们的需求的侧重点是不同的。对于农民工子女而言，他们的需求不同于其他儿童，就是对于农民工子女本身而言，农村留守儿童的需求也不同于农村流动儿童的需求，因此，对于农民工子女的需求也要分而论之。

二　需求理论的探索

那么，对于农民工子女而言，他们的需求表现在哪些方面呢？我们可以对农民工子女的需求做些探索。这里，我们借用马斯洛的需求层次理论框架来进行分析，即在借鉴的基础上，根据农民工子女本身的实际情况，做些补充与完善，使关爱理论更好地服务于农民工子女的身心发展。

第一，农民工子女与其他儿童一样是具有生理需求的，但他们的生理需求又与其他儿童具有不一样的地方。对处于留守状态的农村儿童来说，在生理上最为缺乏的是物质及生活丰富程度的满足。父母外出务工，主要是由爷爷奶奶、外公外婆等老年人来照顾留守儿童的生活起居，由于年龄及时代的差距，隔代抚养容易造成对于留守儿童生活起居照顾得不周到，无法满足正在成长中的农村留守儿童的各种生理上的需求。农村留守儿童的生理需求主要表现在饮食起居、营养状况、卫生条件、生活照顾等方面。对处于流动状态的农村儿童而言，在生理上最大的需求是对城市生活及物质消费适应的满足。农村儿童随外出务工的父母来到城市，而城市生活与农村生活存在较大的差别，因此农村儿童在城市面临的首要问题是生理及生活上的适应问题。由于农民在城市中务工往往是早出晚归，根本没有时间与精力去关照流动儿童生理上的需求，无法满足流动儿童在生理上对于城市生活的种种需要，而这种生理上的需要一旦无法得到切实的满足，对于流动儿童的身体及心理健康将会产生各种不良影响。农村流动儿童在生理上的需求主要表现在对城市生活习惯的适应、城市生活方式的适应和城市生活环境的适应等方面。

　　第二，农民工子女具有安全方面的需求，由于所处环境的不同，他们的安全需求也不同于其他儿童群体，对此应该做出具体的分析。从整体上来说，农民工子女的安全需求要强于其他的儿童群体，这与农民工子女所处的整个社会环境有关。在农民工子女内部，农村留守儿童的安全需求也有别于农村流动儿童。对于农村留守儿童来说，他们的安全需求比农村流动儿童更为强烈，主要是由于父母亲外出务工，作为监护人的爷爷奶奶或外公外婆可能会因为年迈，或者由于安全意识不强，对留守儿童的安全疏于监管，农村留守儿童出现人身安全等方面的事故频率明显高于其他儿童群体，农村留守儿童的安全问题比其他儿童更为严重，更应引起我们的关注。农村留守儿童由于缺乏安全感，他们表现出更大更强烈的安全需求，这是农村留守儿童所有需求中最为强烈的需求，贯穿于不同年龄和不同性别的留守儿童当中，对此，我们是不能忽视的。农村留守儿童的安全需求主要包括人身安全需求、健康安全需求、饮食卫生安全需求、家庭安全需求、心理安全需求等。对于外出务工亲人的思念会导致留守儿童的心理脆弱，缺少心理关爱，影响亲子关系，特别是对于父母长期、远距离外出务工的留守儿童来说，他们的心理安全需求更为强烈。此外，留守女童的人身安全问题与需求，应予以特别的关照，因为留守女童安全问题出现的频率要远高于留守男童。对于农村流动儿童来说，由于与父母亲生活在一起，他们的安全需求并没有留守儿童强烈，并具有差异性。农村流动儿童的安全需求并不是表现在家庭方面，而是表现在家庭之外，一方面，是在城市的学校里，可能由于受到城市当地学生的歧视与误解，农村流动儿童会表现出强烈的心理安全需求与人格安全需求，在这流动儿童就读的学校里会不同程度地存在，随着年龄的增大，这种需求会表现得更为强烈。另一方面，是在城市社会中，由于城市当地居民对农民工及其随迁子女具有排斥心理与偏见，认为农民工及其随迁子女挤占了城市当地的社会资源与教育资源，这会对农村流动儿童的心理造成负面影响，农村流动儿童会在心理上、人格上产生强烈的安全需求。而上述需求如果得不到恰当的满足，会成为农村流动儿童城市适应的主要障碍，这应引起我们的高度重视。

第三，农民工子女同样具有情感与归属的需求，这种情感与归属的需求既具有与其他同龄儿童的共性特点，也具有与其他同龄儿童的差异性特征，这种差异性主要是由于农民工子女的生活环境所造成的。在农民工子女内部，留守儿童与流动儿童在情感与归属的需求方面也具有差异性，对此不能一视同仁。对于农村留守儿童来说，他们侧重于情感的需求，这是基于亲人间分离而带来的情感缺乏所引起的需求。不同年龄段留守儿童的情感需求的侧重点是不同的。低年龄段（0—6岁）留守儿童的情感需求侧重于亲情关爱，一种对于父母亲爱的亲情渴求；中年龄段（7—12岁）留守儿童的情感需求侧重于亲情依恋，由于双亲远在他乡务工，空间上的距离容易造成情感上的距离，由此带来情感上的依恋，一种对于父母亲强烈思念的情感；高年龄段（13—16岁）留守儿童的情感需求侧重于亲情沟通与交流，长期的亲人分离容易造成情感上的疏离感，因此这个年龄段的留守儿童具有较强烈的亲情沟通与交流需求，他们需要倾诉的对象与情感的关怀，因此，外出务工的父母亲要关注到这个年龄段的情感需求，要通过通信、电话、QQ、视频等方式加强亲人间的沟通与交流。对于农村流动儿童来说，他们在情感上的需求更侧重于归属感方面，这是农村流动儿童来到城市后迫切需要解决的问题。对于流动儿童，特别是年龄较大、长期在外的流动儿童来说，到底自己是属于农村人，还是属于城市人，他们对自己的身份归属感到迷茫与困惑，在心理及情感上有一种强烈的归属感需求，这种归属感需求的满足对于农村流动儿童是一种心理上与精神上的安慰。农村流动儿童的归属感需求主要表现在身份归属感的需求、文化认同感的需求、生活方式归属感的需求、价值取向上归属感的需求等方面。

第四，与其他同龄儿童一样，农民工子女同样具有尊重需求。但由于农民工子女处于弱势地位，他们又具有不同于其他儿童的尊重需求，他们对于尊重的需求更为强烈，而且，随着年龄的增大，他们的尊重需求也在增强。在农民工子女内部，留守儿童与流动儿童的尊重需求是不一样的，流动儿童的尊重需求要强于留守儿童。对于农村留守儿童而言，他们更为看重的是对于自我独立性的尊重需求，自我信心的尊重需求，以及同等对待的尊重需求。目前社会上某些人把留守儿童等同于问题儿童，过于夸大留守儿童身上所存在的问题，对于留守儿童是一种不公平的对待，是对留守儿童的不尊重。因此，留守儿童本身表现出一种不同于其他儿童的尊重需求，这需要我们在实践中去努力发现，并慎重对待，切实满足留守儿童的尊重需求，而不是对他们的尊严进行伤害，从而损害他们的身心健康。对于农村流动儿童而言，作为农村孩子生活在城市里，在学校、社会及生活中，他们有更为强烈的尊重需求，渴望在学习、生活及交往等方面得到一种平等的对待与认可，这与他们所处的教育、生活、社会环境有很大的关系。农村流动儿童的尊重需求主要表现在对于人格的尊重需求上。作为农村流动儿童，他们认为自己与其他同龄儿童具有平等的人格，自己的人格在学习与生活中不能受到伤害，并不能因为自己是流动儿童就低人一等，而应受到平等的对待，随着年龄的增大，他们在这方面的感受就会加强；对于生活习惯的尊重需求，由于长期生活在农村地区，自然形成了不同于城市的生活习惯，他们渴望自己的生活方式得到他人的尊重与理解，这也是对流动儿童本身的一种认可；对于行为方式的尊重需求，农村孩子的行为方式在很多方面不同于城市孩子，行为方式是日积月累所形成的，每种行为方式既有优点，也有缺点，农村流动儿童的行为方式只要是善良的，对他人没有造成有意或无意的伤害，作为流动儿童内心来说，他们希望得到应有的尊重。当然，这也是对农村流动儿童本人的尊重。

第五，与其他同龄儿童一样，农民工子女具有理想、抱负，具有自我实现的需求。农民工子女具有与同龄儿童相类似的理想与抱负，但农民工子女的理想与抱负也具有自身的特点，自我实现的需求深深地打上了农民工子女本身的烙印。具体而言，农村留守儿童自我实现的需求也相异于农村流动儿童。对于农村留守儿童来说，由于受到区域限制与家庭的影响，其自我实现的需求强度整体上低于农村流动儿童。农村留守儿童的自我实现的需求产生两极分化，部分留守儿童自暴自弃而成为问题儿童，其自我实现的需求明显低于非留守儿童；还有些留守儿童由于父母外出务工所带来的丰富信息，他们的见解与视野更开阔些，自我实现的需求会明显高于非留守儿童，并把理想与抱负的实现在学习与生活中化作具体行为，成为品学兼优的学生。对于农村流动儿童来说，由于随父母来到城市，见解更丰富，视野也更开阔，其自我实现的需求要强于留守儿童，也有更好的条件去满足自我实现的需求。农村流动儿童在城市的自我实现需求也会产生两极分化，部分学生与城市当地学生相比，在各方面感到自卑，不愿努力，放弃自我，自我实现的需求较低。对于此类流动儿童，我们要重点予以关注，否则他们容易成为问题儿童，我们要努力引导他们的自我实现需求，激发他们实现自我的理想与抱负。还有部分学生在与城市当地学生相比较的过程中，虽然有些条件不如城市当地学生，但是激发了农村流动儿童的自强、自立、自主和自信，激发了他们更强的实现自我的需求，去努力实现自我的理想与抱负。对于这类流动儿童自我实现的需求，我们要尽力去创造各种条件，推动这些流动儿童努力去实现自我，奋发有为。

第二节　关怀理论的反思与关爱理论的探索

　　既然人类是具有各种需求的动物，那么我们人类社会生活的一项重要任务就是要从物质、心理和精神等层面来满足人们的各种需求。满足人类需求的路径可以是多种多样的，关怀就是其中的一条主要路径。关怀理论是从人们实际需求的角度出发，以理解人、尊重人的人文理论来促进人本身各方面的发展。在二十世纪七八十年代的美国，以卡罗尔·吉利根和尼尔·诺丁斯为代表的学者提出了关怀理论。关怀理论认为，每个人在各个时期都需要得到人们的理解、接纳、尊重和认同，因此关怀他人和被他人关怀都是人的基本需要，我们应该建立、维持和增强这种关怀关系。

一　关怀理论的反思

　　诺丁斯的关怀理论是一种相对比较成熟的理论，是一种能够运用于弱势群体，并对实际行动提供理论支持框架的理论体系。但是关怀理论也存在一系列缺陷，因此我们有必要对其进行深刻的反思，特别是对于农民工子女现象的解释与问题的解决，还无法提供全面的理论支持。

　　其一，关怀理论侧重于从伦理学的角度来关注人的发展，主要是运用于学校的道德教育实践中，形成道德教育的关怀模式。但农民工子女所需要的关怀不仅仅是他们的品格道德问题与需求，还有身体和心理等方面的问题及需求。品格关怀只是农民工子女各种需求的一个方面，更主要的需求来自身体和心理方面的关怀。对于不同年龄段和性别的农民工子女来说，他们的关怀需求的侧重点也是不一样的。因此，关怀理论对于农民工子女的成长并不是全面的关照，有必要做出相应的修正。关怀理论主要用于学校教育实践中，这必然束缚关怀理论的实现路径。因为对于农民工子女的关怀并不必然局限于学校中，还可以在家庭和社会中。只有实现多种路径的对于农民工子女的关怀，才能全方位地促进农民工子女的身心发展。

其二，诺丁斯的关怀理论侧重于对人的外部关怀，是由外及内的一种关怀方式，使人成为一种被动的受关怀者，从而无法顾及受关怀者的主体地位与内心感受，这也是诺丁斯的关怀理论需要完善的地方。农民工子女作为受关怀者特别的敏感、单纯，因此仅仅依靠外部关怀是远远不够的，当然，我们也不能忽视外部关怀的作用。对于农民工子女而言，需要内外部的关怀相结合，要逐渐由外部关怀过渡到内部关怀，充分尊重农民工子女的主体地位与人格尊严，形成自我关怀，把被动关怀与主动关怀相结合，才能有效聚集一切关怀力量与资源，推动农民工子女身心的健康成长。因此，对于农民工子女来说，诺丁斯的关怀理论有待补充及完善，才能充分发挥其理论力量。

其三，关爱理论与关怀理论是有区别的。诺丁斯的关怀理论只有理论框架，缺乏实际可操作的行动方案，这也是该理论的缺陷，因此，在农民工子女的研究与实践中，不能完全照搬诺丁斯的关怀理论，需要对此进行完善，从关怀理论过渡到关爱理论。对于农民工子女而言，不仅仅需要关怀理论，更重要的是实际行动，不能只停留在道义上的关怀，农民工子女更需要的是实际状况的改善，需要的是一种可操作的具体行动，使农民工子女在身体、心理、心灵、精神、情感、品格关爱上有获得感，只有这种关爱上的获得感才能激发农民工子女不断健康成长的潜能与努力，通过自我行动改善其劣势处境，这是作为研究者及整个社会所愿意看到的结果。

通过对诺丁斯关怀理论的反思我们可以看出，其理论既有好的一面，也存在缺陷，其理论框架不能完全适用于农民工子女这个群体。关怀理论侧重于从伦理学的角度来关注人的发展，应用于学校的道德教育实践中，形成道德教育的关怀模式。关爱理论侧重于从人的全面发展的角度来关注人的成长，从身与心两方面满足人的需求，促进人格成长与人生幸福，而不仅仅局限于伦理关怀和道德成长。

关爱理论用于农村留守与流动儿童的相关研究是合适的，其理论资源不仅能解释和解决农村留守与流动儿童在生存及发展中的现象与问题，还能从理论上为农村留守与流动儿童关爱服务体系的建设提供深层次的认识。因此，我们有必要从关怀理论过渡到关爱理论，构建基于农民工子女本身的理论框架。

二　关爱理论的探索

既然关怀理论存在缺陷，那么我们就要去探索农民工子女自身的关爱理论框架，为农民工子女关爱服务体系的建设提供理论基础，即构建农民工子女关爱服务体系的理论体系。

第一，关爱理论首先要以农民工子女为主体，要服务于农民工子女的身心健康发展，这主要是因为农民工子女是弱势群体，理论的目的是要关爱服务于农民工子女本身。因此，我们在探索农民工子女关爱理论的过程中，要"目中有人"，要构建出农民工子女自己的理论体系，要充分考虑到农民工子女自身的特点，在理论上要有针对性。同时，理论也应具有更强的包容性，因为农民工子女内部本身是分化的，要为农民工子女关爱服务体系的建设提供更有包容性的认识，这样的理论才更有解释力。

第二，关爱理论的范围更为广泛，覆盖的面更广。对于农民工子女来说，必须关爱到农民工子女的各个方面，才有利于农民工子女现状的改观。因此，对农民工子女的关爱不仅要表现在品格道德方面，还要表现在身体、心理、心灵、精神、价值观、世界观及人生观等方面。具有全方位的关爱内容，这是关爱理论比关怀理论更为进步的地方。事实上，对农民工子女进行全方位的关爱，这是关爱理论所追求的目标。

第三，关爱理论不只是停留在关爱的理论层面，它还要落实到具体的行动上，关爱的目的是要提供相应的服务，通过有针对性的具体服务来达到关爱的目的，服务于农民工子女身心的发展，这也是关爱理论高于关怀理论的地方。作为一种相对完善的理论来说，必须要有一套自己的行动方案，才能有助于实践的改善。

第四，关爱理论应构建内部关爱与外部关爱相结合的路径，要以内部关爱为主、外部关爱为辅。当然，对不同年龄段的农民工子女是要有区别的。对低年龄段的农民工子女来说，要以外部关爱为主、内部关爱为辅，因为这个年龄段的农民工子女，内在的自控力较低，需要更多的外部关爱及力量来化解他们所遇到的困难。对于中年龄段的农民工子女来说，要逐步由外部关爱过渡到内部关爱，要内外部关爱兼顾，形成对于农民工子女关爱的合力。对于高年龄段的农民工子女来说，随着自控力和自主能力的增强，要以内部关爱为主、外部关爱为辅，不断培养农民工子女本身的独立自主能力，引导农民工子女自主地全面发展。

第五，关爱理论应构建多种途径的关爱服务方式，由单一的途径走向多元的途径，通过多种途径来全方位关爱农民工子女的学习、生活、心理与品格等方面。学校层面的关爱服务路径，能够充分利用学校的教育资源，以及教师在关爱服务农民工子女中的主导作用，特别是在学习关爱、心理关爱等方面发挥其不可替代的优势。家庭层面的关爱服务路径，能够充分发挥家庭的亲情作用与关系，构建家庭、亲戚、朋友的关爱网络，特别是在生活关爱、品格关爱等方面发挥着独特作用。社会层面的关爱路径，能够充分整合社会中的各种关爱资源，发挥社区、志愿者、专业人士在关爱农民工子女身心健康方面的作用，特别是在心理关爱、沟通交流关爱方面具有明显的优势。因此，对于农民工子女来说，任何一方面的关爱服务都是不可或缺的，都具有不可替代的作用。当然，最为重要的是，应该构建以学校为主、家庭及社会为辅的关爱服务路径框架，充分发挥学校在关爱服务农民工子女身心发展中的主阵地作用，充分调动和利用家庭与社会等方面的资源、力量来关爱服务农民工子女的身心发展，构建关爱服务农民工子女发展的全方位路径。

第三节　构建需求—关爱—课程的理论框架

通过前两节的分析我们可以看出，需求理论与关怀理论都存在一定的理论缺陷，并不完全适用于农民工子女关爱服务体系的建设，必须对其进行必要的改造，构建出农民工子女关爱服务体系的理论框架，为农民工子女的关爱服务体系建设提供理论基础。无论是需求理论，还是关怀理论，单一的理论都存在理论不足，有必要对这两种理论进行整合，构建出需求—关爱—课程的理论框架。

第一，需求、关爱和课程是需求—关爱—课程理论三位一体的关节点。需求—关爱—课程理论框架不同于需求理论、关爱理论和课程理论，也不是这三种理论的简单相加，但与这三种理论又存在相互交叉的联系。需求—关爱—课程理论是以农民工子女为服务对象，以其身心发展为目的，以课程为实施方案，因此是对上述三种理论的整合。需求、关爱与课程是该理论的三位一体的关节点，同时这三者又是一条主线贯穿于整个理论框架中，无论缺少哪个关节点，对于理论本身来说，都是断了链子的链条，使理论无法有效运转和发挥其应有的功能。

第二，需求理论是该理论体系的前提。理论的前提是要真实地了解农民工子女的实际需求，只有建立在农民工子女需求基础上的理论，才是真实可靠的。农民工子女的需求不同于其他儿童，具有其特殊性的一面，也有与其他儿童相同的需求，对此，我们要有较全面的认识，特别是要认清农民工子女实际需求的特殊性，只有深入地了解农民工子女的特殊性，对农民工子女的关爱才有针对性，才能有的放矢。需求理论是需求—关爱—课程理论的有机组成部分，缺少需求理论的理论体系框架是不完整的。同时，不同性别、年龄、区域的农民工子女的实际需求也是不一样的，农民工子女具有多元化的需求，对此，我们不能一刀切，要具体问题具体分析。

第三，关爱是需求—关爱—课程理论的关键点。理论的核心是要为农民工子女的关爱服务提供有说服力的理论基础，其中关爱理论又是整个理论框架中的关键点，对于需求与课程来说，起着承上启下的作用，关爱理论是要在需求理论的基础上，对关爱的目标、内容、对象、途径、方法进行深入挖掘和系统整理，建立理论框架，以对农民工子女的关爱服务具有令人信服的理论基础。如果说，了解农民工子女的需求是理论体系的前提，那么对农民工子女实施相应的关爱则是理论体系的目的，需求理论是为关爱理论服务的，只有建立在需求理论基础之上的关爱理论，才是有根基的。同样，只有建立在农民工子女实际需求之上的关爱服务，才能落到实处，真正促进农民工子女的身心发展。如果在整个理论框架中缺少关爱理论这个关键点,整个理论体系就缺乏支撑点,也就没有任何价值与意义了。

第四,课程是需求—关爱—课程理论的落脚点。以往的理论往往缺乏具体的行动步骤,到了关爱层面就停止了,至于如何去实施关爱,并没有具体的行动方案,这样的理论框架容易成为空架子,对农民工子女的身心发展起不到实质性的作用。为了克服以往理论上的不足,我们把课程作为关爱服务的行动方案。为什么要在关爱理论的基础上延续课程理论呢?就是为了夯实对于关爱服务支撑的理论力度。因为,课程本身就是一种资源,对农民工子女的关爱服务需要资源的支持,缺乏资源支持的关爱服务是落不到实处的,无助于农民工子女身心的改善。课程资源是对各种社会资源的整合、开发与利用,同时,课程资源是关爱服务与农民工子女之间的桥梁,通过课程资源才能使两者间进行有效对接。可以这样说,课程资源是对农民工子女关爱服务的具体化,通过课程资源来关爱服务农民工子女,并使对于农民工子女的关爱服务具有可操作性。课程资源范围较广,在这里,主要是通过校本课程资源来关爱服务农民工子女。为什么要开发校本课程资源来关爱服务于农民工子女的身心发展呢?因为校本课程资源是基于学校及教师本身可利用的各种资源所开发的课程体系,对农民工子女身心的关爱更有针对性。校本课程主要是针对农民工子女存在的问题,充分利用校内外的各种资源转化为教育资源,并根据农民工子女的不同情况开发相应的课程体系,因为不同区域的农民工子女具有不同的问题与需求,校本课程可根据农民工子女的实际情况来设计相应的课程体系,具有相当的灵活性,而且可以根据变化的情况来调整课程。教师也可以根据不同阶段、不同性别、不同情况的农民工子女的问题与需求,利用已有的资源来开设相关的校本课程。至于应开设哪些校本课程,通过什么样的方式来呈现校本课程资源,在后面的章节中会有具体的阐述,在这里就不再重复了。

第七章

农民工子女关爱服务体系建设
的政策探索

我国经济社会的发展推动了农村剩余劳动力外出务工就业，由此带来了其子女的教育问题。针对农民工子女的受教育问题，自 20 世纪 90 年代以来，我国政府颁布了系列教育政策，着力于改善农民工子女的受教育状况，形成了农民工子女教育政策体系。

第一节 农村流动儿童教育政策的演进

自改革开放以来，我国颁布了系列流动儿童教育政策。[①] "在促进公共利益，建构民主行政的目标下，公共政策与行政组织演进、公共政策的制定、公共政策的分析与评估以及公共政策的执行等一系列问题便成为当代公共行政学的热门课题，从而引起了政策研究的热潮。"[②] 流动儿童教育政策同样是当今公共政策研究的热点，从供给侧的角度对其进行梳理与分析，可以发现，流动儿童教育政策一直处于演进之中，并呈现出阶段性特征。

一 疏导流动儿童就读的教育政策阶段

随着流动儿童在城镇的增加，到 20 世纪 90 年代中后期，已形成

[①] 在所颁布的政策中，既有专门的流动儿童教育政策，也有与流动儿童相关的流动人口政策及教育政策法规，只要涉及流动儿童的教育问题及其政策措施，这里统称为流动儿童教育政策。

[②] 丁煌：《西方行政学说史》，武汉大学出版社 1999 年版，第 347 页。

了一个规模较大的流动儿童群体，适龄流动儿童在城镇的受教育问题开始凸显出来。在此背景下，1996 年和 1998 年相继出台了《城镇流动人口中适龄儿童、少年就学办法（试行）》和《流动儿童少年就学暂行办法》。有学者把这两项政策的特点概括为："'围堵战略'，即通过遏制、围堵而达到有限的包含和容纳。"①

其实，这时期的流动儿童教育政策更具有疏导的特征，形成了疏导流动儿童就读的教育政策阶段，主要通过两条路径来实施，一条路径是解决流动儿童在城镇入学的存量问题，把流动儿童安排在"民办学校、全日制公办中小学附属教学班（组）以及专门招收流动儿童少年的简易学校"。通过分流的形式使已进入城镇的学龄流动儿童都能进入学校就读。另一条路径是控制流动儿童在城镇入学的增量问题，由于流动儿童的主体是外出务工农民的随迁子女，通过控制外出务工农民随迁子女流出的源头来减少流动儿童流入城镇的数量，其政策措施是，"流动人口中适龄儿童、少年户籍所在地教育行政部门应建立严格的适龄儿童少年管理制度""流动儿童少年常住户籍所在地人民政府应严格控制义务教育阶段适龄儿童少年外流"。

这两项教育政策通过分流与控制的形式来疏导适龄流动儿童入学就读，主要目的是要在 2000 年完成国家规定的"普九"目标。因为，到 1998 年年底，"全国普及九年义务教育的人口覆盖率仅达到 73%。"② 要在 2000 年实现"普九"目标，各级政府的"普九"任务重、压力大。一方面，适龄儿童从农村流向城镇，由于流动性强，不能有效监管其流向，无法保证其入学率和巩固率；另一方面，聚集在城镇的大量适龄流动儿童由于入学困难，容易成为失辍学的对象，成为"普九"的盲点。20 世纪 90 年代中后期的教育政策，是要通过增加教育资源的供给，以疏导的手段在流出地与流入地同时发力来安排适龄流动儿童入学就读，完成法律所规定的义务教育年限。

---

① 邵书龙：《国家、教育分层与农民工子女社会流动：contain 机制下的阶层再生产》，《青年研究》2010 年第 3 期。

② 教育部：《全国教育事业统计公报》1998 年。

二 保障流动儿童入学的教育政策阶段

以疏导为特征的教育政策并没有有效控制住进入城镇的流动儿童数量，流动儿童规模继续扩大，到 2000 年，"6—14 岁义务教育阶段的学龄流动儿童达到 878 万人。"[①] 进入 21 世纪以来，流动儿童教育政策开始发生重大转变，以疏导为特征的教育政策转变为以保障为特征的教育政策，疏导重在强调政府的行政权力，保障则重在强调流动儿童本身的受教育权利，两者的政策出发点是不一样的。

在上述背景下，2001 年的《国务院关于基础教育改革与发展的决定》首次提出"两为主"政策，强调流入地政府及公办中小学在流动人口子女接受义务教育方面的责任与义务；2003 年的《关于进一步做好进城务工就业农民子女义务教育工作的意见》和 2006 年的《国务院关于解决农民工问题的若干意见》，是对"两为主"政策从城市规划、人力资源、经费预算等方面的具体实施；2006 年的《中华人民共和国义务教育法》为"两为主"政策提供了法律保障。随着"两为主"政策在全国各地的逐步落实，"2011 年，进城务工人员随迁子女在公办学校就读的比例达到 80%"，[②] 从而使"进城务工人员随迁子女在当地接受义务教育的问题得到初步解决"。[③] 于是，长期被遮掩的流动儿童义务教育后的升学考试问题开始凸显出来，2010 年的《国家中长期教育改革与发展规划纲要（2010—2020 年）》和 2012 年的《关于做好进城务工人员随迁子女接受义务教育后在当地参加升学考试工作的意见》，为解决流动儿童的升学考试问题提供了有力的政策支撑。

从"两为主"政策到升学考试政策，在十余年的政策演变中，站在维护流动儿童平等受教育权的立场，形成了以保障为特征的阶段性

---

① 段成荣：《关于流动儿童义务教育问题的调查研究》，《人口与经济》2005 年第 1 期。

② 袁振国：《教育公平是社会公平的重要力量》，《中国教育报》2012 年 11 月 5 日。

③ 教育部：《关于做好进城务工人员随迁子女接受义务教育后在当地参加升学考试工作的意见》2012 年。

教育政策体系。从保障流动儿童在城镇公办学校接受义务教育的机会，到保障流动儿童义务教育后的升学考试权利，再到保障流动儿童异地高考的权利，贯穿于整个基础教育阶段的就学与升学。保障流动儿童公平受教育权是逐步推进的，虽然在具体执行中遇到了重重障碍，但保障流动儿童受教育的权益始终是这一时期教育政策演变的主线，推动着流动儿童教育政策的演进，同时也反映出我国政府在保障流动儿童受教育权方面的决心与信念。这段时期的教育政策主要是从改革教育资源供给方式与提升教育资源供给层次来保障流动儿童的受教育权。

三　引导流动儿童就学的教育政策阶段

到 2014 年，"全国义务教育阶段就读的进城务工随迁子女人数为1294.7 万人，占在校生总人数的比例为 9.4%。"[①] 目前的流动儿童呈现出三方面的特点，一是流动儿童规模庞大，集中在京沪广等大城市的流动儿童对当地的教育资源形成了巨大的压力。二是随着我国城镇化的持续推进，流动儿童表现出以省内流动为主的特点，"从来源看，全国义务教育阶段就读的进城务工人员随迁子女以省内流动为主，2014 年，外省迁入的占 44.5%，省内其他县迁入的占 55.5%；小学就读的进城务工人员随迁子女中，省内其他县迁入的比例为53.5%；初中阶段该比例为 62.4%。"[②] 三是流动人口及其子女呈现出向中小城市流动的趋势。由于大城市容纳能力日趋饱和，"农民工随迁子女的增量已开始向经济发展速度较快的中小城市集中，中小城市的教育承载能力面临严峻挑战。"[③]

在保障流动儿童接受教育的基础上，如何引导流动儿童合理分流，已成为摆在流动儿童教育政策面前的难题。在此背景下，2014年的《国务院关于进一步推进户籍制度改革的意见》，是要完全放开

---

① 教育部：《中国教育概况——2014 年全国教育事业发展情况》2014 年。

② 同上。

③ 吴霓：《农民工随迁子女教育的新趋势及对策》，《求是》2010 年第 7 期。

中小城市的落户限制，通过户籍制度改革来引导以农民工为主体的流动人口向中小城市分流，推进义务教育覆盖全部城镇常住人口子女。2015 年的《国务院关于进一步完善城乡义务教育经费保障机制的通知》提出，"大力推进教育管理信息化，创新义务教育转移支付与学生流动相适应的管理机制，建立城乡统一的义务教育经费保障机制。实现相关教育经费可携带，增强学生就读学校的可选择性。"《通知》的目的是要建立"钱随人走"的经费保障机制，通过经费制度改革来引导流动儿童向中小城市流动。

近两年的教育政策从放宽户籍限制到经费可携带两方面来引导流动人口及其子女的流动，显示出引导的阶段性政策特征。一方面，是引导人口从大城市向中小城市流动，为大城市的可持续性发展减压；另一方面，是引导人口从农村向城镇流动，为新型城镇化加力，这是一个互相协调、相互配合的政策组合，反映出政策制定者站在国家宏观战略的高度，把流动儿童的教育纳入农村人口转移的整体规划中，既充分尊重流动人口家庭的教育选择，又合理引导流动人口及其子女的教育需求。这两项政策主要是通过教育供给路径的改革来有效配置教育资源，既引导流动儿童的合理有序流动，又保证流动儿童能够接受公平而有质量的教育。

第二节　农村流动儿童教育政策的价值目标

作为本土的公共政策，我国的流动儿童教育政策具有内生化的特点，因为它是"建立在与本国的历史沿革、文化传统、政治经济体制和公众心理特征相适应的价值基础之上的"。[①] 作为内生化的流动儿童教育政策的演进内含着价值目标的实现，如果缺乏价值目标，公共政策本身就会陷入混乱而失去应有的内在逻辑，也就是说，"价值标准直接影响甚至决定公共政策的性质、方向、合法性、有效性和社会

---

① 刘复兴：《教育政策的价值分析》，教育科学出版社 2003 年版，第 15 页。

公正的程度。价值标准的确认和选择是公共政策的决定性因素之一。"① 从流动儿童教育政策的演变历程来看，是要通过教育供给侧改革来实现三方面的价值目标。

一　不断关怀流动儿童的生命历程

系列教育政策的出台，有一个一以贯之的政策目标，就是要为流动儿童提供连续性的教育。1997 年至 2006 年这十年的教育政策，是要为适龄流动儿童提供义务教育，保证每个适龄流动儿童能够接受法律所规定的义务教育。2007 年至 2016 年这十年的教育政策，是要为流动儿童提供包括非义务教育阶段的整个基础教育，通过升学考试政策来保障流动儿童能够接受高中阶段的教育，关注学龄前的流动人口子女能够接受学前教育。两个十年的教育政策，是要把流动儿童接受义务教育与非义务教育连贯起来，构建一个贯穿学前教育、义务教育、高中教育的连续性教育链，使流动儿童能够接受完整的教育。

教育政策为流动儿童提供连续性的完整教育，其价值目标是要不断关怀流动儿童的生命历程，促进他们的身心全面成长。"生命历程大体是指在人的一生中随着时间的变化而出现的，受到文化和社会变迁影响的年龄、角色和生命事件序列。"② 教育政策通过提供"连续性"而非"断裂式"的教育，是从宏观上关怀流动儿童生命历程的连贯性，是对流动儿童生活价值与生命意义的丰富。教育政策通过延伸教育资源供给链来提高教育程度、丰富就学经历和提供升学考试等重大教育事件，增加流动儿童的优势积累，扩展流动儿童的生命内蕴，这是蕴含在系列流动儿童教育政策演进中的价值目标。

二　不断推进流动儿童的教育公平

1997 年至 2006 年这十年的教育政策是要保障流动儿童公平接受

---

① 张国庆：《现代公共政策导论》，北京大学出版社 1997 年版，第 49 页。
② 李强、邓建伟、晓筝：《社会变迁与个人发展：生命历程研究的范式与方法》，《社会学研究》1999 年第 6 期。

义务教育，从"两为主"政策的提出到"两为主"政策的实施，再到"两为主"政策的法律保障，"两为主"政策的价值目标是要不断推进流动儿童平等接受义务教育。2007年至2016年这十年的教育政策关注整个基础教育阶段流动儿童的教育公平，从升学、考试、户籍、经费等方面来予以保障。教育政策目标从"依法使流动人口子女接受义务教育"到"依法保障流动人口子女接受义务教育的权利"，再到"保障流动人口子女公平受教育的权利"的演进，反映出保障流动儿童受教育权的力度在不断加大，保障流动儿童教育公平的政策目标在不断推进。

流动儿童作为社会的弱势群体，其受教育状况一直是教育政策关注的焦点，因为"公共行政追求社会公平就是要推动政治权力以及经济福利转向社会中那些缺乏政治、经济资源支持，处于劣势境地的人们"。[①] 以疏导为主要特征的教育政策体现出一种义务优先的价值取向，使适龄流动人口子女完成法律规定的义务教育年限是政府不可推诿的义务；以保障为主要特征的教育政策体现出一种权利优先的价值取向，适龄流动儿童接受国家规定的义务教育是儿童的基本权利，保障受教育权利是这段时期教育政策的价值目标；以引导为主要特征的教育政策体现出一种公平优先的价值取向，保证教育机会的公平与尊重流动人口家庭的教育选择相结合，促进公平是这段时期教育政策的价值目标。从义务优先到权利优先，再到公平优先，推动着流动儿童教育公平的价值取向不断演进，说明流动儿童的主体地位在教育政策中不断受到重视和强调；同时也说明，教育政策不断从教育资源供给数量与质量上进行改革，以保障流动儿童教育公平价值取向的实现。

三 不断提高"办人民满意的教育"的实现程度

在流动儿童教育政策的二十年演进历程中，"办人民满意的教育"始终是教育政策追求的价值目标，并贯穿于整个流动儿童教育政策体

---

① H. G. Frederickson. *New Public Administration*. The University of Alabama Press, 1980. 7.

系中。虽然，不同阶段的流动儿童教育政策对于"办人民满意的教育"的实现程度是不同的，但总体上来说，满意的程度是在逐步提高的，说明流动儿童教育政策是在不断走向进步的。1996 年至 2006 年这十年的教育政策是要办流动人口及其子女满意的义务教育，扩大流动儿童进入公办学校的对象，提高流动儿童进入公办学校的机会与比例，增加流动儿童完成义务教育的保障范围，切实提高流动人口家庭的义务教育满意度。2007 年至 2016 年这十年的教育政策是要办流动人口及其子女满意的基础教育，连接义务教育阶段与非义务教育阶段，增加流动儿童受教育年限，提高流动儿童受教育层次，增强流动人口家庭的教育获得感。

流动儿童教育政策主要是通过教育供给结构的改革来"办人民满意的教育"，即通过增加教育供给的数量和提高教育供需间的匹配度这两条路径来实现这一价值目标。一方面，通过增加教育资源的供给来不断扩大流动儿童受教育的对象、范围与层次，增加教育供给来扩大受教育机会，努力实现"学有所教"，从"有学上"的角度来"办人民满意的教育"；另一方面，围绕流动儿童不断增长的教育需求，关心生活适应和文化融合，关爱心理状况和社会融入，改进教学方法，调整教学进度，提高教学质量，努力实现"学有所长"，从"上好学"的角度来"办人民满意的教育"。

第三节　农村流动儿童教育政策的现实困境

流动儿童教育政策的颁布与实施，在实践层面极大地改善了流动儿童的受教育状况，但由于教育供给能力有限、教育供给量不足、教育供给结构矛盾等突出问题，政策目标在实现过程中却遭遇到现实困境。

一　地方政府教育供给能力有限

我国的基础教育实行的是"地方负责，分级管理"制度，流入地政府对于流动儿童的基础教育负有法律所规定的责任与义务，但我国所颁布的流动儿童教育政策并没有充分考虑到地方政府的政策实际执行能力，使教育政策在实际执行中遭遇到现实困境。因为，"在所有的政府体制中都存在着两种主要的或基本的政府功能，即国家意志的表达功能和国家意志的执行功能。"① 公共政策是国家意志的表达功能，而地方政府则是国家意志的执行功能，但由于地方政府执行能力有限，这两种功能往往会产生矛盾，致使地方政府难以完全贯彻落实相关的政策措施。

"两为主"政策带来了流动儿童在城镇公办学校就学状况的极大改观，但流入地政府基本上是通过增加学位的方式来解决流动儿童在公办学校的就读问题，只是简单地把流动儿童送进公办学校就完事了，把校外的教育公平问题转移为校内的教育公平问题，而流动儿童的受教育问题却并没有得到真正解决。地方政府实际上存在政策执行能力的问题，受执行能力的限制，相关政策在实际执行中会大打折扣。特别是对于中西部省份的市县级地方政府而言，由于地方财政困难，地方政府在教育资源上的供给能力有限，束缚了政府的政策执行能力，要解决不断增长的流动儿童就读问题，面临着极大的教育资源紧张，"这就使政府的'两为主'政策呈现出政府承担责任的权力能力与承担责任的行为能力之间的冲突，致使政策难以落实。"②

二　教育供给量不足

"两为主"政策基本上解决了流动儿童在城镇公办学校的入学问题，但也给城镇公办学校带来了大班额现象。2013年，全国小学大班额（56人及以上）的比例达到13.25%，以贵州省为例，小学大班额情况最为严重的是六盘水市，2012年，所占比为23%；2013年，所占比为23.48%；2014年，所占比为20.40%。2014年，贵州省城镇初中大班额的比例为26.99%，超过四分之一的班级是大班额，初

---

① ［美］弗兰克·古德诺：《政治与执行》，华夏出版社1987年版，第12页。
② 杨颖秀：《农民工子女就学政策的十年演进及重大转变》，《东北师范大学学报》（哲学社会科学版）2007年第6期。

中大班额情况最为严重的是毕节市，2012 年，所占比为 57.74%；2013 年，所占比为 56.02%；2014 年，所占比为 42.86%，大班额现象比较严重。①

流动儿童教育政策的主要目标是要解决流动儿童在城镇学校的受教育问题，但随着流动儿童的增加，城镇学校的教育资源并没有随着流动儿童的增加而相应地增加。按照"两为主"政策，流动儿童要进入公办学校就读，由于学校发展与城市规划之间的冲突，只有通过增加学位来安置流动儿童在公办学校就读，于是就产生了"城镇学校挤"的大班额现象。"两为主"政策只解决了流动儿童的入学问题，但并没有真正解决流动儿童的受教育问题。由于大班额现象，学校的师生比、生均图书册数、生均校园占地面积、每百名学生拥有计算机数、生均仪器设备值严重失衡，带来了学校教育事实上新的不公平。大班额现象还带来了学校管理问题、班级管理问题、教师负担重问题、学生个性发展等问题，流动儿童虽然进入了公办学校就读，但学习质量和身心发展却无法得到有效保障。城镇大班额现象，从根本上来说，是由于城镇教育资源供给的总量严重不足，不能有效满足流动儿童在城镇接受教育的需求。

三　教育供给结构的矛盾

"两为主"政策的具体实施，促使流入地政府普遍重视流动儿童的受教育问题。《上海市基础教育改革和发展"十二五"规划》提出，"上海将保障外来从业人员随迁子女接受义务教育，实现 90% 以上随迁子女进入公办学校就读，以招收随迁子女为主的民办小学教育质量达到全市基本水平。"② 但我们也要看到，流入地政府主要是通过城郊学校、薄弱学校、以闲置校园所设立的专门学校来安置流动儿

---

① 数据来源于贵州省教育厅 2012 年、2013 年及 2014 年的《贵州省教育统计年度报表》；中华人民共和国教育部：《2013 年全国教育事业发展简明统计分析》。

② 董少校：《九成外来从业人员随迁子女读公办学校》，《中国教育报》2012 年 1 月 8 日。

童进入公办学校就读，还有就是在民办学校购买学位来招收流动儿童就读。流动人口及其子女主要聚集在城郊，而按照居住地段就近入学的政策，"最终会形成不同家庭的子女按照收入和拥有的社会资源来进行教育群分（sorting）的现象，① 并且在居住方面表现出不同收入水平、职业和社会地位的社区之间的相互隔离（residential segregation）……而且受教育者之间存在着同学相互影响的同群效应（peer effects）。"②

　　流动人口往往群居于城市的某些区域，彼此间高情绪度和高亲密感的同质性而容易导致内卷化，难以融入城市社会生活中，"进城务工人员的内卷化也势必推动其子女的内卷化，不利于进城务工人员子女的城市融合。"③ 因此，按地段就近入学政策会带来流动儿童的群分现象，造成他们与城市社会的相互隔离，成为城市社会的边缘群体。而且，大量研究结果表明，"虽然教育在形式上是平等的，但由于教育代际间的强烈传递性，并没有改变两代人之间在职业流动上的模式，因而它是一种社会地位再生产的重要机制。"④ 以农民工为主体的流动人口，作为城市中的弱势群体，在经济资本、文化资本和社会资本方面存在着劣势，再加上"排他"和"内固"的社会封闭机制，流动人口家庭容易形成低收入—低教育—低收入的恶性循环，导致阶层结构的再生产。正是由于教育供给结构的矛盾，教育供给落后于流动儿童城市社会融合的需求，造成了流动儿童与城市社会的隔离。

---

　　① 这里的 Sorting 是指类型相同（或接近）的人聚集在一起，而不同类型的人之间处于隔离状态，我们借用"物以类聚，人以群分"的俗语将其翻译为"群分"。具体参见雍莉、陆铭《教育的公平与效率是鱼和熊掌吗——基础教育财政的一般均衡分析》，《中国社会科学》2005 年第 6 期。

　　② 雍莉、陆铭：《教育的公平与效率是鱼和熊掌吗——基础教育财政的一般均衡分析》，《中国社会科学》2005 年第 6 期。

　　③ 黄兆信、李远煦、万荣根：《"去内卷化"：融合教育的关键——进城务工人员子女融合教育的现状与对策》，《教育研究》2010 年第 11 期。

　　④ 李路路：《再生产的延续——制度转型与城市社会分层结构》，中国人民大学出版社 2003 年版，第 32 页。

第四节　农村流动儿童教育政策的走向

为了克服流动儿童教育政策所带来的社会隔离和大班额现象，更好地服务于流动儿童教育状况的改善及身心状况的发展，有必要突破流动儿童教育政策的瓶颈，从供给侧改革来改进流动儿童教育政策措施，完善流动儿童教育政策框架，因此，流动儿童教育政策的未来走向包括以下几个方面。

第一，优化教育供给存量的结构，化解大班额现象及推进社会融合。未来的教育政策首先要优化流动儿童教育供给的存量。一方面，通过推进城镇义务教育学校标准化建设来合理配置城镇义务教育资源的存量。严格按照《义务教育学校管理标准（试行）》来规范城镇义务教育学校的办学行为；把城镇内部的义务教育均衡发展作为重点，全面改造薄弱学校，按照国家要求来设定班额，化解大班额现象，为每个流动儿童的生存与发展提供公平的起跑线。另一方面，通过推行划片区就近入学政策来优化流动儿童教育供给的存量。目前的就近入学政策是一种单向式的强制性就近入学，政府部门划定了每个学校的服务范围，适龄儿童必须到指定的服务范围内的学校就读，却并不考虑学龄儿童及其家庭的意愿与选择。真正的就近入学政策应该是双向式的就近入学，即政府部门划定适龄儿童就学的学区范围，学龄儿童及家庭在划定的学区范围内自愿选择学校就近入学。为了打破单向式就近入学模式所带来的教育群分现象和社会隔离问题，要按照片区来进行可选择性的自愿就近入学，把流动儿童作为常住教育人口统一纳入区域教育发展规划和财政保障范围内。每个区域要根据适龄学生人数、学校分布、所在学区、学校规模、交通状况等情况，为每一位常住教育人口提供可选择性的就近入学。在教育资源配置不均衡、流动儿童较集中的区域，要将教育资源较强的中小学校纳入学校划片，实行学区化管理，统一调配教育资源，最大限度地实现区域内教育公平，推动包括流动儿童在内的常住人口的社会融合，促进整个社会的和谐发展。

第二，提升教育供给增量的匹配度，满足流动儿童的多样化教育需求。流动人口内部其实是分化的，大致可以分成两类，一类是进城从事商业活动的人员，他们的收入较高，甚至已超过了城市户籍人口；另一类是进城务工农民，他们是流动人口的主体，大部分处于城市社会的底层，从事的工作强度大、收入低，是真正需要帮助的弱势群体。不同经济状况的流动人口家庭具有不同的教育需求，针对流动人口家庭多样化的教育需求，未来的教育政策在增加教育供给量的同时，需要提升教育供给本身与流动儿童教育需求的匹配度。一是政府要"保底线"。政府对于以进城务工农民为主体的流动儿童要提供均衡而有质量的教育，要能保障每个适龄流动儿童都有进入公办学校接受教育的机会，要按照标准化学校建设要求来新改扩建一批学校，加大教育供给力度。二是政府要提供可选择的教育资源。无论是进入公办学校就读，还是进入民办学校就读，都要结合城乡一体化的经费制度来实行教育凭证制，提供流动人口家庭根据自身条件自由择校的可选择性的多元化教育资源。三是发展高端的民办学校。政府要在税收、用地等方面大力支持高端民办学校的发展，对部分流动人口家庭提供可选择的、有特色的高端民办教育资源，满足其经济状况所能承担的教育需求，既减轻流动儿童进入公办学校就读的压力，又能进一步支持公办学校改善办学条件。

第三，加大省级教育统筹力度，完善教育供给效率的保障机制。我国流动儿童教育政策体系的建设在逐步加强，但当前教育领域的供给侧产品还不能满足流动儿童日益增长的多样化、个性化教育需求，对数以亿计的流动人口及其子女的教育服务依然不足，主要是由于教育供给效率不高。新的户籍制度和经费制度的实施，需要加大"人地钱"相统一的省级教育统筹力度，加强教育供给效率保障机制的建设，形成合力来改善流动儿童的受教育状况。一是全面推行电子学籍制度。对包括流动儿童在内的每个学龄人口都要建立相应的电子学籍，并进行全国联网，全程跟踪每个学生的在学情况、失辍学情况，为流动儿童入学、转学、升学提供"一条龙"服务，保障流动人口子女的受教育权，对学校基本信息管理、学籍管理、学业管理做到全面了解，有效把握流动人口子女的数量与流动情况。二是激励流入地政府的办学积极性。我国的基础教育实施的是地方负责制，对于流入地而言，流动人口促进了当地经济社会的发展，按照谁受益、谁出钱的原则，流入地政府有责任和义务为包括流动儿童在内的所有常住人口子女提供同等的教育环境。教育经费的可携带性将进一步激励流入地政府的办学积极性，努力改善办学状况，提高教育质量。三是合理调整城镇学校的布局。新的户籍制度和经费制度将进一步刺激流动儿童向城镇流动，必须从省级层面来统筹人财物，通过改革教育供给结构来调整学校布局，合理配置教育资源来满足流动儿童不断增长的教育需求。根据城镇常住人口数，每 15000 人要建一所小学，每 28000至 40000 人要建一所初中，并以此来核定城镇中小学校的数量，并对城镇学校的布局进行合理调整。①

第四，建立流动人口子女受教育状况监测体系，增强教育供给质量的满意度。对于流动儿童的数量、规模、流向、结构、需求进行有效监测，才能有的放矢地进行教育供给侧改革，有效提供教育服务，使流动儿童的教育供需相一致，增强流动人口家庭对教育供给质量的满意度。因此，要建立以第三方为主体的流动儿童受教育状况监测体系，从入学机会、教育资源配置、教学质量、身心发展这四个领域进行监测，采用层次分析法（AHP）来统计与分析监测结果。同时，从目标系统、评估系统、预警系统和报告系统来建立健全流动儿童受教育状况的监测体系。一是设定流动儿童受教育情况的分层分类监测目标，建立标准、科学、全面的监测目标体系，并根据实际情况对监测目标进行修正与调整。二是评估系统的建设是监测制度建设的核心，要从监测指标、方法、手段、技术等方面来加以建设。三是建立区域性预警、学校层面预警和专项预警的预警系统，对监测结果不达标的区域、学校及指标要亮红牌，提出警示。四是通过年度报告和专项报告来建立报告系统，向政府部门、社会各界及流动人口家庭反映流动

---

① 数据计算过程及结果具体可参见范先佐等《中国中西部地区农村中小学合理布局结构研究》，中国社会科学出版社 2009 年版，第 234—240 页。

儿童的受教育情况，提出改进措施；通过电子政务和网络平台建立信息公开制，保障包括流动人口在内的全社会具有对流动儿童受教育状况的知情权、参与权和监督权。

第五节　农村留守儿童教育政策的演进及走向

农村留守儿童的教育、生活、心理等方面的问题受到中央政府的高度关注，颁布了系列政策来改善留守儿童的状况。

一　留守儿童教育政策的演进

从 2004 年起，国家开始启动农村寄宿制学校建设工程，优先为农村留守儿童提供食宿，从 2005 年起，全国各国开始推行"两免一补"政策，让包括留守儿童在内的所有农村学生享受到免费的义务教育。

2007 年，中组部、全国妇联、教育部等七部门联合下发通知，要加强寄宿制学校建设，优先满足留守儿童的寄宿需求，做到资源共享、优势互补、信息沟通，形成推进留守儿童工作的整体合力，促进留守儿童问题的有效解决，积极开展关爱留守儿童的工作。

2008 年，《中共中央关于推进农村改革发展若干重大问题的决定》提出，要巩固农村义务教育普及成果，提高义务教育质量，完善义务教育免费政策和经费保障机制，保障留守儿童特别是女童平等就学、完成学业，改善农村学生营养状况，促进城乡教育均衡发展。

2010 年，《国家中长期教育改革和发展规划纲要（2010—2020年)》提出，要建立健全政府主导、社会参与的留守儿童关爱服务体系和动态监测机制。加快农村寄宿制学校建设，优先满足留守儿童的住宿需求。

2011 年，国务院印发了《中国儿童发展纲要（2011—2020年)》，提出要建立和完善留守儿童服务机制，加强对留守儿童心理、情感和行为的指导，增强留守儿童家长的监护意识和责任心。

2013 年，教育部等 5 部门印发的《关于加强义务教育阶段农村留守儿童关爱和教育工作的意见》提出：一是留守儿童在亲情关怀、生活照顾、家庭教育和安全保护等方面还面临一些突出问题，要形成政府主导、统筹规划、家校联动、社会参与的共同关爱合力，进一步做好留守儿童教育和关爱工作。二是切实改善留守儿童教育条件。留守儿童集中的地区，要通过科学规划建设农村寄宿制学校，优先满足留守儿童寄宿需求。在集中连片特殊困难地区及其他留守儿童集中地区，在国家组织实施的农村义务教育学生营养改善计划和地方组织实施的营养改善项目中，要建立留守儿童用餐登记台账和营养状况档案，优先保障留守儿童用餐需求，合理安排膳食结构，切实改善留守儿童营养状况。在留守儿童集中的地区，要充分考虑留守儿童数量和分布状况等因素，合理设置学校或教学点，优先保障留守儿童能够就近走读入学，减少上下学交通风险。对于确实难以保障就近入学的地区，要合理规划公共交通，为留守儿童上下学提供交通条件。三是不断提高留守儿童教育水平。要认真做好留守儿童入学管理工作，将保障留守儿童按时入学作为控辍保学工作的重要内容。加强留守儿童心理健康教育。学校要重视留守儿童心理健康教育，将其作为重要内容纳入教育教学计划。在举办体育、艺术、社会实践等活动时，要引导留守儿童积极参与，缓解其孤独情绪，营造关爱留守儿童的校园氛围。加强留守儿童法制安全教育。学校要加强安全教育，组织安全演练，提高防范意识，增强留守儿童自救自护、应急避险能力，预防溺水、煤气中毒、食物中毒等意外事故对留守儿童的伤害。加强家校联动组织工作。四是逐步构建社会关爱服务机制。在留守儿童集中的社区和村组，要充分发挥妇女儿童之家、文化活动站、青少年校外活动中心、乡村少年宫、"七彩小屋"等在关爱留守儿童工作中的重要作用。利用现代信息技术设备和网络通信手段开展活动，方便外出务工家长和留守儿童的联系。各级妇联组织、关工委组织要充分发挥在家庭教育指导服务工作中的独特优势，促进家庭教育、学校教育和社会教育的有机衔接。

2014年，国务院印发的《国家贫困地区儿童发展规划（2014—2020年）》提出，要加强农村寄宿制学校建设，优先满足留守儿童就学、生活和安全需要。学校对留守儿童受教育实施全程管理，注重留守儿童心理健康教育和亲情关爱，及早发现和纠正个别留守儿童的不良行为。强化父母和其他监护人的监护责任并提高其监护能力，加强家庭教育指导服务，引导外出务工家长以各种方式关心留守儿童。组织乡村干部和农村党员对留守儿童进行结对关爱服务。开展城乡少年手拉手等活动，支持为农村学校捐建手拉手红领巾书屋，建设流动少年宫，丰富留守儿童精神文化生活。

2016 年，国务院颁发了《关于加强农村留守儿童关爱保护工作的意见》，提出要完善留守儿童关爱服务体系：一是要强化家庭监护主体责任。父母要依法履行对未成年子女的监护职责和抚养义务。二是落实县、乡镇人民政府和村（居）民委员会职责。三是要加大教育部门和学校关爱保护力度。县级人民政府要完善控辍保学部门协调机制，督促监护人送适龄儿童、少年入学并完成义务教育。教育行政部门要落实免费义务教育和教育资助政策，确保留守儿童不因贫困而失学；支持和指导中小学校加强心理健康教育，促进学生心理、人格积极健康发展，及早发现并纠正心理问题和不良行为。中小学校要对留守儿童受教育情况实施全程管理，利用电话、家访、家长会等方式加强与家长、受委托监护人的沟通交流，了解留守儿童生活情况和思想动态，帮助监护人掌握留守儿童学习情况，增强监护人责任意识和教育管理能力。四是发挥群团组织关爱服务优势。各级工会、共青团、妇联、残联、关工委等群团组织要发挥自身优势，积极为留守儿童提供假期日间照料、课后辅导、心理疏导等关爱服务。五是推动社会力量积极参与。加快孵化培育社会工作专业服务机构、公益慈善类社会组织、志愿服务组织，民政等部门要通过政府购买服务等方式支持其深入城乡社区、学校和家庭，开展留守儿童监护指导、心理疏导、行为矫治、社会融入和家庭关系调适等专业服务。六是建立健全留守儿童救助保护机制。建立强制报告机制；完善应急处置机制；健全评估帮扶机制，对留守儿童的安全处境、监护情况、身心健康状况等进行调查评估，有针对性地安排监护指导、医疗救治、心理疏导、行为矫治、法律服务、法律援助等专业服务。

二　留守儿童教育政策的走向

从目前到今后的留守儿童教育政策，其基本框架已成型，关键是落实，这里只强调几点。

第一，要以关爱服务为主旨。无论是已有的留守儿童教育政策，还是未来的教育政策，都要以为留守儿童提供他们所需要的关爱服务为主要目的。对于留守儿童的关爱服务要涵盖各方面的内容，要提供全方位的关爱服务，促进留守儿童的全面发展。

第二，要以留守儿童为主体。我们的相关政策要始终围绕留守儿童的问题与需求来提供相应的政策资源，留守儿童的主体地位应是未来相关政策发展的主线。只有充分尊重留守儿童的主体地位，充分发挥留守儿童本人的主体性和能动性，留守儿童教育政策的各种举措才能落到实处，起到实效。

第三，要以学校为主阵地。农村学校是各种资源的集散地，要充分发挥学校在关爱服务留守儿童方面的主阵地作用，因为只有学校教师才最了解留守儿童的实际问题与需求，最有可能组织各种资源来满足留守儿童的各种关爱需求。

第四，要形成关爱服务的网络。对于留守儿童的关爱服务，单靠任何一方的力量都无法达到预期的目的，只有发挥全社会的力量，形成关爱服务的整个社会网络，才能把对留守儿童的各种关爱服务落到实处，真正使留守儿童从关爱服务体系中受益。

第六节　农民工子女监测制度建设的探索

国家层面已颁布了系列农民工子女政策，那么，农民工子女的状况是不是得到了改善？改善的程度如何？这需要通过建设农民工子女监测制度来进行反馈。本部分内容主要是探索农民工子女监测制度的建设。

一 对农民工子女监测的现状

随着农民工子女群体的不断增大，各级政府也认识到了解农民工子女的现状，特别是了解其受教育状况的重要性。目前对于农民工子女情况的监测现状主要表现在以下几个方面。

（一）监测主体较为分散

从调研的情况来看，各个教育行政部门都有相关的科室来负责农民工子女在学校的受教育状况，有些地方还有专门人员来负责掌握农民工子女的受教育情况，但大部分地方都是兼职人员来负责统计农民工子女的受教育情况，没有专门的机构来负责监测农民工子女的受教育情况，专业化程度不高，主要是对相关数据进行统计。监测主体成为其他部门的隶属机构，有时甚至分散在各个不同的部门。监测主体较分散，监测职能也较分散，无法集中各方力量与资源来监测农民工子女的受教育情况。

（二）主要是监测入学状况

目前各个教育行政部门对农民工子女受教育情况进行监测，但主要是侧重于关注他们在城市学校的入学状况，即在不同教育阶段，他们进入公办学校就读的数量与比例，以及进入民办学校就读的数量与比例。同时也关注到不同性别的农民工子女在不同学校就读的状况。但农民工子女在学校的入学状况不等于他们在学校的受教育状况，入学状况只是农民工子女受教育状况的一部分，无法全部反映出农民工子女受教育的全部情况，农民工子女受教育的情况还包括学习成绩、品格成长及心理适应等方面。

（三）监测手段主要是数据统计

目前对农民工子女受教育情况的监测手段主要是采用统计的形式，对农民工子女入学状况相关数据进行统计。数据统计的形式只能大概了解农民工子女在学校的入学状况，但无法详细了解农民工子女在学校受教育的整体情况。而且目前各级教育行政部门主要是要求各学校上报农民工子女的数量，数据的真实性需要进一步核实。要了解农民工子女在学校受教育的整体情况，主要是要采取问卷、座谈、访谈等形式，深入学校中去，与学校校长、教师、农民工子女本人，以及农民工子女的监护人进行深入的交流与沟通，从不同的侧面与角度来反映农民工子女在学校的受教育情况。

（四）监测主要发生在开学初

目前对于农民工子女受教育情况的监测只是在每个学年的初期进行数据统计，更多的是关注农民工子女在学校的入学率，而对于农民工子女在全学年受教育状况的统计情况较少，比如说，对于农民工子女在学校中的辍学率、稳固率、流动率、升学率的统计是缺乏的，无法反映出他们在整个学年当中受教育的状况，以及他们在学校中各方面的学习表现。其实，对于农民工子女受教育情况的监测不仅仅在开学初，而且在学年的中期以及每个学年的期末，都要对农民工子女受教育的情况进行监测，才能较全面地反映他们在学校受教育的实际情况。

总体而言，从现状来看，对于农民工子女受教育情况的监测是比较薄弱的，既缺乏专门的机构来负责，又缺少专业化的监测手段，只是对农民工子女受教育情况的大致反映。

二　对农民工子女监测的困境

处于留守或流动状态下的儿童在受教育方面确实存在实际困难，但目前的监测体系无法真实地反映出来。对农民工子女的监测并不是教育行政部门一个部门能够完成的，也并不是统计数据就能体现出来的。目前的农民工子女监测体系存在"散乱空"的困境，无法真实地反映出农民工子女在学校受教育的真实情况。监测的困境主要表现在以下几个方面。

（一）监测中"散"的困境

政府部门、社会及学校都认识到反映农民工子女受教育情况的重要性，从不同的侧面来反映他们在学校的受教育情况。政府部门侧重于从入学状况来反映农民工子女在学校的受教育状况，关注义务教育阶段的农民工子女在学校接受义务教育的状况；学校侧重于从学习状况来关注农民工子女在学校的受教育状况，关注农民工子女的学习态度、学习内容和学习方法等方面的情况；社会层面则侧重于从心理适应方面来反映农民工子女在学校的受教育情况，关注他们在心理适应和品格成长方面的表现。政府部门、社会与学校都在监测农民工子女的受教育状况，但这些监测是分散的，是各自为政的，在纵向上是断层的，在横向上是相互割裂的，没有形成监测农民工子女受教育情况的合力。正是因为监测体系中的"散"问题，无法反映出农民工子女受教育的全面情况。

（二）监测中"乱"的困境

在实践过程中，政府部门、社会及学校都在关注农民工子女的受教育情况，但它们是各搞一套，没有形成体系，甚至是自相矛盾的，这不仅不能反映农民工子女受教育的实际问题，反而会引起农民工子女的反感。三者之间对于农民工子女在监测的目标、内容、方式与途径等方面不能有机地衔接，无法相互协调与沟通，没有形成一个相互支持的体系，因此目前的监测体系对于农民工子女而言，显然是较为零乱的。具体来说，农民工子女监测体系中"乱"的问题主要表现在没有统一的监测计划、没有针对性的监测方案和缺乏固定的监测体系，这样容易导致对于农民工子女的监测随意性大，想怎样搞就怎样搞，无法反映农民工子女实际存在的各种问题，因此这样的监测体系是无法产生实际效果的。

（三）监测中"空"的困境

目前对于农民工子女的监测工作是一种自上而下的体系，政府部门、学校和社会是监测工作的推动者，农民工子女是监测工作的受动者。在这样一种自上而下的监测体系中，农民工子女的主体地位和实际需求并没有得到应有的尊重与反映。这种任务式的监测工作并不是建立在农民工子女的实际问题和真实需求之上的，因此不可能切实反映农民工子女受教育的真实状况，是一种空对空的监测工作，农民工子女并不能从监测工作中受益，从而导致目前的农民工子女受教育情况监测体系空洞化现象严重。对于农民工子女的监测工作不是建立在他们的实际需求之上的，这样的监测工作既落不到点子上，起不到实际效果，也无法反映农民工子女的实际受教育问题。

三　对农民工子女监测的问题

农民工子女受教育情况的监测困境会带来系列的监测问题，这些监测问题主要表现在以下几个方面。

（一）没有建立分层的监测体系

由于农民工子女年龄的多样化，从学龄前至初中阶段都有不同程度的分布，不同阶段的农民工子女的教育需求是有差异的，他们的受教育情况也是有差别的，因此有必要建立针对不同年龄的分层监测体系，以反映不同年龄阶段农民工子女真实的受教育情况。但目前的体系中对于低龄（特别是学龄前）农民工子女受教育情况的监测是缺乏的，造成对于学龄前农民工子女受教育情况监测工作的"空档"。对于不同年龄段农民工子女受教育情况采取一样的监测手段，这种一刀切式的监测手段会造成整个监测体系的混乱，因为不同年龄阶段的农民工子女受教育情况有着较大的差异。因此，对于农民工子女受教育情况不能提供分层分类的监测手段，这是目前农民工子女受教育情况监测体系中存在的最大问题。

（二）没有建立省级统筹的监测体系

随着农村儿童呈现出由省内流动为主向省外流动为主的新特征，以大城市及省会城市为中心而建立的监测体系已不能适应目前农村流动儿童的需求，需要以省为单位来重构监测体系。随着省内流动的农村儿童的不断增加，要从省级层面来统筹监测体系的建设，通过资源配置等方式来支持农村流动儿童监测体系的建设。为什么要建立省级统筹的监测体系呢？因为在农村流动儿童较为集中的中小城市，如果缺乏省级层面对于监测工作的支持，监测工作会遇到许多的阻力与困难，只有从省级层面来统筹，才能建立较为系统而又完整的监测体系。通过建立省级统筹的监测体系，能够有效地监测全省范围内的流动儿童受教育情况，而且能够提供较为专业的监测手段。

（三）中小城市缺乏完善的监测体系

随着城镇化的不断深入，目前农村儿童在中小城市流动的数量也在不断增加，而中小城市并没有相应地建立并完善其监测体系，不能切实反映流入中小城市的农村流动儿童的受教育情况，从而造成流动儿童受教育问题与政策措施间的矛盾。这种矛盾反过来又会影响到中小城市的城镇化进程，影响到中小城市经济社会的发展。以往的农村外出务工人员都倾向于向大城市或者经济发达的城市流动，中小城市在建立农村流动儿童受教育情况的监测体系方面是缺乏准备的，甚至还没有建立起来，更不要说全面反映农村流动儿童各方面的教育需求了。

（四）没有建立农民工子女受教育情况监测体系

以往的监测体系是以农民工子女的入学为重点，着力于解决农民工子女在接受义务教育方面的问题，特别是监测流动儿童在公办学校入学的情况。随着农村流动儿童在城市学校入学问题的基本解决，农民工子女的突出问题已由入学问题转向受教育状况的问题，监测体系的重心也必须随之转向，建立受教育状况的监测体系，否则的话，农民工子女的现实状况与监测体系间会存在矛盾冲突，从而导致监测体系的空洞化，无法全面反映出农民工子女受教育的整体情况。

（五）没有建立以第三方为主体的监测机制

目前农民工子女受教育情况的监测主要是由教育行政部门主导，工作重点主要还是统计相关的数据，对于农民工子女受教育情况的监测还没有全面铺开，监测的力度与效度不足以反映农民工子女在学校受教育的情况。这种既是"运动员"，又是"裁判员"的监测机制，无法真实地反映出农民工子女在学校的受教育情况。要克服这种现象，必须建立以第三方为主体的监测体系，但目前第三方机构参与监测农民工子女受教育情况的力度还不够，体制机制方面还不健全，还没有发挥出第三方机构在农民工子女受教育情况监测中的作用。

四　农民工子女监测制度建设的探索

目前的中国正处于城镇化过程中，随着城镇化的不断深入，农民工随迁子女在城市学校的受教育问题需要关注，留守儿童在农村学校的受教育情况也需要关注，建立农民工子女受教育情况监测制度势在必行。监测制度是指对相关政策在实践中的过程及效果进行督促、评估与检测的机制和制度。监测制度由监测主体、监测对象、监测内容、监测指标、监测机制和监测系统等组成。监测制度的建立是必要的，能够有效反馈政策的执行情况及其实际效果，有助于进一步完善相关政策。建立监测制度已成为政策执行与评估中不可或缺的重要组成部分。

受教育情况监测制度是对农民工子女在学校受教育状况进行规范、系统的监测，是对农民工子女入学机会、学习状况、生活状况、人际交流及身心成长等方面进行全面评估，以便检查对照相关教育政策的实际执行情况与效果，进一步完善农民工子女相关的教育政策措施。受教育情况监测制度的建设包括明确监测主体、确立监测对象、确定监测途径、构建监测指标、机制和系统等方面。

（一）监测主体的建设

监测主体是指由什么机构和部门来负责监测工作。由于目前存在监测主体不明确的问题，即由什么相关机构与部门来具体负责农民工子女受教育情况的监测工作还不够明确，也没有具体规定监测工作所应承担的责任和所赋予的权利。目前农民工子女受教育情况的监测主体主要是政府部门及学校，他们既是监测者，又是管理者和执行者，没有明确分开，造成相互间在监测中的权责不分。要真实地反映农民工子女受教育的情况，监测主体的建设可以采用委托制，即省级教育行政部门可以委托有资历和资格的民间社会机构（包括研究机构、咨询机构、大学等非政府机构）来作为监测主体。

建立省级统筹为主导的管理机构，具体由省政府驻教育厅的教育督导室负责，具体管理各个地州市农民工子女受教育的基本情况，出台相关的政策措施，地州市的教育部门与接收农民工子女的学校具体执行相关的政策措施，完成相关的目标任务。对于农民工子女受教育情况的监测工作委托第三方来负责，教育督导室可以采用招标的形式，委托专门的监测机构来监测，明确监测主体的监测范围、对象、权力、责任和资金，采用合同制，每两年一签，对监测工作进行评估，每年必须对全省的农民工子女受教育情况发布独立的年度报告，反映各个地州市农民工子女受教育的情况。

第三方的监测机构具有一定的独立性，只对受委托的省政府驻教育厅的督导室负责，不受各级教育行政部门的限制，要全面客观地反映全省的农民工子女受教育情况，并提出相应的对策建议。同时，各级教育行政部门与学校要配合第三方监测机构的工作，真实地反映相关的情况。

（二）监测指标的建设

上面解决了由谁来监测的问题，这部分主要是要解决监测什么的问题，所监测的内容要能反映出农民工子女受教育的真实情况，因此要进行监测指标的建设。监测指标的建设是一个复杂的问题，它包括以下几个方面的内容。

1. 监测对象

对于农民工子女受教育情况的监测，首先要明确监测对象，其对象主要是指在各个学校就读的农民工子女，既包括农村留守儿童，也包括农村流动儿童；既包括在公办学校就读的农民工子女，也包括在民办学校就读的农民工子女；既包括本省的农民工子女，也包括省外的农民工子女；既包括进城务工农民的随迁子女，也包括其他城市的外来人口随迁子女；既包括小学阶段的农民工子女，也包括初中阶段的农民工子女，主要是指义务教育阶段的农民工子女。在条件允许的情况下，把监测的对象扩大到学前阶段的农民工子女与高中阶段的农民工子女。

不仅要关注到监测对象的地域特征与空间分布，也要关注到监测对象的年龄特征，同时还要注意到监测对象的性别特点，因为不同年龄与不同性别的农民工子女在受教育方面具有差异性，我们在监测中要把这些受教育情况的差异性反映出来。同时，监测对象是动态变化的，在监测中也要不断反映他们受教育的变化情况，对于对象的监测要具有连续性，要完整地反映监测对象的受教育情况。

2. 监测内容

对农民工子女受教育情况的监测，其内容主要包括以下几个方面。

（1）入学状况

按年份来监测，入学状况的主要监测内容包括学前阶段农民工子女进入公办幼儿园的人数与比例，学前一年的入园率、学前三年的入园率；小学阶段的农民工子女进入公办学校的人数与比例，进入民办学校的人数与比例；初中阶段农民工子女进入公办学校的人数与比例，进入民办学校的人数与比例；农民工子女在当地普通高中就读的人数与比例，在当地的中职中专学校就读的人数与比例。

（2）就读状况

按年份来监测，就读状况的主要监测内容包括小学阶段农民工子女的辍学率、稳固率和毕业率，小学阶段不同年级农民工子女的人数与比例；小学阶段不同年级农民工子女的性别比例；初中阶段的农民工子女的辍学率、稳固率和毕业率，初中阶段不同年级农民工子女的人数与比例；初中阶段不同年级农民工子女的性别与比例。

（3）学习状况

按年份来监测，学习状况的主要监测内容包括不同年级的农民工子女在课堂上的提问情况，不同性别的农民工子女在课堂上的提问情况；不同年级的农民工子女在课堂上回答问题的情况；不同性别的农民工子女在课堂上回答问题的情况；不同年级的农民工子女在课堂上参与讨论的情况；不同性别的农民工子女在课堂上参与讨论的情况；不同年级的农民工子女的作业完成情况；不同性别的农民工子女的作业完成情况；不同年级的农民工子女的复预习情况；不同性别的农民工子女的复预习情况等。

（4）学习成绩

按年份来监测，学习成绩的主要监测内容包括小学阶段不同年级农民工子女的语文平均分、及格率、优秀率，小学阶段不同年级农民工子女的数学平均分、及格率和优秀率；初中阶段不同年级农民工子女的语文平均分、及格率、优秀率，初中阶段不同年级农民工子女的数学平均分、及格率、优秀率，初中阶段不同年级农民工子女的英语平均分、及格率、优秀率等。

（5）活动状况

按年份来监测，活动状况的主要监测内容包括小学阶段不同年级的农民工子女参与班级活动和校园活动的状况，小学阶段不同年级的农民工子女担任班干部及少先队委员的状况，小学阶段不同年级的农民工子女参与各种学科竞赛及获奖的状况，初中阶段不同年级的农民工子女参与班级及校园活动的状况、担任班干部的状况、参与各种学科竞赛及获奖的情况、参与各种文体活动及获奖的情况等。

（6）品行状况

按年份来监测，品行状况的主要监测内容包括小学阶段不同年级农民工子女违纪的状况，小学阶段不同年级农民工子女获"优秀"学生的比例，小学阶段不同年级农民工子女出现封闭、孤独、厌学等情况的比例；初中阶段不同年级农民工子女违纪的比例，初中阶段不同年级农民工子女获"优秀"学生的比例，初中阶段不同年级的农民工子女出现封闭、孤独、厌学等情况的比例等。

3. 监测指标

如何来界定监测指标，较通行的做法是采用层次分析法。层次分析法（AHP）是20世纪70年代美国运筹学家Sauty教授提出的一种定性与定量相结合的系统分析方法，该方法对于量化评价指标选择最优方案提供了依据，并得到了广泛应用。该方法是将评价对象或问题视为一种系统，根据问题的性质和要达到的总目标，将问题分解成不同的组成要素，按照要素间的关联度及隶属关系，将要素按不同层次聚集组合，形成一个多层次的分析结构系统，把问题条理化、层次化。

教育公平是确定农民工子女受教育情况监测指标的价值导向，即要从教育公平的角度来评价农民工子女的受教育情况。一般来说，教育公平包括起点公平、过程公平和结果公平这三个方面。因此农民工子女受教育情况的监测指标可以分为入学机会、教育资源配置、教学质量和身心状况这四个领域。

（1）入学机会

农民工子女的入学机会是对他们在学校受教育状况的直接反映。

在入学状况方面选取学生数量、学生结构、学生自我感受这三个一级指标、9 个二级指标和 19 个三级指标组成的能反映农民工子女入学状况的指标体系，具体参见表 7 - 1。

表 7 - 1　　　　　农民工子女入学状况监测指标体系

一级指标	二级指标	三级指标
入学机会状况	学生数量	适龄农民工子女入学率	小学入学率
			初中入学率
		农民工子女巩固率（辍学率）	小学巩固率
			初中巩固率
		农民工子女毕业率	小学毕业率
			初中毕业率
		流动儿童在城市公办学校入学率	在公办小学的入学率
			在公办初中的入学率
		流动儿童在民办学校的比例	在民办小学的比例
			在民办初中的比例
	学生结构	性别状况	男流动儿童的比例
			女流动儿童的比例
		大班额（56 人以上）比例	小学阶段大班额的比例
			初中阶段大班额的比例
		学生就近入学率	小学生就近入学的比例
			初中生就近入学的比例
	学生自我感受	学生满意度	对学校环境的满意度
			对班级的满意度
			对教师的满意度

（2）教育资源配置

教育资源配置的状况也可以反映出农民工子女在学校的受教育情况。教育资源配置包括教师状况、经费状况和办学条件 3 个一级指标、6 个二级指标和 26 个三级指标，组成能反映教育资源配置状况的指标体系，具体参见表 7 - 2。

表 7 - 2　　　　　　　农民工子女教育资源配置状况指标体系

	一级指标	二级指标	三级指标
教育资源配置	教师状况	师资数量	班师比
			生师比
			校师比
		学历结构	学历合格率
			第一学历合格率
			高一级学历教师百分比
		教师工作满意度	待遇满意度
			工作状况满意度
			工作环境满意度
	办学条件	面积状况	生均校园面积
			生均教室面积
			师均办公室面积
			生均图书室面积
			生均运动场地面积
		图书仪器设施	生均图书册数
			生均教学仪器设备值
			生均计算机台数
			多媒体教室数量
			语言室数量
			生均音体美设备值
			生均体育设备值
	经费状况	经费投入	生均公用经费
			生均教育事业费
			生均债务化解投入费
			生均危房改造投入费
			生均远程教育工程投入费

（3）教学质量

学生的教学质量能够反映农民工子女在学校受教育的真实情况，

它包括学习成绩、学业状况和学习效果3个一级指标、5个二级指标和14个三级指标，共同组成教学质量的监测指标体系，具体参见表7-3。

表7-3　　　　　　　　流动儿童教学质量监测指标体系

一级指标	二级指标	三级指标
教学质量	学习成绩	语文	平均分
			及格率
			优秀率
		数学	平均分
			及格率
			优秀率
		英语	平均分
			及格率
			优秀率
	学业状况	毕业情况	毕业生合格率
			毕业生升学率
	学习效果	学生学习满意度	对学校学习环境的满意度
			对班级的满意度
			对教师的满意度

（4）身心状况

学生的身心状况能够反映农民工子女在学校受教育的基本情况，主要是指在学校教育中农民工子女在身体及心理发展等方面的实际情况。它包括身体状况、心理状况、品行状况3个一级指标、9个二级指标和19个三级指标，组成学生身心状况的监测指标体系，具体参见表7-4。

表 7 - 4　　　　　　　农民工子女身心状况的监测指标体系

	一级指标	二级指标	三级指标
身心状况	身体状况	营养状况	身高合格率
			体重合格率
		卫生状况	卫生达标率
		锻炼状况	体育达标率
	心理状况	心理状态	孤独心理的比例
			封闭心理的比例
			消极心理的比例
		心理适应	保持乐观心理的比例
			保持积极心理的比例
			同学关系的融洽
		心理交流	主动沟通的比例
			主动交流的比例
			师生关系的融洽
	品行状况	言行状况	说脏话的状况
			违反纪律的状况
		对待他人	乐于助人
			能够吃亏
		自我修养	善良
			宽容

4. 监测数据的测算

监测数据的测算分为两部分，一部分是测算城镇学校的布局调整数据；另一部分是测算农民工子女受教育情况的监测指标数据。

（1）布局调整的测算

在农村地区，教育部已经下发了相关的文件，原则上已经停止了撤点并校，因此，在这里就不讨论农村地区的学校布局调整问题了。这里主要是讨论城镇学校的布局调整问题。随着农村流动儿童在城市的增多，为了落实"两为主"的就学政策，公办学校普遍出现大班额现象，严重影响到流动儿童的教育公平。有些地区及学校大班额问题较严重，有些学校班级规模超过七八十人的现象较普遍，有的班级的学生人数甚至接近上百人。如何使农村流动儿童在城镇学校能够公平地接受教育，必须对城镇学校进行合理的布局调整，公平合理地配置教育资源。城镇学校与农村学校的布局调整是有区别的。本部分主要介绍城镇小学和城镇中学合理布局的测算方法。

①城镇小学学校布局的测算

城镇的人口居住比较集中，经济发展条件较好，交通便利，小学的布局主要应考虑人口因素。

根据不同地区小学的最佳规模，可以计算出一所小学的服务人口。其公式为：

小学服务人口数＝最佳规模在校生数/6—11岁人口占总人口的比重

上述公式可测算城镇一所小学的服务人口。如果一所城镇小学最佳规模为24个班，一个标准班为40人，根据第六次人口普查所揭示的一般人口结构，城镇6—11岁适龄儿童占该地区的总人口的比例为6.486%。

城镇小学服务人口数＝40×24/6.486%≈15000（人）①

从上面的公式可以看出，城镇一所小学的服务人口为15000人左右。也就是说，在城镇每15000人左右的片区就要设置一所小学，这样的城镇小学布局是合理的。随着外来人口的增加，在设置小学时要考虑城市外来人口增加的数量，城镇小学要按上述服务人口数来合理布局小学数量与规模，在合理布局小学数量与规模的同时，也要对新建改建的学校进行标准化建设，以便城市外来人口子女能公平接受教育。

②城镇初中学校布局的测算

根据11—15岁的学龄人口比例及最佳初中规模，可以得出一所初中的服务人口，用公式表示为：

一所初中的服务人口＝最佳规模在校生数/11—15岁人口占总人口的比重

城镇初中最佳规模为24—36个班，标准班人数为45人，按照第六次

① 以上数据的测算具体参见范先佐等《中国中西部地区农村中小学合理布局结构研究》，中国社会科学出版社2009年版，第234页。

人口普查所揭示的一般人口结构，城镇11—15岁初中学龄人口占该城镇地区总人口的比例为3.877%，那么城镇一所初中的服务人口约为：

最小值 = 45 × 24/3.877% ≈ 28000（人）

最大值 = 45 × 36/3.877% ≈ 42000（人）[1]

从上面的公式可以看出，城镇一所初中的服务人口为28000—42000人，也就是说，当城镇人口为28000—42000人时，便可设置一所初中。随着外来人口的增加，在设置初中时要考虑到城市外来人口增加的数量，城镇初中要按上述服务人口数来合理布局初中数量与规模，在合理布局初中数量与规模的同时，也要对新建改建的学校进行标准化建设，使城市外来人口子女能公平接受教育。

（2）监测指标的测算

对于农民工子女受教育情况的各项监测指标，我们可以用方差和标准差来进行测算。方差和标准差是测算离散趋势最重要、最常用的指标。方差是各变量值与其均值离差平方的平均数，它是测算数值型数据离散程度最重要的方法。标准差为方差的平方根，用 S 表示。标准差相应的计算公式为：

$$S = \sqrt{\dfrac{\sum_{j=1}^{n}(y_j - \bar{y})^2}{n}}$$

在公式中，y_j 和 $\bar{y}$ 分别表示 j 地区某项指标与各地区某项指标的平均值，n 为地区个数。与方差不同的是，标准差与变量的计算单位相同，比方差清楚。因此，我们在对实际问题进行分析时更多地使用标准差。标准差能比较全面地反映区域绝对差异的指标，当然也能较全面地反映某个地区农民工子女受教育情况的各项指标。

对于农民工子女受教育情况的各项监测指标，我们还可以采用相对差异来进行测算。

在测算中会经常使用变差系数。变差系数也称变异系数、离散系

---

① 以上数据的测算具体参见范先佐等《中国中西部地区农村中小学合理布局结构研究》，中国社会科学出版社2009年版，第240页。

数、差异系数，用 V 表示。这是一组数据的标准差与其均值之比，是测算数据离散程度的相对指标。变差系数通常用标准差计算，因此，变差系数也被称为标准差系数。其计算公式为：

$$V = \frac{\sqrt{\dfrac{\sum\limits_{j=1}^{n}(y_j - \bar{y})^2}{n}}}{\bar{y}}$$

在公式中，y_j 和 $\bar{y}$ 分别表示 j 地区某项指标与各地区某项指标的平均值，n 为地区个数。

（三）监测机制的建设

有了监测的对象、内容和指标，那么究竟如何来操作，这就涉及监测机制的建设问题。目前我们的监测机制主要是以内部监测为主，内部监测有优点也有缺点，总体上而言是缺点大于优点，因此我们有必要加强外部监测机制的建设，使监测机制更具可操作性、科学性和系统性。

1. 内部监测机制

内部监测机制是以教育系统的内部机构来对农民工子女的受教育情况进行监测，这种监测机制的效率较高，但教育行政部门、学校及教育监测机构之间的权责不分，往往是把管理、执行与监测集于一身，不能全面地反映农民工子女的受教育情况，不能客观地揭示出农民工子女的受教育问题，这使农民工子女及家长的参与程度较低，社会各界的监督参与度也较低，监测的效果一般，而且信息的披露程度较低，是一种按照行政手段的工作常规式的监测。这种监测机制只是对农民工子女受教育情况相关数据的大致统计，无法深入地反映出农民工子女真实的受教育情况及其变化情况。

2. 外部监测机制

外部监测机制是省级教育行政部门委托民间机构来对农民工子女受教育状况进行监测，是通过招标的形式来委托有资格的第三方专业监测机构来监测。外部监测机制的专业性较强，主要是运用专业的手段来完成监测任务，能对农民工子女受教育的整体状况进行监测，农民工子女及其家长的参与程度较高，监测的效果也比较好，农民工子女受教育信息的披露程度较高。外部监测机制的独立性较强，能排除各种干扰，以第三方的身份来较客观地反映出农民工子女的受教育情况。外部监测机制能够克服"从教育来看教育"的局限性，把农民工子女受教育情况放在经济社会的大背景下来进行监测，对于农民工子女受教育情况的认识更具时代感。

3. 内外部监测机制的比较

内部监测机制与外部监测机制既有联系，也有区别。它们的区别主要表现在执行和实施主体、监测目的、监测手段、监测对象、监测时间、监测方式方法和工作作风、农民工子女群体的参与程度、监测效果、信息披露程度等方面。比较而言，外部监测机制要优于内部监测机制，因此在农民工子女受教育情况的监测机制方面要选择外部监测机制，要逐步从内部监测机制过渡到外部监测机制，政府部门要有意识地培育有资历和资格的民间专业组织机构来承担农民工子女受教育情况监测的工作，建立科学规范的外部监测机制。内外部监测机制的比较情况具体可以参见表 7-5。

表 7-5　　　　　　内部监测机制与外部监测机制的比较

特征	内部监测	外部监测
执行和实施主体	教育厅督导室及教育部门	民间社会机构（研究机构、设计机构、咨询机构、大学等非政府机构）
监测的目的	了解农民工子女受教育的基本情况	了解农民工子女受教育的全面情况以及身心发展状况
监测的手段	通过政府行政手段来完成	与农民工子女及其家长协商，然后通过专业手段来完成，主要依靠民主的手段
监测的对象	农民工子女的入学状况	农民工子女的受教育状况
监测的时间	按工作计划进行	定期、不定期（随机）
监测方式方法和工作作风	政府行政工作手段	民主协商的手段
流动群体参与程度	低	高
监测的效果	一般	好
信息的披露程度	低	高

（四）监测系统建设

为了能够全面、全过程和全员监测农民工子女受教育的情况，有必要建立监测系统，对农民工子女受教育情况进行有序监测。整个监测系统包括目标系统、评估系统、预警系统和报告系统。

1. 目标系统建设

对农民工子女受教育情况的监测首先要设定目标系统，即要设定出对于农民工子女受教育情况的分层分类的监测目标，这些目标的设定要参考国家、省级政府及教育行政部门关于入学、学习、资源配置和身心等方面的目标，既要考虑到农民工子女在目标上的现实差距，也要考虑到一般的目标，建立标准、科学、全面的监测目标系统。要以目标系统来指导监测工作的开展，监测工作不能脱离目标系统之外。每个年份的监测结果都要与监测目标相对照，找出并呈现出其中的差距。同时，根据实际情况，监测目标也会发生相应的变化，每三年要对监测目标进行修正，使监测目标符合时代发展的要求与教育实践的需要。比如说，三年前，农村流动儿童进入城镇公办学校就读的目标是所占比达到80%，目前这个目标已完成，再以这个目标去衡量流动儿童的受教育情况，已没有多大的现实意义了，需要对这个目标进行修正，重新确立新的目标。

2. 评估系统建设

评估系统的建设是监测制度建设的核心，建设的内容包括监测指标的建设、监测方法的建设、监测手段的建设，监测技术的维护及监测数据的测算等方面。评估系统的建设，关键在于开发出合理的评估指标体系，这些指标体系能够较全面地反映农民工子女的受教育状况，这样才能对农民工子女的受教育情况进行有效监测；评估系统的建设，核心在于评估工作的有效实施，监测方法要能客观有效地反映出农民工子女受教育情况的目标实现程度，以及预定目标与实际目标的差距，这是对评估方法、手段与技术的综合要求，没有专业的评估方法和先进的评估手段与技术，是无法高水平地建设评估系统的。评估系统的重点工作还在于如何对各种测评出来的指标进行科学的测算，以量化及数据的形式来反映农民工子女受教育的真实情况。

3. 预警系统建设

监测的目的在于改进，而在改进之前有必要进行预警。首先要设立预警分数线。对评价指数进行综合测算后，能够得出一个实际量化值，量化值低于60分，处于预警分数线，说明农民工子女受教育的总体情况存在问题，需要向相关部门和学校敲响警钟，对量化值低于60分的地州市、区域和学校发出预警，指出它们在农民工子女受教育情况方面的不足之处，与预定目标的实际差距。预警系统分为三个层次，一是区域性预警，即对各个地州市某个或某些区域在农民工子女受教育的总体情况方面发出预警，与国家及省级的相关指数存在较大的差距，在较大范围内影响到农民工子女的教育公平与质量；二是学校层面的预警，即对在农民工子女教育教学等方面存在严重问题的学校发出预警，指出其存在的实际差距，以及具体在哪些方面影响到农民工子女的教育公平与质量；三是专项性预警，即对全省或某个区域的农民工子女受教育情况在某项或某几项存在的严重现象与问题，发出专项性预警，指出其与相关指标存在的实际差距，以及对于农民工子女教育公平与教育质量的实际影响。各种预警的信息主要是通过教育行政部门反馈到农民工子女所在的区域与学校，并提出相应的改进对策建议。

4. 报告系统建设

作为第三方的监测机构，有义务就农民工子女受教育的情况向各方面汇报，应采取年度报告制度，即每年以报告的形式向教育行政部门、学校、家庭及社会各界公布农民工子女在学校受教育的相关信息，使各方都能及时了解农民工子女受教育的基本情况，以及进展的总体状况。对于农民工子女受教育的情况，既要有年度报告，也要有相应的专题报告，特别是对于农民工子女受教育比较突出的问题，可以采取专题报告的形式，就某个或某几个专题的现状及问题做出深入和全面的呈现与剖析，比如就农村流动儿童在城市公办学校的入学状况进行专门的监测，形成流动儿童入学状况的专题报告，对于当前的现状、存在的问题，以及其他相关的信息予以披露，使社会各界对于流动儿童受教育情况有更广泛更深入的了解。在全国流动儿童进入公办学校的平均比例达到 80% 左右的情况下，而目前贵州省贵阳市流动儿童进入公办学校的比例还停留在 50% 左右，对于这样的现象可以形成专题报告，呈现相关的现象与存在的问题，向当地教育行政部门做出反馈。再比如，目前贵州省有些城镇的大班额现象相当突出，也可以以专题报告的形式向有关教育行政部门做出反馈，为当地教育行政部门的决策及相关政策的制定提供参考与依据。

第八章

农村留守儿童关爱服务体系
建设的实践探索

针对目前留守儿童的现状，留守儿童存在的最大问题是缺乏关爱，最大需求是关爱需求，因此对于留守儿童而言，最重要的是要建立关爱服务体系。针对留守儿童关爱服务体系中的问题，我们要加强关爱服务体系的建设，并不断地加以完善。关爱服务体系是建立在关爱理论基础之上的，"关爱理论具体是指'三关爱'（人性关爱、人情关爱、人文关爱）：'人性关爱'是最基本的关爱，是在关爱中坚持以人性为本，满足人们的最基本的需求；'人情关爱'是在人性关爱的基础上，坚持'服务本位'思想，提供亲情化服务，使情感需要得到充分满足；'人文关爱'是最高层次的关爱，是一种理性关爱，坚持'文化本位'思想，以人文为重，满足自我实现的需要。"①

第一节　农村留守儿童关爱服务体系建设的内容

留守儿童关爱服务体系是要全方位地关注到留守儿童的各个方面，其内容涉及留守儿童的学习、生活、心理和安全卫生等方面，目的是要形成一个关爱服务农村留守儿童的整体框架，覆盖到留守儿童的各个方面，为留守儿童提供全方位的关爱与服务，保障农村留守儿童的健康成长。

---

① 景跃军、陈英姿：《"三关爱"与创建服务型政府》，《人口学刊》2006 年第 4 期。

一　促进留守儿童的学习进步

由前面章节可知，农村留守儿童的最大需求主要表现在学习方面，促进留守儿童的学习进步不仅是留守儿童本人的最大需求，也是监护人和留守儿童父母亲的迫切需求，因此有必要建立促进留守儿童学习进步的关爱服务体系。促进留守儿童学习进步的关爱服务体系的内容包括：端正留守儿童的学习态度，从各个方面寻找留守儿童产生学习态度问题的根源，通过自强教育和励志教育来端正留守儿童正确的学习态度，明白学习对于自身成长和社会发展的价值及意义；培养留守儿童的学习习惯，留守儿童学习成绩不理想的主要原因是没有养成良好的学习习惯，因此，养成留守儿童良好的学习习惯是学校教师和监护人及父母亲对于他们学习关爱服务的主要内容之一；指导留守儿童的学习方法，留守儿童的学习方法不对路也是他们学习成绩不理想的主要原因之一，因此，根据每个留守儿童的学习特点，教师有针对性地指导他们的学习方法，也是学校教师关爱服务留守儿童学习进步的主要内容；教师不仅要在课堂上指导留守儿童的听课方式，也要指导留守儿童在课余时间的预习方式和阅读方法，时刻关注留守儿童学习方法的改进。

二　提高留守儿童的生活质量

农村留守儿童的生活质量问题往往是一个容易被人们所忽视的问题。但事实是，留守儿童的生活质量会影响到他们在家和在校的学习、品格和心理等方面，因为留守儿童只有在生活质量上有保障，他们才能安心于学习，在心理、安全等方面才不会出问题。提高留守儿童生活质量的关爱服务体系的内容包括：对留守儿童进行日常生活知识的传授教育，留守儿童由于父母亲外出务工而缺乏日常生活知识，教师要在课堂内外传授有关生活方面的知识，使每个留守儿童都了解有关日常生活方面的知识，这有助于从整体上提高留守儿童的生活质量；对留守儿童进行生活习惯的养成教育，由于与爷爷奶奶或外公外婆生活在一起，其生活习惯受到老年人的影响，特别是一些饮食习惯会对留守儿童的营养状况产生影响，比如，贵州的民族农村地区，老年人喜欢吃酸的饮食习惯会影响到留守儿童的营养状况，从而对其生长发育产生不利影响；对留守儿童进行生活自理的培养教育，由于父母亲外出务工和监护人年龄较大，留守儿童在生活上往往缺乏照顾，这对于留守儿童，特别是年龄较小的留守儿童的生活质量造成了较大的影响，因此，学校教师和监护人在日常生活中要有意识地去培养留守儿童的自理能力，使留守儿童特别是年龄较大的留守儿童能照顾好自己，不断提高生活质量。

三　改善留守儿童的心理状况

由于处于留守状态，留守儿童在成长过程中缺乏心理关爱，这对于留守儿童的心理健康会造成不同程度的影响。留守儿童对于父母亲的亲情有一种依赖的情感，这也是留守儿童最为需要的，因此有必要建立一种关爱服务体系来改善留守儿童的心理状况。对于留守儿童存在的心理问题，不能简单地使用心理干预措施来解决，而是要通过关爱服务的方式来疏导和预防，使留守儿童具有一种积极向上的心理状态。农村留守儿童心理关爱服务的主要内容包括：农村留守儿童的心理现象与心理问题是他们处于留守状态下形成的，对于留守儿童的心理现象与心理问题，我们不能简单地采用心理干预的措施与手段来处理，而是应该站在同情留守儿童处境的角度，以关爱的态度和服务的手段来疏导留守儿童的心理困境，使留守儿童具有健康向上的心理。农村留守儿童心理关爱服务体系在内容方面包括：心理健康知识教育，通过课堂讲授和聘请专业人士来校做专题讲座等多种形式，向留守儿童传授心理健康知识，使留守儿童具有心理健康方面的知识；心理问题咨询教育，处于留守状态下的儿童容易出现孤独、封闭等心理问题，学校要了解留守儿童出现这些心理问题的根源，要配备专业心理教师，为留守儿童提供心理咨询，缓解他们的心理压力，同时要通过志愿者或心理咨询师为留守儿童提供心理咨询，解决他们所面临的心理问题；积极心理行为养成教育，学校要通过各种活动来养成留守儿童积极的心理行为，通过榜样作用来帮助留守儿童树立坚强的心理意志，在日常生活中养成留守儿童积极向上的心理行为，从而正确处理遇到的各种心理困境，形成一种健康向上的心境。

四　保障留守儿童的安全卫生

特别是对于低年龄的农村留守儿童而言，最容易出现安全卫生事故，这也是留守儿童的监护人和父母亲最为忧虑的事情，对于留守儿童来说也是最为需要的，因此有必要建立保障留守儿童安全卫生的关爱服务体系。建立保障农村留守儿童安全卫生关爱服务体系的内容包括：对留守儿童进行安全卫生知识的认知教育。通过课堂讲授、专题讲座和主题班会等形式来对留守儿童进行安全卫生知识的教育，使留守儿童具有安全卫生的知识和意识，注意到安全卫生问题，关注到安全卫生隐患，注意安全卫生事项；对留守儿童进行安全卫生行为的养成教育。学校教师要与留守儿童的监护人积极配合，要在日常生活中督促和检查留守儿童的安全卫生行为，矫正留守儿童的安全卫生行为，把安全卫生行为贯穿于留守儿童的日常生活和行为中；对留守儿童进行安全卫生习惯的培养教育。良好的安全卫生习惯不是一天两天就能培养出来的，是一点一滴长期坚持的结果，需要学校教师与监护人具有持久的关爱服务的耐心，使留守儿童时时处处关注自身的安全卫生，无论大事小事都具有安全卫生意识，把安全卫生意识始终挂在心头，融入自己的日常行为上。

第二节　农村留守儿童关爱服务体系建设的途径

途径是完成内容的手段与方式，应该通过什么样的途径来完成农村留守儿童关爱服务的内容，达到留守儿童关爱服务体系的目的，这是值得我们思考的问题。本部分的内容主要是探讨多层面、多维度的留守儿童关爱服务途径，以实现农村留守儿童的全面发展。

一　课堂教学的途径

留守儿童的大部分时间是在学校的课堂教学中度过的，因此课堂教学是关爱服务留守儿童的主要途径。作为教师来说，要有意识地把课堂教学的内容与关爱服务留守儿童有机地结合起来，使教学内容满足于留守儿童对学习、心理和生活等方面的需要，有效地促进留守儿童的身心发展；教师的教学方法也要根据留守儿童的实际情况做出适当的调整，要把关爱服务融入教学方法中，使留守儿童感受到教师对自己的关爱服务，并从中受到教育与启迪；教师要随时随地分析留守儿童的学习与心理状况，根据留守儿童的实际情况来调整教学进度，使留守儿童能跟上教学节奏，把对留守儿童的关爱服务融入教学进度和教学节奏中，使留守儿童在关爱服务中学习与成长；同时教师要根据留守儿童的新情况和新问题来调整自己的教学策略，要去研究留守儿童新情况和新问题，根据留守儿童的实际需要来增添一些教学内容和改进教学方法，要以留守儿童的问题为导向来调整教学策略，把对于留守儿童的关爱服务融入教学策略中，形成关爱服务留守儿童的教学策略，这样才能通过课堂教学的途径来促进留守儿童的全面成长。

二　课外活动的途径

除了课堂教学外，在校内外的课外活动也是学校教师、社会机构和监护人实现关爱服务的主要途径。针对留守儿童存在的问题，学校教师可以通过各种形式的活动来关爱服务留守儿童。学校教师针对留守儿童的学习问题，通过个别辅导的方式来改进留守儿童的学习方法和提高他们的学习成绩；通过聘请校外人士开设专题讲座的形式来讲授安全卫生知识和行为习惯，提高留守儿童的安全卫生意识，形成留守儿童的安全卫生习惯；通过树立典型形象来对留守儿童进行激励教育，引导留守儿童的品格成长；通过各种竞赛活动和班级活动来提高留守儿童的交流沟通能力，促进留守儿童与其他儿童的交流沟通；通过定期开展心理咨询活动的途径，来了解留守儿童的心理状态，缓减留守儿童的心理压力，解决留守儿童的心理问题，营造积极向上的心理氛围。课外活动的途径在形式上可以多样化，在内容上可以根据留守儿童的具体情况做出适当的调整，从而更好地把对于留守儿童的关爱服务融入其中；在时间上可以把课堂教学延伸到课外活动；在空间上可以把校内活动拓展到校外活动，包括在家、在村庄里和在其他的场所。以课外活动的途径来关爱服务留守儿童，把对留守儿童的关爱服务渗入各种活动中，以喜闻乐见的各种形式呈现出来，留守儿童也更容易接受，在不知不觉的关爱服务活动中，他们的身心得到了健康的成长，这可以说是关爱服务教育的最高境界。

三 传播技术的途径

现代社会是一个网络通信非常发达的时代，我们可以充分利用现代社会的传播技术来实现对于留守儿童的关爱服务，使留守儿童不再隔离于现代社会，从而调动包括父母亲在内的各种社会力量来关爱服务他们，为他们的健康成长尽可能地提供各种服务，尽量满足留守儿童成长过程中的各种需求。电话、短信、QQ 和电子邮件这些现代传播技术能为农村留守儿童与远在外地务工的父母亲之间架起沟通交流的桥梁；通过电话、短信、QQ 和电子邮件这些现代传播技术能把父母亲和社会各界人士的关爱服务传递给留守儿童，让他们感受到父母亲和社会各界人士对于他们的关爱，以弥补他们在情感上的空缺和满足他们在情感上的需求。现代传播技术的特点是：速度上的快捷迅速、内容上的丰富多彩、形式上的多样化，以及时空上的一体化，而且是留守儿童乐于接受的一种途径，因此我们可以充分有效地利用好现代传播技术来实现对于留守儿童在学习与生活等方面的关爱服务，使现代传播技术服务于留守儿童的健康成长。当然，我们也要注意到，现代传播技术对于留守儿童的关爱服务不能搞一刀切，特别是对于低年龄的留守儿童而言，可以少用些，因为这种关爱服务对于低年龄的留守儿童而言，毕竟不如面对面的关爱服务这样直接有效，要考虑到低年龄留守儿童的接受能力。

四 志愿者的途径

目前社会上有许多人士都在关爱留守儿童的健康成长，我们要充分组织和利用好这些社会人士的力量。社会人士中不乏专业人士，他们提供的关爱服务能够弥补学校和监护人所不能起到的作用，我们可以通过志愿者这种途径来组织和利用好各种社会力量，发挥他们的专业知识和能力来关爱服务留守儿童的健康成长。志愿者发挥他们自身力量的形式可以多样化，有些志愿者可以到学校来面对面地对留守儿童提供学习、生活与心理等方面的关爱服务；有些志愿者可以通过现代通信的网络系统来为留守儿童提供关爱服务，通过电话、邮件、信件、QQ 等形式，使志愿者与留守儿童建立一对一、一对多或多对一的联系方式，特别是要充分发挥专业人士作为志愿者的力量。比如说，心理咨询方面可以充分利用心理专业人士来作为志愿者，为留守儿童的心理现象和心理问题提供比较专业的心理咨询，为留守儿童的心理健康提供专业的关爱服务，因为农村学校在为留守儿童提供心理咨询方面毕竟不太专业，甚至不能达到应有的效果和目标。而且志愿者这种关爱服务的途径，留守儿童也更容易接受，有些话和有些事可能不便于或不想对监护人和老师说，但一旦与志愿者建立了一种信任关系，他们更愿意把心里话说给志愿者听，志愿者的关爱服务更容易进入留守儿童的心灵空间，更容易对留守儿童的成长产生实际效果。

第三节　农村留守儿童关爱服务体系建设的机制

什么是机制？机制就是保障留守儿童关爱服务体系有效运作的制度与方法。农村留守儿童的关爱服务体系为什么达不到理想的实际效果呢？这与目前的留守儿童关爱服务机制不顺畅有着很大的关系。理顺留守儿童关爱服务体系的机制、建设并完善留守儿童关爱服务的机制是目前需要完成的迫切任务。留守儿童关爱服务机制建设主要体现在以下两个方面。

一　建立关爱服务体系的纵向联系机制

从纵向上看，对于农村留守儿童的关爱服务，主要涉及当地政府及教育行政部门、社会、学校和家庭等领域，其着力点是要落实到留守儿童身上，并改善留守儿童的现状。那么，如何来建立农村留守儿童关爱服务的纵向联系机制呢？即如何发挥出政府及教育行政部门、社会、学校和家庭对于留守儿童关爱服务的合力呢？首先，是要发挥出政府及教育行政部门在关爱服务留守儿童方面的协调作用，政府及教育行政部门既要对留守儿童的关爱服务提供政策支持，也要对留守儿童的关爱服务提供资源保障，为关爱服务留守儿童提供各种条件和创造各种机会，同时要协调好学校、社会及家庭的作用。其次，是要发挥学校在关爱服务留守儿童方面的主阵地作用，可以这样说，对于留守儿童的关爱服务主要发生在学校里，是通过学校教师和学校所开展的各项活动来实现对于留守儿童的关爱服务，因此，学校是关爱服务留守儿童的主阵地，我们千万不能忽视学校在关爱服务留守儿童方面的主阵地作用。再次，要充分发挥家庭在关爱服务留守儿童方面的重要作用，一说到关爱服务，我们往往认为是学校和社会的职责，往往忽略了家庭的重要作用。其实，家庭在关爱服务留守儿童方面能发挥出学校及社会不能发挥的作用，因为天然的血缘关系，这种关爱服务的形式更容易被留守儿童所接受，但家庭需要创新关爱服务留守儿童的内容与形式。最后，要发挥出社会在关爱服务留守儿童方面的独特作用。社会的力量在关爱留守儿童方面能够提供各种专业的服务，在关爱服务留守儿童方面会更加有效，能够弥补政府、学校及家庭不能发挥的独特作用，对于关爱服务留守儿童起到独特的作用，有助于满足留守儿童的各种需求，改进留守儿童的现状。

二　建立关爱服务体系的横向沟通机制

横向沟通机制是以留守儿童的需求为中心来建立相应的关爱服务体系，是以满足留守儿童的实际需求和解决留守儿童的实际问题为导向的关爱服务机制，这是一种相互促进的关爱服务机制，其最大的优点是能够有效地表达留守儿童对于关爱服务的诉求，同时对于留守儿童的关爱服务也更具有针对性，是基于留守儿童实际需求和真实现状的一种横向沟通机制。这种横向沟通机制具有以下三个方面的特点：一是以留守儿童的需求为中心的关爱服务体系，这种横向沟通机制能够较好地凝聚各方面的力量来关爱服务留守儿童，从而满足留守儿童的各种现实需求；二是这种横向沟通机制是圆圈型的扩展框架，这种扩展框架能够极大地发挥政府、学校、社会及家庭关爱服务留守儿童的潜力和作用，并不断拓展各方面对于留守儿童关爱服务的力量；三是这种横向沟通机制能够发挥出各方面的交互合力，其实政府、学校、社会及家庭在关爱服务留守儿童方面都发挥着各自的作用，这种横向沟通机制有助于联合各方面的力量，发挥出合力，扩大各方力量与功能的效用，从而更有力地促进留守儿童的全面发展。

留守儿童关爱服务体系的纵向联系机制的优点是最大化地利用各方面的资源来关爱服务留守儿童的发展，其缺点是往往容易忽视留守儿童的现实需求；留守儿童关爱服务体系的横向沟通机制的优点是以留守儿童的现实需求为中心来关爱服务留守儿童的发展，其缺点是实施的效率不高，容易产生留守儿童现实需求与实际供给之间的矛盾。因此，目前有必要发挥出这两种机制的优势，使这两种机制有机地融合在一起，从而实现与完成留守儿童关爱服务体系的目标和内容，有效改善留守儿童的现状。

第四节　留守儿童关爱服务体系建设的模式

所谓"模式"，"是指在实践中已有较成熟的做法，而且这种做法具有一定的借鉴意义和推广价值。"[①] 模式本身就是一种体系，在这种体系中包含着目标、内容、途径和机制等。本研究报告认为，留守儿童关爱服务体系建设的模式主要包括以下几个方面。

一　政府主导的关爱服务模式

从政府的视角来说，对于留守儿童的关爱服务主要体现在以下三个方面：一是从政策支持层面上体现出对留守儿童的关爱服务，目前我国已出台了多项有关农村留守儿童的政策制度，把关爱服务留守儿童的学习和生活列为教育行政部门的主要事项。政府从政策层面支持

---

① 肖庆华：《农村留守与流动儿童的教育》，中国社会科学出版社2012年版，第169页。

农村学校的免费午餐制和农村学校的寄宿制,特别提出要对农村留守儿童的寄宿进行优先照顾。二是从资源调配层面体现出对留守儿童的关爱服务,由于留守儿童的逐年增加,政府需要从资源调配层面来改善农村学校的办学条件,增加相应硬件设施和师资力量,学校教育力量的增强从另一个层面体现出政府对农村留守儿童的关爱服务,这是一种间接的关爱服务,但最终会使留守儿童受益。三是从经费增加的层面上体现出对留守儿童的关爱服务,政府部门可以通过加大"两免一补"的力度,并向农村留守儿童倾斜,改善留守儿童的学习与生活现状,同时政府部门还可以设立扶助留守儿童发展的专项资金,全面改善留守儿童的学习、生活和安全卫生。政府主导的关爱服务模式是一种自上而下的管理机制,这种管理服务模式有助于实现政府及教育行政部门的意志,提高关爱服务留守儿童的效率,但往往会忽视留守儿童的实际需求,不能达到关爱服务留守儿童的实际效果。

二　社会支持的关爱服务模式

对于留守儿童的关爱服务来说,社会支持能够发挥出独特的力量,它可以发挥出政府、学校和家庭等领域不具有的独特作用,它是对政府部门、学校及家庭等在关爱服务方面的有益补充。社会支持主要是发挥出专业人士对留守儿童的关爱服务,这种专业的知识、技能和方法有助于改进留守儿童关爱服务的举措。社会支持的关爱服务模式能让农村留守儿童感受到整个社会的关怀与温暖,能够弥补父母亲外出务工所造成的情感空缺,拉近人与人之间的距离。社会支持的关爱服务模式主要包括这几个方面:①社会志愿者行动。把各行各业的专业人士作为社会志愿者,为留守儿童在学习和心理等方面的关爱服务提供专业知识、技能和方法,使社会志愿者与留守儿童建立对应的帮扶关系,实施社会志愿者行动。②开展"手拉手"活动。在城市儿童与农村留守儿童之间开展"手拉手"活动,建立起"一对一"的帮扶互助关系,作为同龄人,城市儿童和农村留守儿童在心理上没有距离,他们能够平等地相互沟通交流,相互帮助,互相学习。通过"手拉手"活动,为农村留守儿童认识外面的世界打开了一扇窗户,认识到人与人之间的友情，明白人不是孤立地生活在世界之中，看到了外面世界的精彩。③"代理家长"行动。由于父母亲外出务工，留守儿童对于亲情有一种挥之不去的依赖关系，开展"代理家长"行动，就是要弥补留守儿童对于亲情的依赖，满足留守儿童对于亲情的需求，让留守儿童有家的感觉，感觉到家庭的温暖与亲情。不仅本村庄的非留守儿童的家长可以作为代理家长，而且附近村庄的非留守儿童的家长也可以作为代理家长；不仅学校的老师可以成为代理家长，而且城镇的爱心人士也可以成为代理家长。代理家长可以在学习、生活、心理、亲情等方面给予留守儿童全方位的关爱服务，使留守儿童在关爱与亲情的环境中健康成长。④成立"留守儿童之家"。或者在村庄，或者在学校里成立"留守儿童之家"，为留守儿童营造一个关爱服务的环境。在"留守儿童之家"中要有图书、电视、电脑、网络、电话、娱乐设施、体育锻炼设施和活动场所，为留守儿童在课余期间提供一个学习、活动、娱乐和与家长联系的空间，同时在"留守儿童之家"还要配备义务辅导员或义务志愿者，对留守儿童提供各方面的辅导和帮助。

三　家庭亲情的关爱服务模式

父母亲是孩子的第一任老师，家庭教育在孩子的成长过程中是不可缺少的。但由于父母亲的外出务工，造成了留守儿童家庭教育的不完整。本来学校教育、家庭教育和社会教育构成了一个完整的教育体系，但由于家庭教育这根链条的断裂，使得留守儿童不能够受到全面的教育，这是留守儿童产生许多问题的根源，影响到他们的全面成长，因此需要弥补留守儿童家庭教育的缺失，最大限度地恢复家庭教育本来所具有的功能，为留守儿童的健康成长营造一种关爱服务的家庭氛围，让留守儿童也能像非留守儿童一样，在家庭的温暖和关爱中成长。家庭关爱服务模式在目标上是要让留守儿童感受到家庭的亲情与温暖，让远在外地的父母亲都参与到关爱服务留守儿童的健康成长中来，使留守儿童有家的感觉；家庭关爱服务模式在内容上是关心留守儿童的身体发育、营养状况、安全卫生状况、积极向上的心理状态、品格的成长和学习状况，以及亲情关系的建立和家庭氛围的营造等方面；家庭关爱服务模式的形式主要包括父母亲主动与留守儿童的沟通交流、留守儿童主动与父母亲的沟通交流、留守儿童与监护人的相互沟通交流，以及通过发动亲戚朋友来组建家庭关爱服务的网络圈，让亲戚朋友都参与到关爱服务留守儿童的活动中来，提供力所能及的关爱服务，形成关爱服务的家庭氛围，从而弥补父母亲不在家而造成的家庭教育的缺失。家庭关爱服务模式的途径主要包括沟通交流的时间（每周通过电话或其他形式沟通一次或两次及以上）、沟通交流的频率（每年至少要见面一次或两次及以上）和沟通交流的手段（QQ、通信、电子邮件、电话等）。

四　自我努力的关爱服务模式

我们在强调各种关爱服务模式的时候，往往会忽视留守儿童自己的能动性和主体性，把留守儿童作为关爱服务的被动接受者来看待，而不是把他们作为自觉的主体来看待。随着留守儿童年龄的增长，有必要把外在的关爱服务模式转化为一种内在的关爱服务模式，即自我关爱服务的模式，使留守儿童通过自身的努力来成为自强、自尊、自立和自爱的孩子。

在对于农村留守儿童关爱服务的实践中，目前已形成了政府主导的关爱模式、学校校本的关爱模式和社会支持的关爱模式。这三种关爱模式发挥出各自的优势，在某种程度上满足了农村留守儿童的关爱需求，但这三种关爱模式也存在着不足的方面。着力于指出这三种关爱模式的缺点，并不是要在实践中排斥这三种关爱模式，而是要告诉我们，对于农村留守儿童的关爱服务并不能只依靠或满足于某一种关爱模式，如果是这样的话，反而不利于农村留守儿童现状的改善。

第一，政府主导的关爱模式容易使农村留守儿童成为"旁观者"。对于农村留守儿童的关爱需求，首先是来自政府及教育行政部门的关爱服务，逐渐形成了政府主导的关爱服务模式。政府主导的关爱服务模式是一种自上而下的纵向关爱模式，这种关爱模式主要是通过提供教育经费和增加师资来改善办学条件，使农村留守儿童从中受益。教育经费的增加主要用于建立学生宿舍和学生食堂，为农村儿童提供寄宿制和免费午餐等食宿服务，还有就是设立扶助农村留守儿童的专项资金，加大"两免一补"的力度，并向农村留守儿童倾斜。同时，政府及教育行政部门通过增加学校的师资来为农村留守儿童提供学习、心理、生活及品格等方面的关爱服务。但这种自上而下的关爱模式，不能真正了解农村留守儿童的真实需求，不能满足农村留守儿童的实际需要，从而使农村留守儿童产生一种"旁观者"的心理，成为关爱服务的"旁观者"。作为"旁观者"的农村留守儿童，不仅会把政府主导的关爱服务当作与自己无关的事情，还会对关爱服务产生一种冷漠的心态。

第二，学校校本的关爱模式容易使农村留守儿童成为"受助者"。针对农村留守儿童的关爱需求，学校也采取相应的措施来关爱农村留守儿童，并逐渐形成了学校校本的关爱服务模式。学校校本的关爱模式是以学校为阵地，充分利用学校已有教育资源与充分发挥教师的主导作用来关爱服务于农村留守儿童的身心发展，解决他们在学校中表现出来的各种问题。这种关爱服务模式往往是把农村留守儿童从学生中分离出来，予以特殊的关照，出发点是好的，但这种关爱服务模式会使农村留守儿童产生一种"受助者"的心理，认为自己是关爱服务的"受助者"。作为"受助者"的农村留守儿童，会认为自己在各方面不如其他同学，是需要得到帮助的"另类"，从而把自己看作学习上的困难者、生活上的弱势者和心理上的问题者，这使他们在学习上、生活上和心理上产生一种自卑感，反而会对关爱服务模式产生一种排斥感。

第三，社会支持的关爱模式容易使农村留守儿童成为"局外人"。社会支持对于农村留守儿童的关爱与服务来说，是一支不可忽视的力量。发挥社会各方面的力量来对农村留守儿童进行关爱服务，可以完成政府部门与学校所不能做到的许多事情，是对政府部门和学校在关爱服务工作方面的必要补充。社会支持的关爱服务模式往往通过"手拉手"活动、"一对一"帮扶、"代理家长"行动、"留守儿童之家"等来对农村留守儿童提供相应的关爱服务，促进农村留守儿童的身心发展。但社会支持的关爱模式是基于社会自身的角度来对农村留守儿童提供相应的关爱服务，这种关爱模式与农村留守儿童的需求之间往往会形成"两层皮"，社会力量所给予的关爱服务与留守儿童的真实需求之间不能有机对接，从而使农村留守儿童成为关爱服务中的"局外人"，成为被动的关爱服务者，农村留守儿童并不能从中真正受益，反而会引起他们对于这种关爱服务模式的反感。

任何的关爱模式要起到作用，最后都要落实到农村留守儿童身上，在他们身上产生实际效果。政府主导的关爱模式、学校校本的关爱模式和社会支持的关爱模式都是关爱服务农村留守儿童的外力，任何外力都要通过内力才能起到真正的作用，因此特别是对于年龄偏大的农村留守儿童而言，有必要构建农村留守儿童的自我关爱模式，发挥出农村留守儿童自己在关爱服务中的主体性、能动性和自觉性，使农村留守儿童成为整个关爱服务中的"参与者""自助者"和"局内人"。

自我关爱模式是要利用政府主导的关爱模式的长处，使政府的关爱服务资源落实到农村留守儿童身上，使他们积极参与到关爱服务的各种活动中，从"旁观者"变成"参与者"，充分发挥出农村留守儿童在关爱服务中的主体性。自我关爱模式是要利用学校校本关爱模式的优势，把学校本身的关爱服务资源转化成农村留守儿童自我关爱的动力，使农村留守儿童从关爱服务的"受助者"变成"自助者"，充分发挥出农村留守儿童在关爱服务中的能动性。自我关爱模式是要利用社会支持关爱模式的特长，把社会关爱服务的力量化为农村留守儿童自我关爱的资源，使农村留守儿童从关爱服务的"局外人"变成"局内人"，充分发挥出农村留守儿童在关爱服务中的自觉性。那么，我们应如何来构建农村留守儿童的自我关爱模式呢？

一是在生活上实施自立计划。对于年龄偏大的农村留守儿童而言，在日常生活方面，要逐渐从他人的关爱服务中过渡到自己在生活中的自立。在生活态度方面，农村留守儿童要树立在生活中尽量靠自己的思想意识，克服依赖他人的惰性思想；在生活习惯方面，农村留守儿童要从日常生活中养成良好的习惯，要从小事做起，从自我做起，克服父母外出务工而不能照顾自己的实际困难，克服留守老人由于时间与精力的原因而无法完全照顾自己生活的种种不便，在饮食起居等方面学会自立，学会自己照顾自己；在生活能力方面，农村留守儿童要面对各种生活困难与挑战，提高自己独立生活的技能，依靠自己来解决生活中的各种现实困难。在自我关爱模式中实施生活上的自立计划，并不是要排斥政府、学校、社会及家庭对于农村留守儿童在生活中的关照，而是要在他人的关照中逐渐使农村留守儿童在生活中学会自立，不依赖于别人，不成为生活中的依附者。

二是在品格上实施自励计划。对于小学中高年级的农村留守儿童而言，他们正处于品格成长的关键期，由于父母亲外出务工而造成的品格教育缺位，农村留守儿童也往往处于品格问题的多发期。形成良好的品格关键还是要靠自我的努力，在自我关爱的模式中实施品格自励计划，并不是要排斥学校、社会及家庭在农村留守儿童品格形成中的作用。不仅要在农村留守儿童的品格形成中尊重家庭、学校及社会的教育作用，而且要在品格形成中充分发挥出农村留守儿童的主体性，在品格形成中不断地自我激励，严格要求自己，向榜样学习，养成良好的品行习惯。在品格上实施自励计划，是要让农村留守儿童在品格修养方面不断地磨炼自己，自觉地成为一个有自尊心、善良、在品行上不断要求进步的人。

三是在学习上实施自强计划。对于农村留守儿童来说，父母亲外出务工而在学习辅导中的缺位，是他们学习成绩不理想的主要原因。面对这种现实困难，学校除了要加强学习辅导外，特别是对于年龄较大的农村留守儿童而言，还要发挥出他们在学习上的能动性和自觉性，在自我关爱模式中实施学习上的自强计划。面对学习中的各种困难，农村留守儿童要在学校教师的帮助下，通过自我的努力来把自己的学习搞好。在学习态度方面，农村留守儿童要严格要求自己，不断端正自己的学习态度，树立奋发图强的学习态度；在学习方法方面，要借鉴他人好的学习经验与方法，不断改进学习方法，找到适于自己的学习方法；在学习内容方面，要舍得花时间与精力，尽量通过自我的努力来解决学习中遇到的各种困难。在学习上实施自强计划，是要促使农村留守儿童在日常学习中通过自己的努力做到课前预习、课中仔细、课后复习，尽量缩小与非留守儿童在学习方面的差距，使自己学有所得，在学习上更上一层楼。

四是在心理上实施自爱计划。由于与亲人的长期分离，空间上的距离也会带来心理上的距离，高年级的农村留守儿童容易出现各种心理问题。针对农村留守儿童的心理现象与心理问题，不仅要通过专业心理人士来提供心理咨询和心理干预，而且要尊重农村留守儿童在解决心理问题方面的主体地位，在自我关爱模式中实施心理上的自爱计划，充分发挥他们自己在关爱心理健康方面的潜力。在心理上实施自爱计划，是要促使农村留守儿童树立良好的心态，增强抗挫折的能力，以良好的心态来迎接每一天，时刻使自己保持积极、乐观和向上的心态；在心理上实施自爱计划，是要使农村留守儿童学会自我疏导，通过自我的努力来排解心理压力，进行自我心理调节；在心理上实施自爱计划，是要使农村留守儿童提高维护心理健康的自觉性，主动与他人交流沟通，缓解心理困惑，保持心理健康。

第五节　农村留守儿童关爱服务体系的校本课程化

对于农村留守儿童的关爱服务要落到实处，关键是要把关爱服务体系进行校本课程化，以校本课程的形式来关爱服务于留守儿童的身心发展。

"校本课程"是一个外来语，最早始于英美等国家，20世纪90年代出现于我国的活动课程中。随着《国务院关于基础教育改革与发展的决定》提出要"实行国家、地方和学校三级课程管理。在保证实施国家课程的基础上鼓励地方开发适应本地区的地方课程，学校可开发或选用适合本校特点的课程"。我国的中小学开始大面积地开发并实施校本课程。广大农村学校利用自身的资源优势来开发关爱留守儿童的校本课程，是时代赋予校本课程的责任和使命。同时，课程理论的发展和校本课程的实践，也为留守儿童关爱体系的校本课程化提供了理论准备。

一　关爱服务体系的校本化

校本课程的前提是校本化，即校本课程首先要扎根于学校，依靠学校自身的资源优势来开发相应的课程资源，正如有学者所指出的，"我国的校本课程是在学校本土生成的，既能体现各校的办学宗旨、学生的特别需要和本校的资源优势，又与国家课程、地方课程紧密结合的一种具有多样性和可选择性的课程。"① 因此留守儿童关爱服务体系的校本课程化，首先是关爱服务体系的校本化，依靠学校本身的资源，利用学校自身的优势，来开发关爱留守儿童的课程资源，服务于留守儿童的身心发展。

关爱服务体系的校本化，是要以学校为主阵地来重构留守儿童的关爱服务体系，充分发挥学校在关爱服务留守儿童中的主阵地作用。学校是农村地区的教育与文化中心，是各种教育资源的聚集地，能够对来自各方面的关爱服务资源进行有效的组织，并落实到留守儿童身上。作为主阵地的学校，把来自政府部门的关爱服务资源转化为教育资源，通过提供相关的关爱服务来改善留守儿童的就读状况；作为主阵地的学校，对来自社会层面的关爱服务资源进行优化，通过牵线搭桥的形式为留守儿童提供他们所需要的关爱服务；作为主阵地的学校能够充分调动监护人的积极性，建立家校合作关系来共同关爱留守儿童；作为主阵地的学校能够充分利用自身的资源，成为关爱服务留守儿童的有效实施者。

留守儿童关爱服务体系的校本化，是要充分发挥学校在关爱服务留守儿童中的能动性，把学校建设成关爱服务留守儿童的主阵地，突出学校在关爱服务体系中的地位。作为主阵地的学校，能够统筹来自政府、社会、学校及家庭的关爱服务资源，在它们之间建立有效的协调机制，不仅发挥出各种关爱服务资源自身的优势，而且使各种分散的关爱资源整合到学校教育中来，融合到日常的教育教学活动中，化作关爱留守儿童的教育资源，发挥出关爱服务留守儿童的合力，切实

---

① 廖哲勋：《关于校本课程开发的理论思考》，《课程·教材·教法》2004 年第 8 期。

解决留守儿童关爱服务体系中"散"的问题。

留守儿童关爱服务体系的校本化，不仅把学校作为关爱服务留守儿童的主阵地，而且把学校从关爱服务的"旁观者"变为"组织者"，充分发挥出学校在关爱服务留守儿童中的潜能与优势，最大限度地把校园文化生活、图书资料、信息技术设备、活动场地、办学经费及社区资源转化为关爱留守儿童的教育资源，把学校的办学特色与留守儿童的实际需求有机地结合起来，使留守儿童在日常的教育教学活动中亲身感受到来自各方面的关爱服务，在各方面的关爱服务中健康成长。

二　关爱服务体系的课程化

校本课程的关键是课程化，即以课程的形式来开发并呈现出学校自身及各方面的资源。课程的开发离不开学校教师，教师不仅最清楚学校自身中的资源，而且教师本身就是一种课程资源，因此实践课程范式的代表人物施瓦布提出"教师即课程"的观点，这意味着"教师不是孤立于课程之外，而是课程的有机构成部分、课程的创造者、课程的主体"。① 留守儿童关爱服务体系的课程化，关键在于重视教师的主导作用，是教师的知识、经验、智慧及创造性与学校及社区教育资源的有机结合，通过课程的形式呈现出来，以满足留守儿童对于关爱服务的实际需要。

关爱服务体系的课程化，是要充分重视教师在关爱服务中的主导作用，突出教师在整个关爱服务体系中的地位。只有突出教师的主导作用，才能集合政府、学校及社会各方面的力量来制定系统的教育方案，有针对性地解决留守儿童的实际问题；才能协调政府、社会及学校关爱留守儿童的步伐，形成统一的教学计划，有步骤地满足留守儿童的关爱需求；才能把各种教育资源开发成课程资源，形成固定的课程体系，有目的地促进留守儿童的身心发展。

关爱服务体系的课程化，不仅要充分发挥教师在关爱服务中的主

---

① 张华：《课程流派研究》，山东教育出版社 2000 年版，第 236 页。

导作用，还要唤起教师在关爱服务中的自觉意识。学校教师是与学生打交道最多的人，他们最了解留守儿童的实际问题，他们最清楚留守儿童需要什么样的关爱服务。唤起教师的自觉意识，是要教师根据留守儿童的实际需求，自觉地把各种零乱的关爱计划有序化，自觉地把各种分散的关爱资源系统化，自觉地把各种对立的关爱措施协调化，并把它们转化成教育资源，以课程的形式呈现出来，从而切实解决留守儿童关爱服务体系中"乱"的问题。

来自政府、社会及家庭的关爱服务资源并不能直接运用到留守儿童身上，它需要教师根据教育规律来转化为教育资源，需要教师根据课程特点来转化为课程资源。关爱服务体系的课程化，是要充分发挥教师在关爱服务留守儿童中的自觉性，充分利用教师自身在专业知识、教学经验、教育风格、实践智慧、兴趣特长和人文关怀等方面的优势，并把这些优势融入教育资源中，转化为校本课程体系，从而使教师从关爱服务的"冷漠者"变成"热心者"。教师成为关爱服务的"热心者"，才会最大限度地发挥他们自身的优势，成为留守儿童关爱服务体系的积极建设者。

三　关爱服务体系的生本化

校本课程的核心是生本化，即以学生为本来开发课程资源，"它的目的在于尽可能满足社区、学校、学生的差异性，充分利用社区、学校的课程资源，为学生提供多样化的、可供选择的课程。"[1] 校本课程是对国家课程和地方课程的有益补充，是根据学生的具体需求开发出来的课程资源，它本身就是一种课程变革，"课程的变革，从某种意义上说，不仅仅是变革教学内容和方法，而且也是变革人。"[2] 因此留守儿童关爱体系的校本课程化，核心是关爱体系的生本化，即围绕留守儿童的实际需求，以满足他们的关爱需求为主线来开发与实

---

[1]　崔允漷：《略论我国基础教育课程政策的改革方向》，《教育发展研究》1999 年第 9 期。

[2]　施良方：《课程教学论》，教育科学出版社 1996 年版，第 135 页。

施校本课程，促进留守儿童的全面发展。

关爱服务体系的生本化，是要充分尊重留守儿童在关爱服务中的主体地位，突出留守儿童在关爱服务体系中的中心位置，以改善留守儿童的现状为目的。以留守儿童为本的关爱服务体系，在关爱目标上要切实可行，符合留守儿童的身心特点；在关爱内容上要丰富多彩，切合留守儿童的实际需要；在关爱形式上要多样化，留守儿童能乐于接受；在关爱措施上要得力有效，留守儿童能从中受益。

关爱服务体系的生本化，要围绕留守儿童在生活、学习、心理等方面的真实诉求，以关爱服务留守儿童为主线贯穿于校本课程的各个环节中，以满足留守儿童的需求为主渠道渗透于关爱服务的整个过程中，使关爱服务体系与校本课程相对接，校本课程与留守儿童的需求相衔接。要使校本课程对于留守儿童的关爱服务落到实处，课程资源要体系化，满足留守儿童多方面的需求；课程结构要层次化，满足留守儿童的不同需求；课程内容要实用化，满足留守儿童的真实需求，从而切实解决关爱服务体系中"空"的问题。

关爱服务体系的生本化，是要在关爱服务中充分发挥留守儿童的主体性，使留守儿童主动参与到各种关爱服务中，支持与配合关爱服务的各项工作，成为关爱服务体系中的主体，使他们从游离于关爱服务体系外的"局外人"变成关爱服务体系中的"局内人"，成为关爱服务中的真正受益者。关爱体系的生本化，要求校本课程的开发要面向留守儿童的困境、问题、需求与爱好，要尊重他们的人格、权利和主体地位，要符合他们在不同阶段的身心发展特点，真正做到关爱服务体系的一切出发点都是为了促进留守儿童的身心发展。

四　关爱服务体系校本课程化的实践探索

留守儿童关爱服务体系的校本课程化，落脚点是要开发出具有可操作性的校本课程，把对于留守儿童的关爱服务融入具体的校本课程中，为留守儿童提供实实在在的关爱服务。从 2010 年起，本人深入贵州的农村学校，并与六盘水市盘县四格彝族乡中心小学、六盘水市水城县发耳镇箐尾小学、六盘水市水城县鸡场镇鸡场小学、六盘水市水城县猴场乡猴场小学，建立了合作关系，致力于开发关爱留守儿童的校本课程。我们以小学阶段的留守儿童为对象，根据他们的实际问题、真实需求、年龄特征和身心特点，以综合主题为内容框架，采用实践活动形式，通过体验式学习，开发出六大课程模块，形成了关爱服务留守儿童的校本课程体系，并在实践中不断地加以完善，使对于留守儿童的关爱进校园、成课程、进课堂、入心田。

（一）留守儿童安全卫生教育计划

对于小学低年级的留守儿童而言，由于监护人年龄较大，安全卫生意识较差，监管不力，留守儿童在这个阶段最容易出现安全卫生事故。针对留守儿童的安全卫生问题、安全卫生需求和年龄特点，开发出相应的校本课程，实施留守儿童安全卫生教育计划。通过专题讲座、课堂教学等形式，进行安全卫生知识的认知教育，普及安全卫生知识，增加他们的安全卫生常识；通过日常的教育教学活动，进行安全卫生意识的养成教育，提高安全卫生方面的认识，增强他们的安全卫生意识；通过日常行为规范的学习，进行安全卫生行为的培养教育，规范安全卫生行为，形成良好的安全卫生习惯；通过典型事例的分析，进行安全卫生问题的矫正教育，认识到安全卫生问题的严重性，改正不良的安全卫生行为。

（二）留守儿童品格成长教育计划

对于小学低年级的留守儿童而言，他们正处于品格形成的关键期，但由于父母外出务工，他们在品格成长中的困惑往往受到忽视，表现出诸多的品格问题。针对留守儿童的品格问题、品格发展需求与年龄特点，结合学校及社区的教育资源，开发出相应的校本课程，实施留守儿童品格成长教育计划。通过专题讲座、课堂教学等形式，进行品格知识的认知教育，了解品格知识，懂得为人处世的基本准则；通过谈心、座谈、家访等形式，进行品格行为问题的矫正教育，认识到自身的品格问题，改正日常生活中的品格行为问题；通过典型事例和榜样作用，进行品格成长的引导教育，以正面教育的形式来引导他们的品格成长；通过班会活动、读书活动和自我教育等形式，进行品格修养的提升教育，在实践、陶冶和反省中不断提高他们的品格修养。

（三）留守儿童心理关爱教育计划

对于小学中年级的留守儿童而言，父母外出务工的空间距离往往会造成心理上的距离，表现出各种心理困惑和心理问题。针对留守儿童的心理困惑、心理问题和心理需求，利用学校及社会的关爱资源，开发出相应的校本课程，实施留守儿童心理关爱教育计划。通过专题讲座、心理手抄报和课堂教学等形式，进行心理知识的认知教育，了解基本的心理知识，普及基本的心理常识；通过电话、QQ、视频、心理辅导等形式，进行心理问题的咨询教育，解释心理现象，缓解他们的心理压力；在具有专业背景的志愿者与留守儿童间建立心理帮扶关系，进行心理行为的矫正教育，解释心理困惑，疏通心理障碍，解决他们的心理问题，培养积极向上的心态。

（四）留守儿童学习进步促进方案

对于小学不同年级的留守儿童来说，由于父母外出务工而缺乏必要的学习辅导和督促检查，不同程度地存在着学习问题。针对留守儿童的学习问题、学习需求和学习特点，发挥学校自身的资源优势和教师本身的教学特长，开发出相应的校本课程，实施留守儿童学习进步促进方案。通过典型事例、榜样作用和自强教育等形式，进行学习态度的端正教育，树立自励自强的学习态度；通过个别辅导和小组学习等形式，进行学习内容的辅导教学，解决他们在科目学习中遇到的实际困难；通过经验交流和方法借鉴等形式，进行学习方法的改进教育，诊断学习方法中的问题，提出改进学习方法的建议，找到合适的学习方法；通过班会活动、个别谈心和自我反省等形式，进行学习习惯的矫正教育，指出学习习惯上的问题，提出改正措施，对照检查，形成良好的学习习惯。

（五）留守儿童沟通交流教育方案

对于小学高年级的留守儿童来说，由于长时间处于留守状态，他们不愿意与他人沟通交流，把自己封闭在自我狭小的空间里，造成与他人沟通交流的障碍。针对留守儿童的沟通交流问题、沟通交流需求，充分利用各方面的教育资源，开发出相应的校本课程，实施留守儿童沟通交流教育方案。通过专题讲座和课堂教学等形式，进行沟通交流态度的端正教育，了解沟通交流在日常生活中的价值与意义，解除他们在沟通交流方面的心理障碍；通过开设讲座和班会活动等形式，进行沟通交流的认知教育，了解沟通交流的基本常识；通过讲故事和演讲比赛等班校级活动，进行沟通交流的技能教育，掌握沟通交流的基本技能；通过"手拉手"活动、"一对一"帮扶、"亲情电话"、文艺活动等形式，进行沟通交流行为的养成教育，举办各种活动来增加沟通交流的机会，引导沟通交流的行为，培养沟通交流的习惯。

（六）留守女童生理卫生教育方案

随着小学高年级的留守女童进入青春期，由于母亲外出务工的缺位，她们自己又不懂青春期的生理卫生知识，经常会出现青春期的生理卫生问题，影响到她们的身心健康。针对留守女童的生理卫生问题、生理卫生需求和身心特点，结合学校本身及社区的教育资源，开发出相应的校本课程，实施留守女童生理卫生教育方案。通过举办专题讲座和课堂教学等形式，进行生理卫生知识的认知教育，普及青春期的生理卫生知识，掌握青春期生理卫生的基本常识；通过经验交流和个别辅导等形式，进行生理卫生习惯的养成教育，在青春期养成恰当的生理卫生行为；通过开设讲座和举办专门活动等形式，进行生理卫生的保健教育，使留守女童在青春期拥有基本的保健知识和良好的保健行为，能更好地保护自己和爱护自己，促使她们的身心和谐发展。

第九章

农村流动儿童关爱服务体系建设
的实践探索

生活在农村的儿童，跟随外出务工的父母来到城市，他们面对的最大问题是城市的适应问题，这种适应问题包括学习、生活、心理等方面，因此，要解决流动儿童的适应问题及改善他们的现实处境，有必要建立流动儿童的关爱服务体系，为他们的健康成长提供他们所需要的关爱服务。

第一节　农村流动儿童关爱服务体系建设的内容

在前面章节中，从监护人、学校教师和流动儿童自己所反映出的流动儿童的需求来看，儿童跟随父母从农村来到城市，他们的最大需求主要表现在进入公办学校就读、学习成绩的提高和城市生活的适应这三个方面，因此流动儿童关爱服务体系建设的内容主要包括以下三个方面。

一　关爱流动儿童的就读状况

自从 2001 年的《国务院关于基础教育改革与发展的决定》颁布以来，"两为主"就学政策开始在各地实施，随着"两为主"就学政策的深入实施，农村流动儿童在城市公办学校就读的比例逐年增加，目前全国有近 80% 的农村流动儿童在城市的公办学校就读，但从我们的调查数据和访谈资料来看，农村流动儿童是否能进入城市的公办学校就读，依然是流动儿童及家长最关心的事情，因此流入地的政府部门及学校要关注服务农村流动儿童在公办学校的就读状况，提供相应的关爱服务。要进一步放低农村流动儿童进入公办学校就读的门槛；要进一步减少农村流动儿童进入公办学校就读的各种证件；要进一步增加公办学校招收农村流动儿童的学位；要进一步向招收农村流动儿童的公办学校进行教育资源的倾斜；要进一步采取各种措施来同等对待农村流动儿童，最大限度地实现教育公平。

二　关爱流动儿童的学习状况

流动儿童从农村来到城市学校就读，由于学习连续性的中断，再加上城市学校的老师在教学内容的难易度、教学方式的差异性、教学节奏的快慢和教学进度的先后等方面与农村学校老师有着较大的差异，往往会导致农村流动儿童在公办学校的学习退步，学习成绩不理想成为困扰着流动儿童及家长的心病，因此城市公办学校有必要为提高流动儿童的学习成绩提供相应的关爱服务。城市公办学校的老师要适当增减教学内容，使教学内容也能适合于农村流动儿童，增强流动儿童的学习动力；在教学方法方面，要做适当的改进，要照顾到农村流动儿童原有的学习方法的连续性，要对流动儿童的学习方法进行相应的辅导；在教学进度方面，要与农村流动儿童原有的教学进度进行对接，兼顾农村流动儿童和城市当地学生的学习需求来调整教学进度；在教学节奏方面，要适当放慢原有的教学节奏来等等他们，使农村流动儿童在课堂学习中有一个适应的过程，逐步跟上老师的教学节奏。

三　关爱流动儿童的城市适应

农村流动儿童在城市所面临的最大问题是城市适应问题，这种城市适应问题包括生活适应、行为适应、心理适应、人际关系适应和文化适应等方面。因此城市的学校和社区有必要为农村流动儿童的城市适应提供相应的关爱服务，为农村流动儿童适应城市生活并融入城市生活中提供条件和帮助。在生活适应方面，学校与社区要尽量为农村流动儿童提供各种生活设施，在生活上提供相应的帮助，既要看到农村生活与城市生活的差异性，又要逐渐引导农村流动儿童适应并融入城市生活中；在行为适应方面，学校和社区要多向农村流动儿童讲解城市的行为知识，了解城市的行为习惯，逐渐适应并养成城市行为习惯；在心理适应方面，学校和社区要了解农村流动儿童来到城市之后的心理落差，分析农村流动儿童的各种心理现象，提供心理咨询来帮助流动儿童拥有适应城市生活的心理状态；在人际关系适应方面，学校和社区要开展各种活动来帮助流动儿童与城市当地学生建立信任关系，扩大流动儿童沟通交流的范围，拓展流动儿童沟通交流的话题；在文化适应方面，学校和社区要开展多种形式的文化活动，重点介绍城市文化的特点和精髓，引导流动儿童适应并融入城市文化中。

第二节　农村流动儿童关爱服务体系建设的途径

如何来实施流动儿童关爱服务体系？其建设的途径主要包括以下几个方面。

一　课堂教学的途径

课堂教学仍然是关爱服务农村流动儿童的主要途径，这种途径可以列入学校及教师的教学计划中，使对于流动儿童的关爱服务有计划有步骤地进行。课堂教学的关爱服务途径主要是教师在课堂上要多关注流动儿童的学习状况，与城市当地学生相比，农村流动儿童的最大问题是对于城市学校课堂教学的适应问题，教师应根据流动儿童的实际情况，对教学内容做出适当的增减，增加一些有助于流动儿童能较快适应与融入城市生活与文化的内容，增加一些与流动儿童的学习与生活相关的内容，使流动儿童更容易接受；适当减少课堂教学内容的难度，特别是对教学内容的难点要进行分解，与流动儿童已有知识结构建立内在的联系，促进流动儿童的学习进步。

二　课余活动的途径

学校可以充分利用自身的已有资源，在课余开展各种形式的活动来关爱服务流动儿童的健康发展，这种关爱服务既可以是师生间的活动，也可以是流动儿童与城市当地学生间的活动；既可以是班级内的集体活动，也可以是校内的全校性活动；既可以是"请进来"的活动，即由学校聘请相关的专业人士来学校对流动儿童开设专题讲座，也可以是"走出去"，即由学校组织流动儿童到工厂、企业、博物馆等部门参观或参加联谊活动。

三　校外活动的途径

流动儿童的相当部分时间是在校外度过的，流动儿童放学回到家后，由于父母亲忙于生计，流动儿童几乎是处于放任阶段，他们存在的城市适应和文化融入问题依然严重。可以针对流动儿童在学习、生活和心理方面的适应与融入问题，由社区老年人、专业人士和志愿者根据他们的专业特长来开展相应的活动。由社区组织的校外活动是一种非正式的关爱服务途径，流动儿童可以根据自己的兴趣爱好和自己的时间来安排，通过这种较为宽松自由的氛围来关爱服务流动儿童的城市适应和文化融入，这样流动儿童更容易接受，也更容易适应和融入城市生活中。

第三节　农村流动儿童关爱服务体系建设的机制

本书认为，要把对于流动儿童关爱服务的各种分散的资源集中起来，更好地关爱服务于农村流动儿童的健康成长，有必要集中这些教育资源，并有效地利用，这就要建立一种流动儿童关爱服务体系的机制，使对于流动儿童的关爱服务能够有效运转。

就目前而言，应该以社区为主阵地，成立流动儿童关爱服务的社区中心这样一种关爱服务机制。流动儿童主要是分散在城市中的各个社区中，以社区为中心，可以把不同学校和不同年龄段的流动儿童集中起来，能够较为有效地利用各种资源来关爱服务流动儿童，并提供有计划有步骤的关爱服务。城市的各个社区中汇集了各方面的人才，对于流动儿童的适应、融入和成长等方面的教育有着天然的优势，可以充分发挥社区各方面人才的力量，在学习、生活、心理、品格等方面提供较为专业化的服务。而且社区服务中心离流动儿童居住的地方较近，方便流动儿童在校外时间参加各种活动。社区的辅导人员是由具有专业知识的志愿者组成的，关爱服务的内容可以根据流动儿童的实际需要来做出相应的调整，时间与地点也可以做出灵活机动的安排。

成立流动儿童的社区关爱服务中心这样一个运行机制，具有三个方面的优势与特色：其一，能够有效地利用各种教育资源。社区作为各种教育资源的集散地，能够充分利用各种资源来关爱服务于流动儿童的发展，这是学校及家庭所不具有的优势。其二，能够切实满足流动儿童的实际需求，社区作为一个关爱服务中心，主要功能集中于流动儿童的城市适应和文化融入，它能根据不同年龄段的流动儿童的实际需要来做出适当的调整，能够尽量满足流动儿童的实际需求。其三，流动儿童比较容易接受这种关爱服务的机制。社区作为一个相对比较松散的组织，能为流动儿童提供一种宽松自由的氛围，对各方面的辅导也更容易接受。

第四节　农村流动儿童关爱服务体系建设的模式

为了更好地关爱服务农村流动儿童，有必要在已有的实践基础上形成流动儿童关爱服务体系的模式，这不仅对于改进流动儿童的关爱服务体系具有借鉴意义，而且对于流动儿童关爱服务体系的建设具有推广价值。农村流动儿童关爱服务体系建设的模式主要包括以下几个方面。

一　政府主导的关爱服务模式

政府主导的对于流动儿童的关爱服务是一种主要模式，因为政府在关爱服务流动儿童方面起着其他领域无可替代的作用，这种关爱服务模式具有三个方面的特点：①具有制度化的特点。政府主导的对于流动儿童的关爱服务主要是通过颁布政策来体现的，"两为主"就学政策的颁布就是对农村流动儿童最大的关爱服务，而且这种关爱服务具有制度化的特点。②具有强制性的特点。就学政策的颁布，不仅使对于流动儿童关爱服务的举措制度化，而且使对于流动儿童关爱服务的举措具有强制性的特点。作为一项制度政策，正因为在它的强力推动下，全国各地对于农村流动儿童的关爱服务才能落到实处，起到实效。③具有倾斜教育资源的特点。政府主导的关爱服务模式，要对流动儿童的现状有切实的改善，必然伴随着教育资源的分配与倾斜，这能保证对于流动儿童的关爱服务落到实处，同时也能维护政府主导的关爱服务模式的权威性和连续性。

二　学校校本的关爱服务模式

学校校本的关爱服务模式与政府主导的关爱服务模式的最大区别是，学校校本的关爱服务模式是基于学校已有的教育资源来关爱服务流动儿童的学习和生活，能够充分发挥学校和教师在关爱服务流动儿童方面的积极性。学校校本的关爱服务模式具有两方面的优势：一方面，学校为本的关爱服务模式能够满足流动儿童的实际需求。流动儿童的相当部分时间是在学校度过的，学校教师通过日常生活的观察能够较真实地了解到他们的实际需求，学校校本的关爱服务模式能够根据流动儿童的实际需求，来实施相应的关爱服务措施，从而最大限度地满足流动儿童的实际需求，这是其他流动儿童关爱服务模式所不具有的优势。另一方面，学校校本的关爱服务模式具有针对性。以学校为本的关爱服务模式，能够根据学校的已有资源，并充分调动学校的教育资源来关爱服务流动儿童，能够根据流动儿童的实际问题和真实需求来实施相应的关爱服务措施，在关爱服务的目标、内容和形式等方面更具有针对性。不同的流动儿童在需求方面还具有特殊性，学校校本的关爱服务模式还可以根据流动儿童的实际情况，制定出具有个性化的关爱服务措施。

三　学生互助的关爱服务模式

农村流动儿童与城市当地学生生活在同一所学校中，同在一个班级中学习，可以通过结对子的形式，开展互帮互助互学的活动，这种活动特别有助于农村流动儿童适应城市生活，并融入城市的学习与生活中。作为同龄人，农村流动儿童与城市当地学生不存在心理上的隔阂，相互之间更容易沟通交流，无论是在学习适应和生活适应方面，还是城市文化的适应方面，城市当地学生对流动儿童在适应与融入方面都能够提供较大的帮助。当然，城市当地学生在帮助农村流动儿童的适应与融入过程中，自身也是受益者，在互帮互助互学中，城市当地学生其实也是在学习一种多元文化，了解农村生活和文化，使自己更具有包容性。

四　家庭网络的关爱服务模式

与留守儿童相比，流动儿童毕竟是和父母亲生活在一起，但由于父母亲早出晚归地务工，没有时间与孩子交流，对流动儿童在城市所存在的适应问题关注较少，认为流动儿童的适应问题是学校里的事情。作为父母亲而言，对于流动儿童的适应与融入问题，应该承担起自己的教育责任，无论自己多忙，都要抽出时间来主动关心孩子的健康成长。家庭成员应该形成一个关爱服务孩子的家庭网络，父母亲及其他的家庭成员要有计划有步骤地为孩子在城市里的学习与生活适应提供关爱服务，要及时与孩子进行沟通交流，排解孩子在城市学习与生活中的心理困惑，同时要树立孩子在城市学习与生活中的自信，克服自卑心理，不断激励孩子通过自我的努力来取得进步。

五　社区为本的关爱服务模式

根据第六次全国人口普查的数据推算，我国目前有农村流动儿童2877万人。对于这些从农村随迁到城市的儿童，为了让他们适应城市的学习、生活和心理等方面的变化，各个城市纷纷建立了相应的关爱服务体系，并形成了模式。对于农村流动儿童而言，目前主要有政府主导的服务模式、学校校本的服务模式和家庭关爱的服务模式，这三种服务模式分别从不同的角度为农村流动儿童的城市适应提供关爱服务，在某种程度上促进了农村流动儿童的城市适应，但也存在不足的方面。指出这三种服务模式的不足，并不是要否定这些服务模式，而是要在这三种服务模式的基础上，构建并不断完善农村流动儿童的社区服务模式，全方位地满足农村流动儿童对于城市适应的各种需求，全方面地促进农村流动儿童的身心发展。

第一，政府主导的服务模式无法满足农村流动儿童各方面的适应需求。从 20 世纪 90 年代中后期开始，随着农村儿童大量进入城市，我国政府始终关注着这个儿童群体在城市的发展状况，并形成了政府主导的服务模式。政府主导的服务模式主要是通过颁布就学政策来解决农村流动儿童的就学问题。1996 年和 1998 年，我国相继颁布了《城镇流动人口中适龄儿童、少年就学办法（试行）》和《流动儿童少年就学暂行办法》，对农村流动儿童在城市的受教育状况进行规范。2001 年，《国务院关于基础教育改革与发展的决定》提出了"以流入地区政府管理为主，以全日制公办中小学为主"的"两为主"就学政策，形成了解决包括农村流动儿童在内的随迁子女在城市学校就学问题的根本思路。2003 年及 2006 年，我国所颁布的系列农民工子女就学政策是对"两为主"政策的贯彻与落实，到 2012 年，包括农村流动儿童在内的"进城务工人员随迁子女在当地接受义务教育的问题得到基本解决"。[①] 随着农村流动儿童就读问题的基本解决，农村流动儿童目前的最大问题已从就学问题转到适应问题，适应问题已成为当前农村流动儿童面临的最大问题，因此以解决农村流动儿童就学问题为目的的政府主导的服务模式，既不能满足目前农村流动儿童的真实需求，也无法解决农村流动儿童在城市的各种适应问题。

第二，学校校本的服务模式无暇顾及农村流动儿童各方面的适应需求。随着农村流动儿童大量进入城市学校就读，学校能够充分利用自身的优势与资源，来为农村流动儿童的城市适应提供校本服务，提供他们所需要的关爱服务，能够部分满足他们的适应需求，但同时也造成了学校本身教育资源的紧张。学校校本的服务模式既有优势，也存在两方面的不足。一方面，学校自身存在资源不足的问题。学校校

---

① 教育部、发展改革委、公安部、人力资源社会保障部：《关于做好进城务工人员随迁子女接受义务教育后在当地参加升学考试工作的意见》，中国政府网 2012 年 9 月 1 日。

本的服务模式更多的是运用自身的教育资源来为农村流动儿童提供学习适应方面的服务，通过辅导学习内容、调整教学进度、改进教学方法等来提供相应的服务，以期满足农村流动儿童对于学习适应的需求。但对于文化适应、生活适应及心理适应等方面，由于资源所限，虽能提供部分服务，但却无暇顾及，不能完全满足农村流动儿童对于适应的各方面需求。另一方面，学校本身存在时间安排的问题。一般来说，义务教育阶段的城市学校不提供食宿，农村流动儿童与其他学生一样每天上下学，在校时间都有周密的安排，除了日常的教学活动外，学校没有更多的时间来顾及农村流动儿童在生活、学习及文化等方面的适应问题。

第三，家庭关爱的服务模式无力满足农村流动儿童各方面的适应需求。农村流动儿童有大量校外闲暇时间，便于家庭来满足他们的适应需求，家庭对于孩子的适应需求也能提供亲情式的关爱服务，但农村流动儿童仍存在着适应问题，主要原因是农村流动儿童的家长无力去满足他们的适应需求。一方面，到城市务工的农民本身就存在着各种适应问题，他们连自己的适应需求都无法满足，何况孩子的适应需求呢？务工农民实际上没有能力去满足其子女在各方面的适应需求。另一方面，由于外出务工农民的文化水平普遍不高，他们确实没有能力来解决随迁子女在学习、心理和文化等方面的适应问题，因为这些问题的解决还需要一定的专业知识和专业技能，特别是心理适应问题的解决需要求助于经过专门训练的专业人士。对于家庭关爱的服务模式来说，更多的是从生活方面来满足农村流动儿童的生活适应需求，解决他们在城市生活中的适应问题。

农村流动儿童也与城市当地儿童一样，生活在城市的各个社区中。社区服务模式可以充分发挥其空间优势，利用空间的便利来满足农村流动儿童的适应需求；社区服务模式可以充分发挥其时间优势，利用农村流动儿童的闲暇时间来满足他们的适应需求；社区服务模式可以充分发挥其人才优势，通过居民的专业化和志愿者服务来满足农村流动儿童的适应需求。社区服务模式可以充分发挥社区在解决农村流动儿童适应问题中的空间、时间和人才等方面的优势，克服已有模式无法满足、无暇顾及和无力满足农村流动儿童各种适应需求的问题。作为接纳农民工及其子女的城市社区来说，具有满足农村流动儿童各种适应需求的责任与义务。那么，我们应如何来构建农村流动儿童的社区服务模式呢？我们有必要在农村流动儿童较集中的社区成立社区服务中心，利用好社区的资源，专门为农村流动儿童的城市适应提供相应的服务。

一是社区要成为农村流动儿童生活适应的港湾。农村流动儿童与其他当地儿童一样，分散生活在城市的各个社区中。社区的生活就是城市的生活，适应了社区的生活就是适应了城市的生活。因此，社区要充分利用好农村流动儿童的校外时间，把农村流动儿童的生活融入社区生活中，逐渐适应城市生活。通过开设讲座的形式来介绍城市的生活方式和行为习惯，使农村流动儿童了解城市生活的常识与规则；在社区的安排下，通过结对子的方式，让农村流动儿童进入社区的居民家中，切实了解与亲身体会城市居民的生活状况，有意识地培养农村流动儿童的城市生活习惯。因此，社区可以充分利用自身的空间优势，从知识、行为和习惯等方面来逐渐培养农村流动儿童的生活适应能力，使社区成为农村流动儿童城市生活适应的港湾。

二是社区要成为农村流动儿童学习适应的加油站。社区居民的文化水平普遍都比较高，而且具有各方面的专业人才，社区服务中心本身也能够提供相应的场地，再加上农村流动儿童有大量校外时间，因此，对于农村流动儿童的学习适应能够提供所需要的帮助与服务。社区服务中心可以通过讲座、个别辅导、小组学习、相互讨论、一对一帮扶等方式来提供学习适应的服务，对农村流动儿童进行各科学习内容的辅导，解决他们在学习中的实际问题；对学习方法进行指导，改进学习方法，找到适合于自己的学习方法，提高学习成绩；根据农村流动儿童自己的需要进行个别辅导，在学习上进行兴趣引导。因此，社区要成为农村流动儿童学习适应的加油站，在学习内容、学习方法、学习进度、学习风格等方面提供服务，满足他们对于学习适应的需求。

三是社区要成为农村流动儿童心理适应的辅导室。农民工子女从农村来到城市，空间的变迁必然会带来心理适应的问题，这需要心理学方面的专业人士来予以帮助。社区可以聘请具有心理学背景的居民作为志愿者，解决农村流动儿童的心理适应问题，满足他们的心理适应需求，把社区变成农村流动儿童心理适应的辅导室。通过讲座的形式来介绍心理健康知识，增进农村流动儿童的心理常识，使他们拥有积极的心态；通过心理咨询的形式，心理学方面的志愿者为农村流动儿童解疑答惑，缓解他们的心理困惑，减轻他们的心理压力；对存在不同心理障碍的农村流动儿童，具有心理学背景的居民与其建立"一对一"的帮扶关系，在课余时间对其进行心理辅导，矫正他们的心理行为。

四是社区要成为农村流动儿童文化适应的场所。对于从农村来到城市的儿童来说，他们身上带着在农村环境中所形成的乡村文化，这些乡村文化潜移默化地影响着农村流动儿童的行为习惯和价值观。因此农村儿童来到城市，他们身上所带来的乡村文化必然会与城市文化产生碰撞，在碰撞中产生文化适应问题。社区是城市各个居民区的文化中心，蕴藏着丰富的城市文化资源，充分利用这些城市文化资源，能够为农村流动儿童的文化适应提供相应的服务。社区的图书资料要向农村流动儿童开放，为他们的校外时间及节假日提供可以阅读的书籍，丰富他们的课余文化生活；社区的体育娱乐设施要向农村流动儿童开放，并配备教练，为他们提供专业的训练，使他们融入丰富的城市文化生活中；发挥社区离退休老人的特长，为农村流动儿童组织书画、棋琴、舞蹈等兴趣小组，发展他们的兴趣爱好，使他们热爱城市生活；定期组织农村流动儿童到工厂、企业、图书馆、博物馆、纪念馆等场所，使他们真实地了解城市的生产和文化活动。

第五节　农村流动儿童关爱服务体系的校本课程化

我们应如何来为农村流动儿童提供关爱服务？使对于流动儿童的关爱服务具体落到实处？关键是要发挥学校在关爱服务体系中的重要作用。在第八章中提到留守儿童关爱体系中存在"散乱空"的问题，同样在流动儿童关心体系中也存在类似的问题。解决这些问题的有效路径是把流动儿童关心体系进行校本课程化，通过校本课程的形式把对流动儿童的关爱服务落到实处，切实满足他们的实际需要。

目前农村流动儿童的最大问题是适应问题，他们的最大需求是适应需求，因此满足农村流动儿童的适应需求是城市学校责无旁贷的义务。针对流动儿童在城市适应、学习适应、心理适应和文化适应等方面的问题与需求，充分利用城市学校本身的资源优势，充分发挥学校教师的主导作用，充分整合学校及社区的教育资源，以满足农村流动儿童的适应需求为主线，开发并实施以适应为主题的校本课程，关爱服务于农村流动儿童身心的全面发展。

一　开发并实施流动儿童城市适应的校本课程

流动儿童随父母来到城市之前，在相当长一段时间内是在农村生活的，来到城市的农村儿童相对来说年龄较大些，他们在农村的生活环境中形成了饮食起居等方面的生活习惯。农村儿童来到城市之后，面对的是不同的城市生活环境。我们知道，农村环境是农业社会在长期的生产生活中所创造并形成的环境，农村生活习惯是其衍生物。城市是工业社会的产生，在工业文明的影响下形成了城市生活，并形成了城市生活习惯来对人们的生活及行为产生影响。来到城市后，农村儿童原来所形成的生活习惯必然会与城市生活习惯产生冲突，使他们在生活上不适应，产生生活不适应的问题，他们也有对于生活适应的需求，因此学校及教师要针对他们的生活适应问题、生活适应需求及年龄特点，结合学校及社区的相关资源，开发并实施农村流动儿童城市适应的校本课程。

通过课堂教学和班会活动等形式，对流动儿童进行城市适应的认知教育，介绍城市的生活习惯、行为习惯和制度规范，增强他们对于城市生活的基本认识；通过组织参观等形式，对流动儿童进行城市适应的体验教育，学校组织流动儿童到社区、家庭及机关中去感受与体验城市生活，使他们对于城市生活及行为具有感性的认识；要在一个环境中得到生存与发展，必然要适应环境，养成与其相适应的生活习惯，因此学校要通过班校活动来养成流动儿童的城市生活习惯，为流动儿童在城市适应的意识形成、行为督促、习惯养成等方面提供帮助。

二　开发并实施流动儿童学习适应的校本课程

有学者指出，"农民工随迁子女在学习自信心、学习动机、学习态度、学习习惯、学习兴趣和学习方法等方面存在学习问题。"[1] 主要原因是农村流动儿童在城市学校存在学习适应问题。农村儿童在流动之前在农村学校接受过一段时期的教育，然后跟随务工的父母亲来到城市，在城市学校就读，特别是在城市公办学校就读，由于在教学进度、教学节奏、教学内容以及教学风格等方面，农村学校与城市学校存在极大的差异，因此农村流动儿童存在一个学习适应的过程。学习适应问题解决得好，在学习上能够较顺利地过渡，促进他们的学习进步；如果这个问题解决得不好，流动儿童反而会在学习上退步，甚至会产生放弃学习的想法。针对农村流动儿童的学习适应问题、学习适应需求及学习规律，开发出相应的校本课程，实施农村流动儿童学习适应的校本课程。

一是学习方法的改进教育。在城市学校，要跟进教师的教学节奏，在学习方法上要与教师的教学相一致，否则就无法跟上教师的教学节奏。要与流动儿童座谈，找到他们在学习方法上存在的问题，对流动儿童进行学习方法的个别指导，借鉴他人的学习方法，对流动儿童的学习方法提出改进措施，找到合适的学习方法。二是学习内容的辅导教育。通过个别指导、重点关注和课余辅导等形式，对于流动儿童在各科学习中的问题，学习内容中的难点与困境进行专门的辅导，扫除他们在学习中的障碍，提高他们的学习兴趣。三是学习习惯的养成教育。学习进步的关键是要养成良好的学习习惯。流动儿童在农村学校所形成的学习习惯不适应于城市的教学状况，因此要根据城市学

---

[1]　何光辉：《流动人口子女学习存在的问题及教育干预》，《教育科学研究》2002年第11期。

校的教学过程，有意识地对流动儿童进行学习习惯的养成教育，在整个教学过程和各个教学环节中都能有效对接，养成良好的学习习惯。流动儿童只有养成了与城市学校教学相一致的学习习惯，才能切实解决学习适应问题，促进他们的学习进步。

三　开发并实施流动儿童心理适应的校本课程

有学者指出，"农民工随迁子女存在着孤独、焦虑、自卑、封闭等心理问题。"[1] 人的心理状况是与其生活的环境相一致的，从农村来到城市的儿童，由于环境的变迁，对于他们的心理也会造成较大的影响，他们的心理也有一个适应的过程。如果流动儿童在城市的心理适应问题解决得不好，则会对流动儿童带来系列心理问题，从而影响到他们的身心发展，因此学校要整合本身及社区的资源，来开发相应的校本课程，为农村流动儿童提供心理关爱服务，着力解决他们的心理适应问题。

通过课堂教学、讲座等形式，进行心理适应的认知教育，了解心理适应的基本知识，掌握心理适应的基本常识，对于心理适应有一个较为全面的认识；通过志愿者行动和心理帮扶计划，进行心理适应的辅导教育，通过学校的心理咨询教师和有心理学背景的志愿者来对流动儿童进行心理辅导，减轻他们在城市的心理适应压力，缓解他们在心理适应中的困惑，培养他们在心理适应中的积极心态。进行心理适应的引导教育。班级及学校通过举办各种活动来使流动儿童融入班级中、学校中、集体中和城市中，在具体的实践活动中引导流动儿童的心理适应，养成心理适应的恰当行为，在行为中表现出积极向上的心态。

四　开发并实施流动儿童文化适应的校本课程

有学者指出，"农民工随迁子女存在着自尊、生活满意度、行为

---

[1]　胡进：《流动人口子女心理健康存在的问题及教育干预》，《教育科学研究》2002年第 11 期。

习惯和人际交往等城市适应问题。"① 产生流动儿童的这些城市适应问题的深层次原因是他们在文化方面存在适应问题。英国社会人类学家布朗认为，"文化是一定社会群体或社会阶级与他人接触交往中习得的思想、感觉和活动的方式。"② 农村儿童在流动之前是生活在乡村中的，受乡村文化的影响。乡村文化是建立在血缘关系基础上的，是与农耕社会相适应的生存与发展方式。农村儿童来到城市之后，他们身上的乡村文化面临着城市文化的挑战。城市文化是随着工业的发展和城市的出现而形成的文化，是与工业社会相适应的生存与发展方式。乡村文化与城市文化间存在着差异性，因此流动儿童面临着文化适应的问题。学校要充分利用自身及社区的文化优势，开发出相应的校本课程，实施农村流动儿童文化适应的校本课程。

一是课堂教学的文化引导教育。教师在课堂教学中有意识地对农村流动儿童进行文化引导，引导他们了解城市文化的内涵、结构和特色，使他们认识城市文化的价值观、精神追求、制度规范和日常行为习惯等，从而使他们适应城市文化。通过个性化教学，使注重个性发展的城市文化元素渗透到农村流动儿童身上；通过参与式教学，让农村流动儿童感受到积极参与和努力进取的城市文化精神。二是校园环境的文化熏陶教育。学校本身就蕴含着城市文化，校园环境在不同的层面和维度上表现着城市文化，因此校园环境的建设要突出城市文化的特色，时时体现城市文化的精神风貌，处处彰显城市文化的价值规范，使农村流动儿童身处校园就能感受到城市文化，在校园环境中潜移默化地受到城市文化的熏陶。三是校园活动的文化推动教育。学校与班级有组织有计划地开展校园文化活动，让农村流动儿童参与到校园文化活动中来，在各种活动中展示出城市文化的优点与特色，使城市文化得到农村流动儿童的认可、接纳和尊重，从而在各种文化活动中克服他们的文化适应问题。

---

① 范兴华、方晓义：《流动儿童、留守儿童与一般儿童社会适应比较》，《北京师范大学学报》2009 年第 5 期。

② 《中国大百科全书（社会学卷）》，中国大百科全书出版社 1991 年版，第 409 页。

第十章

农村留守与流动儿童关爱服务体系建设的比较

留守与流动儿童关爱服务体系建设的比较，并不只是要指出两者的共同性和差异性，主要目的在于不断完善留守与流动儿童关爱服务体系，服务于留守与流动儿童的身心发展。

第一节 关爱服务体系建设的共同点

留守与流动儿童并不是固定不变的，今天是留守儿童，明天可能是流动儿童；今天是流动儿童，明天可能是留守儿童，因此对于留守与流动儿童关爱服务体系的建设，有必要关注它们之间的共同性。

一 目标上的共同性

农村留守与流动儿童关爱服务体系在目标上具有共同性。无论是对于留守儿童而言，还是对于流动儿童而言，作为农民工子女，与非留守儿童及城市当地儿童相比，他们都是弱势群体，因此，无论是留守儿童的关爱服务体系，还是流动儿童的关爱服务体系，两者在目标上具有一致性，都是致力于农民工子女的健康成长，为农民工子女的健康成长提供全方位的关爱服务，尽量满足他们处于留守或流动状态下的特殊需求，把留守与流动儿童作为特殊群体来对待，而不是把他们当作问题儿童。

二 内容上的共同点

农村留守与流动儿童关爱服务体系在内容上具有共同点。根据我们调查的数据与访谈的资料可以看出，留守与流动儿童在关爱服务的内容上具有共同点，主要表现在学习和沟通交流这两个方面。一方面，留守与流动儿童对于学习的关爱服务都提出了共同的要求，而且这个共同的要求是留守与流动儿童表现出来的最大需求。无论是留守儿童，还是流动儿童，在学习上的表现都是他们的弱项，而且学习上的不理想状况已成为影响他们健康成长的主要因素。如何在学习态度的端正、学习成绩的提高、学习方法的指导、学习内容的辅导等方面提供相应的关爱服务，对于留守与流动儿童而言，是共同面对的话题，也是留守与流动儿童关爱服务的主要内容。另一方面，在沟通交流方面，也是留守与流动儿童最为需要的关爱服务。对于留守儿童而言，由于父母亲外出务工，在情感方面需要沟通交流，那是很自然的事情，而且这种沟通交流随着留守儿童年龄的增长愈发强烈；对于流动儿童而言，虽然与父母亲生活在一起，但在城市务工的农民，由于整日早出晚归忙于生计，流动儿童与父母亲沟通交流的时间其实并不多，在情感方面也存在着较大的隔阂，也需要沟通交流来填补。因此，我们可以看出，无论是留守儿童，还是流动儿童，他们都是孤独的，都需要与父母亲进行交流沟通，都需要父母亲花费一定的时间与精力在沟通交流方面提供关爱服务，满足留守与流动儿童的情感需要。

三　途径上的共通性

农村留守与流动儿童关爱服务体系在途径上具有共通性。从留守儿童关爱服务体系和流动儿童关爱服务体系的途径上，我们可以看出，这两个关爱服务体系在途径上都不是单一的模式，致力于建构一种多元化的关爱服务途径，因此留守与流动儿童关爱服务的途径具有共通性。确实，无论是对于农村留守儿童而言，还是对于农村流动儿童而言，单一的关爱服务途径都是行不通的，需要发挥政府部门、学校、社会及家庭等方面的力量，通过政府部门、学校、社会及家庭等多种途径，才能充分调动各方面的资源，才能发挥出关爱服务的合力，服务于留守与流动儿童的健康成长。留守与流动儿童关爱服务途径的多元化，既说明关爱服务涉及留守与流动儿童的方方面面，也说明对于留守与流动儿童的关爱服务是一项复杂而又长期的工作。同时我们也可以看出，留守与流动儿童关爱服务的途径虽然具有共通性，但也存在差异性，即两者的侧重点是不同的，这与留守和流动儿童存在的主要问题不同是相关联的。

第二节　关爱服务体系建设的差异性

留守与流动儿童关爱服务体系的差异性主要表现在主要问题、主阵地和机制等方面。

一　主要问题的差异性

农村留守与流动儿童关爱服务体系解决的主要问题具有差异性。留守儿童关爱服务体系所要解决的主要问题是留守儿童的情感问题，农民外出务工，导致其与孩子间亲情的割裂，由此造成留守儿童的情感缺失和亲情依赖，留守儿童关爱服务体系就是要从关爱的视角，从各方面为留守儿童提供情感的关爱与服务，弥补留守儿童在情感方面的缺失。可以这样说，留守儿童的情感缺失与亲情依赖是留守儿童所有问题的根源，当然也是关爱服务体系所要解决的最大问题。流动儿童关爱服务体系所要解决的主要问题是流动儿童的适应问题，流动儿童跟随父母亲从农村来到城市，由于环境的变化，这些流动儿童原来在农村所形成的学习方法、生活习惯、行为模式和文化修养都不同于城市，城市本身在这些方面有其自身的特点，这是在长期的城市文化积淀下的产物。因此，农村流动儿童对于城市生活、学习、心理和文化等方面的适应是他们面临的最大挑战，流动儿童的关爱服务体系就是要解决这个主要问题。留守儿童关爱服务体系和流动儿童关爱服务体系所要解决的主要问题具有差异性，这是由于留守儿童与流动儿童所处的环境不同造成的，这两个关爱服务体系所关注的主要问题是不同的，有助于关爱服务体系解决实际问题，满足留守与流动儿童的最大需求。

二　主阵地的差异性

农村留守与流动儿童关爱服务体系的主阵地具有差异性。综合起来看，留守儿童关爱服务体系的主阵地是学校，流动儿童关爱服务体系的主阵地是社区，因此两者在主阵地方面存在差异性。为什么要把留守儿童关爱服务的主阵地放在学校呢？因为在农村地区，学校是农村的教育与文化中心，是各种教育资源的聚散地，它能有效地整合各种教育资源来关爱服务于留守儿童的发展，从而更好地服务于留守儿童的成长，因此要充分发挥学校在关爱服务农村留守儿童方面的主阵地作用，充分调动农村学校及教师在关爱服务留守儿童方面的能动性。为什么要把流动儿童关爱服务的主阵地放在社区而不是放在城市的学校里呢？因为农民工及其子女像城市的居民一样，是生活在各个社区之中的，社区担负着城市的文化、娱乐等服务功能，并且各个社区里居住着方方面面的专业人才，只要组织得好，社区能充分发挥出社区专业人士关爱服务流动儿童的作用，并通过组织各种活动来解决流动儿童面临的城市适应这个最大的问题。留守与流动儿童关爱服务体系的主阵地存在着差异性，这与农村和城市的文化中心不同有着密切的关系，发挥出两个主阵地各自的独特优势，才能有效满足留守与流动儿童的发展需要，才能更好地关爱服务留守与流动儿童。

三　机制上的差异性

农村留守与流动儿童关爱服务体系的机制存在着差异性。留守儿童关爱服务体系目前主要是一种纵向联系的机制，这种纵向机制是以政府部门为主导，通过层层推进的形式来整合各种资源关爱服务于留守儿童。因为在农村地区，只有通过政府部门的强力推动，才能对留守儿童的关爱服务取得实效，这也是关爱服务体系纵向联系机制的优点。但这种机制也存在缺点，即这种自上而下的机制在运作过程中往往容易忽视留守儿童的实际需求。流动儿童关爱服务体系目前主要是一种横向联系的机制，这种横向联系机制是以社区为主导的，通过社区来整合各种资源关爱服务流动儿童对城市各方面的适应，针对流动儿童的实际需求来提供相应的关爱服务，这是关爱服务体系横向联系机制的优点，但这种机制也存在缺点，即这种机制的推进效率并不是很高，因为它需要对各个部门进行协调。

第三节　关爱服务体系建设的一体化

关爱服务体系建设的比较，不仅是要指出两者的共同点和差异性，而且要进行一体化建设，打通两者间的关节。留守儿童关爱服务体系和流动儿童关爱服务体系具有不同的关注对象和关注范畴，因此留守与流动儿童的关爱服务体系需要进行一体化建设，使两个体系可以相互连接、互相对接，全覆盖全过程地促进留守与流动儿童的发展。

一　构建全覆盖的体系目标

农村留守与流动儿童关爱服务体系的一体化建设，首先要构建全覆盖的体系目标。关爱服务体系不仅要反映农村留守儿童的真实需求和解决他们的实际问题，而且要反映农村流动儿童的真实需求和解决他们的实际问题，既要覆盖到留守儿童，也要覆盖到流动儿童，是对农民工子女在学习、生活、情感、心理、品格、安全卫生、沟通交流等方面的全部覆盖，对留守与流动儿童提供全方位的关爱服务，不能使农民工子女某个方面的需求受到忽视，因为任何一方面的实际需求没有得到充分满足，都会对他们的成长造成实际影响。而且留守儿童与流动儿童之间的角色是会相互转化的，建立全覆盖的留守与流动儿童关爱服务体系，才能对留守与流动儿童提供全方位的关爱服务，促进留守与流动儿童的全面发展。

二　建立全过程的体系内容

农村留守与流动儿童关爱服务体系的一体化建设，要在建立全过程的体系内容上下功夫。目前的留守与流动儿童关爱服务体系主要关注农民工子女的各个方面，但在关爱服务留守与流动儿童的全过程方面是薄弱点。不仅要关爱义务教育阶段留守与流动儿童的学习、生活与心理状况，同时要向两端延伸，还要为学前阶段的留守与流动儿童提供学习及生活等方面的关爱服务，但对于学前阶段的关爱服务往往受到忽视，其实这个数量庞大的群体更应该受到关注，特别是对他们在生活、安全及卫生等方面的关爱服务。对于进入义务教育阶段的留守与流动儿童来说，要在公平而有质量的教育方面提供关爱服务。对留守儿童而言，要在教育质量方面提供关爱服务，提高留守儿童的教育质量；对农村流动儿童来说，要在教育公平方面提供更多的关爱服务，尽量满足流动儿童在城市公办学校就读的需求，不断提高农村流动儿童在城市公办学校就读的比例。对于后义务教育阶段的留守与流动儿童来说，要提供更多的高中教育机会，不仅要向农村流动儿童全面开放中职中专教育，而且要向农村流动儿童尽量放开普通高中教育，与城市当地学生一样，流动儿童同样能够享受到公平而有质量的高中教育。总而言之，对留守与流动儿童要从学前教育到高中教育提供全过程的教育机会，为留守与流动儿童能在整个教育阶段享受到公平而有质量的教育提供关爱服务。

三　确立城乡联动的体系机制

农村留守与流动儿童关爱服务体系的一体化建设，关键是要确立城乡联动的体系机制。对于农村非留守儿童而言，既有可能成为留守儿童，也有可能成为流动儿童；对于农村留守儿童而言，也有可能成为流动儿童；对于农村流动儿童而言，也有可能成为农村留守儿童，因此要统筹考虑留守与流动儿童的关爱服务体系，建立一种城乡联动的关爱服务体系机制，使留守与流动儿童在城乡之间可以自由地相互流动，为他们在城乡之间流动提供相应的关爱服务。这种城乡联动机制要覆盖到全国的范围内，城乡之间、城市与城市之间的关爱服务是相通的，是可以对接的，能够提供一体化的关爱服务。要加大对异地高考的改革力度，保障农民工子女的受教育权，保障农民工子女有选择高考地点的自由与权利，农民工子女可以根据自己的实际需要，既可以选择在农村户籍所在地参加高考，也可以选择在父母亲务工的城市参加高考。建立城乡联动的留守与流动儿童关爱服务体系，就是要在城乡之间建立起一体化的关爱服务机制，克服城乡之间的地域差异，提供公平而有质量的关爱服务，不分空间和区域地为留守与流动儿童营造关爱服务的环境。

附录 1

留守儿童问卷调查表

亲爱的同学，你好！本问卷是想了解你在学习生活中的有关情况，请认真填写。谢谢！请你在相应的选项打"√"。

1. 你是在（　）年级。

A. 4　B. 5　C. 6　D. 初一　E. 初二

2. 你今年是（　）岁。

A. 9　B. 10　C. 11　D. 12　E. 13　F. 14　G. 15

3. 你是（　）。

A. 男　B. 女

4. 你是和（　）住在一起。

A. 父亲　B. 母亲　C. 爷爷奶奶　D. 外公外婆　E. 亲戚

5. 你还有（　）个兄弟姐妹留守在家里。

A. 1　B. 2　C. 3　D. 4

6. 你觉得你的学习成绩在班上是处于（　）。

A. 上游　B. 中游　C. 下游　D. 最后

7. 你觉得（　）科目学得不好。

A. 语文　B. 数学　C. 英语　D. 物理

8. 你觉得学习成绩不好的原因是（　）。

A. 上课听不懂　B. 没有家长的辅导　C. 没有家长的监督

D. 基础不好

9. 父（母）亲或父母亲不在家，对你的学习成绩的影响是（　）。

A. 很大　B. 较大　C. 一般　D. 不大

10. 你对在外务工的父（母）亲或父母亲的思念是（　）。

A. 很强烈　B. 较强烈　C. 一般　D. 不强烈

11. 你的父（母）亲或父母亲每（　）回来一次。

A. 两年　B. 一年　C. 半年　D. 三个月

12. 你的父（母）亲或父母亲在（　）务工。

A. 省外　B. 省城　C. 市里　D. 县城

13. 你的父（母）亲或父母亲主要是通过（　）与你联系。

A. 电话　B. 信件　C. QQ

14. 你的父（母）亲或父母亲每（　）和你联系一次。

A. 月　B. 星期　C. 三天　D. 天

15. 你的父（母）亲或父母亲在与你联系时，主要是谈（　）。

A. 学习　B. 生活　C. 安全　D. 身体

16. 你在学校遇到的最大困难是（　）。

A. 受别人歧视　B. 学习成绩不好　C. 家长不能来学校开家长会

D. 别人不和我玩

17. 你在家里遇到的最大困难是（　）。

A. 缺乏生活照顾　B. 缺乏学习辅导　C. 缺乏交流

D. 缺乏关心

18. 你在学校里最需要的是（　）。

A. 学习辅导　B. 人格尊重　C. 心理的关爱　D. 生活照顾

19. 你在家里最需要的是（　）。

A. 父母亲的关心　B. 家长对学习的辅导　C. 生活上的照顾

D. 与亲人的交流与沟通

20. 你最希望在外务工的父（母）亲或父母亲做（　）。

A. 多与我联系　B. 多关心我　C. 多回家　D. 多与老师联系

E. 多与我交流沟通

21. 你最希望你的老师做的事情是（　）。

A. 多辅导你　B. 多家访　C. 多与你交流　D. 对你和气些

22. 你最希望你的同学做的事情是（　）。

A. 与你一起玩　B. 与你一起学习　C. 多帮助你

D. 多与你交流

23. 你最希望你所在村庄为你做的事情是（　　）。

A. 能提供娱乐的场所　　　　B. 能提供图书看

C. 能举行一些文体活动

附录 2

留守儿童监护人问卷调查表

尊敬的监护人，您好！本问卷是想了解留守儿童的有关情况，敬请认真填写。谢谢！请您在相应的选项打"√"。

1. 您是留守学生的（   ）。

A. 父亲   B. 母亲   C. 爷爷奶奶   D. 外公外婆   E. 亲戚

2. 您有（   ）个孩子留守在身边。

A. 1   B. 2   C. 3   D. 4

3. 与您一起留守的孩子在读（   ）年级、（   ）年级和（   ）年级。

A. 4   B. 5   C. 6   D. 初一   E. 初二

4. 您平时对孩子的学习辅导（   ）。

A. 很多   B. 比较多   C. 不多   D. 没有

5. 您如果对孩子没有辅导，主要原因是（   ）。

A. 没有时间   B. 自己不懂   C. 学习是学校的事情

D. 学习是孩子自己的事情

6. 您在家里主要是关心孩子的（   ）。

A. 吃穿   B. 生活   C. 学习   D. 品格

7. 您觉得留守在家里的孩子存在的最大问题是（   ）。

A. 不听话   B. 品德不好   C. 习惯不好   D. 安全不好

8. 出现上述问题的主要原因是（   ）。

A. 父亲或母亲不在家   B. 父母亲都不在家   C. 管不住

D. 有较强的叛逆心理

9. 在外务工的父（母）亲或父母亲（   ）与孩子联系一次。

A. 每半年   B. 每两个月   C. 每个月   D. 每个星期

10. 在外务工的父（母）亲或父母亲联系时主要谈论孩子的（　）。

A. 学习　B. 生活　C. 身体　D. 安全　E. 品行

11. 您最希望学校为留守孩子做的事情是（　）。

A. 辅导学习　B. 经常家访　C. 关爱心理　D. 做思想工作

12. 您觉得留守儿童对于学校来说，最需要的事情是（　）。

A. 做好心理疏导工作　B. 帮助提高成绩　C. 做好安全工作

D. 多做思想工作

13. 您最希望本村庄为留守儿童做的事情是（　）。

A. 提供活动场所　　　　B. 在生活中有些照顾

C. 帮助做些思想工作

14. 您最希望在外务工的父（母）或父母亲为留守儿童做的事情是（　）。

A. 经常打电话给孩子　B. 尽可能多地回家　C. 经常与学校联系

D. 要多与孩子谈心

15. 您觉得留守儿童对于在外务工的父（母）亲或父母亲最需要的是（　）。

A. 学习上的关心　B. 生活上的关心　C. 品格上的关心

D. 心理上的关心

16. 您觉得政府部门对于留守儿童最应该做的事情是（　）。

A. 采取措施保证留守儿童的安全

B. 采取措施保证留守儿童的心理健康

C. 采取措施为留守儿童提供食宿

教师（班主任）问卷调查表

尊敬的老师，您好！本问卷是想了解留守儿童的有关情况，敬请认真填写。谢谢！请您在相应的选项打"√"，或在相关的地方填写内容。

1. 您所任教的科目是（　　　　），所任教的年级是（　　　　）。

2. 您班上有（　　　　）个学生，其中留守儿童（　　　　）个，留守儿童中有（　　　）个男生。

3. 您所任教的科目中，留守儿童的学习成绩大概是处于（　　）。

A. 上游　　B. 中游　　C. 下游　　D. 最后

4. 您所任教的科目中，留守男童的学习成绩要（　　）留守女童。

A. 好于　　B. 等同于　　C. 差于

5. 与非留守儿童相比，您认为留守儿童的课堂表现主要是（　　）。

A. 不提问　　B. 不回答问题　　C. 不参与课堂活动　　D. 不想学习

6. 您认为留守儿童在学习中存在的最大问题是（　　）。

A. 学习习惯不好　　B. 注意力不集中　　C. 基础不好

D. 听不懂课

7. 您认为在学习上能为留守儿童提供的帮助是（　　）。

A. 多辅导　　B. 个性化指导　　C. 多提问　　D. 多关心

8. 与非留守儿童相比，您认为班上的留守儿童在道德品行方面有何差别？

（　　　　　　　　　　　　　　　　　　　　　　　　　）

9. 您认为班上的留守儿童主要存在哪些问题？

（　　　　　　　　　　　　　　　　　　　　　　　　　）

10. 您认为留守儿童问题的主要原因有哪些？

（　　　　　　　　　　　　　　　　　　　　　　）

11. 从您作为一个教师的角度来说，留守儿童在教育方面最需要的是什么？

（　　　　　　　　　　　　　　　　　　　　　　）

12. 作为一个教师来说，您认为能为留守儿童做些什么事情？

（　　　　　　　　　　　　　　　　　　　　　　）

附录 4

校长问卷调查表

尊敬的校长，您好！本问卷是想了解留守儿童的有关情况，敬请认真填写。谢谢！请您在相应的选项打"√"，或在括号内填写相应的内容。

1. 您校有（   ）个学生，其中留守儿童有（   ）个，留守儿童中男生有（   ）个。

2. 与非留守儿童相比，留守儿童的学习成绩大体上是（   ）。

A. 较好   B. 较差   C. 相差不大

3. 与留守男童相比，留守女童的学习成绩大体上是（   ）。

A. 较好   B. 较差   C. 相差不大

4. 您认为留守儿童在学习上的主要问题有哪些？

（   ）

5. 您认为留守儿童在学校中存在的主要问题有哪些？

（   ）

6. 您认为留守儿童在道德品格上存在哪些问题？

（   ）

7. 您认为留守儿童存在问题的主要原因有哪些？

（   ）

8. 从校长这个角度来说，您认为留守儿童最需要什么？

（   ）

9. 您校已经为留守儿童做过哪些事情？

（   ）（可以提供纸版的材料）

10. 您认为，学校还能为留守儿童做哪些事情？

（   ）

11. 您对改善留守儿童的教育现状有何建议？

（　　　　　　　　　　　　　　　　　　　　　　　　　　　　）

12. 您对建立留守儿童的关爱服务体系有何想法？

（　　　　　　　　　　　　　　　　　　　　　　　　　　　　）

流动儿童问卷调查表

亲爱的同学，你好！本问卷想了解你的一些情况，请你认真填写。谢谢！请你在相应的选项打"√"。

1. 你是在（ ）年级。

A. 4　B. 5　C. 6　D. 初一　E. 初二

2. 你今年是（ ）岁。

A. 9　B. 10　C. 11　D. 12　E. 13　F. 14　G. 15

3. 你是（ ）。

A. 男　B. 女

4. 你是在（ ）学校读书。

A. 公办　B. 民办

5. 你家里还有（ ）个兄弟姐妹与你一起在城市就读。

A. 0　B. 1　C. 2　D. 3

6. 你觉得你的学习成绩是处于（ ）。

A. 上游　B. 中游　C. 下游　D. 最后

7. 你觉得（ ）科目学得不好。

A. 语文　B. 数学　C. 英语　D. 物理

8. 你觉得学习成绩不好的原因是（ ）。

A. 上课听不懂　B. 没有家长的辅导　C. 不适应老师的上课方式

D. 基础不好

9. 来到城市后，你在学习上的最大不适应是（ ）。

A. 老师上课速度太快　　B. 布置的作业太多

C. 老师的上课方式不一样　D. 听不懂老师上课

10. 来到城市后，你在生活上的最大不适应是（ ）。

A. 别人听不懂我说话　B. 城市的生活方式　C. 城市的行为方式

D. 城市的饮食习惯

11. 来到城市后，你与城市师生关系的最大不适应是（　　）。

A. 别人不理我　B. 别人歧视　C. 城市学生的冷落

D. 别人不愿与我交朋友

12. 你主要是和（　）一起玩。

A. 自己　B. 家里的兄弟姐妹　C. 其他流动儿童

D. 城里的学生

13. 在课堂上，老师对你是（　）。

A. 经常提问　B. 有时提问　C. 偶尔提问　D. 从不提问

14. 在学习上遇到困难时，（　）会帮助你。

A. 老师　B. 城里的学生　C. 其他流动儿童　D. 父母亲

E. 没有人

15. 放学在家时，你的父母主要是和你谈（　）。

A. 学习　B. 生活　C. 品格　D. 身体

16. 你在学校遇到的最大困难是（　）。

A. 受别人歧视　B. 学习成绩不好　C. 家长不能来学校开家长会

D. 别人不和我玩

17. 你在家里遇到的最大困难是（　）。

A. 缺乏生活照顾　B. 缺乏学习辅导　C. 缺乏交流

D. 缺乏关心

18. 你在学校里最需要的是（　）。

A. 学习辅导　B. 人格尊重　C. 心理关心　D. 生活照顾

19. 你最希望父母亲为你做的事情是（　）。

A. 经常与老师联系　B. 经常辅导你的学习　C. 照顾好你的生活

D. 多与你交流与沟通

20. 你在城市里，最希望得到的是（　）。

A. 能在公办学校读书　B. 能提高学习成绩　C. 能有更多的朋友

D. 老师与同学都能尊重我　E. 能与城市里的学生一样快乐地学

习和生活

21. 你最希望你的老师做的事情是（　　）。

A. 多辅导你　B. 多家访　C. 多与你交流　D. 对你和气些

22. 你最希望你的同学做的事情是（　　）。

A. 与你一起玩　B. 与你一起学习　C. 多帮助你

D. 多与你交流

23. 你最希望你所在社区做的事情是（　　）。

A. 能提供娱乐的场所　　　B. 能提供图书看

C. 能举行一些文体活动　　D. 多提供一些咨询服务

附录 6

流动儿童监护人问卷调查表

尊敬的监护人,您好!本问卷是想了解流动儿童的有关情况,敬请您的支持。谢谢!请您在相应的选项打"√"。

1. 您是流动学生的( )。

A. 父亲 B. 母亲 C. 爷爷奶奶 D. 外公外婆 E. 亲戚

2. 您有( )个孩子和您一起在城市生活。

A. 1 B. 2 C. 3 D. 4

3. 您的孩子中有( )个在公办学校读书,有( )个在民办学校读书。

A. 0 B. 1 C. 2 D. 3

4. 与您一起在城市的孩子在读( )年级、( )年级和( )年级。

A. 4 B. 5 C. 6 D. 初一 E. 初二

5. 您的孩子在学校的学习成绩是( )。

A. 很好 B. 较好 C. 一般 D. 较差

6. 您平时对孩子的学习辅导( )。

A. 很多 B. 比较多 C. 不多 D. 没有

7. 您如果对孩子没有辅导,主要原因是( )。

A. 没有时间 B. 自己不懂 C. 学习是学校的事情

D. 学习是孩子自己的事情

8. 您在家里主要是关心孩子的( )。

A. 吃穿 B. 生活 C. 学习 D. 品格

9. 您觉得孩子目前存在的最大问题是( )。

A. 跟不上老师上课的进度 B. 听不懂老师上课

C. 学习习惯不好　　　　　　D. 学习成绩不好

10. 出现上述问题的主要原因是（　　）。

A. 不适应城市生活　B. 不适应学校生活　C. 不适应老师上课

D. 有较强的叛逆心理

11. 您和学校老师联系时主要谈论孩子的（　　）。

A. 学习　B. 生活　C. 身体　D. 安全　E. 品行

12. 您最希望学校为流动孩子做的事情是（　　）。

A. 辅导学习　B. 经常家访　C. 关爱心理　D. 做思想工作

13. 您觉得流动儿童对于学校来说，最需要的事情是（　　）。

A. 做好心理疏导工作　B. 帮助提高成绩　C. 做好适应工作

D. 多做思想工作

14. 您最希望您所生活的社区为流动儿童做的事情是（　　）。

A. 提供活动场所　B. 在生活中有些照顾　C. 帮助做些思想工作

D. 多提供一些咨询服务

15. 您觉得作为家长，最应该为流动儿童做的事情是（　　）。

A. 经常关心孩子的学习　B. 尽可能让孩子少干些家务活

C. 经常与学校联系　　　D. 要多与孩子谈心

16. 您觉得流动儿童对于父母亲来说，最需要的是（　　）。

A. 学习上的关心　B. 生活上的关心　C. 品格上的关心

D. 心理上的关心

17. 您觉得政府部门对于流动儿童最应该做的事情是（　　）。

A. 采取措施保证流动儿童能在公办学校读书

B. 采取措施能让流动儿童适应城市生活

C. 采取措施改善流动儿童的学习环境

D. 采取措施能让流动儿童就地升学

附录 7

教师（班主任）问卷调查表

尊敬的老师，您好！本问卷想了解流动儿童的有关情况，请您给予支持。谢谢！请您在相应的选项打"√"，或在相关的地方填写内容。

1. 您所任教的科目是（   ），所任教的年级是（   ）。

2. 您班上有（   ）个学生，其中流动儿童（   ）个，流动儿童中有（   ）个男生。

3. 您所任教的科目中，流动儿童的学习成绩大概是处于（   ）。

A. 上游　B. 中游　C. 下游　D. 最后

4. 您所任教的科目中，流动男童的学习成绩要（   ）流动女童。

A. 好于　B. 等同于　C. 差于

5. 与本地的儿童相比，您认为流动儿童的课堂表现主要是（   ）。

A. 不提问　B. 不回答问题　C. 不参与课堂活动

6. 您认为流动儿童在学习中存在的最大问题是（   ）。

A. 学习习惯不好　B. 不适应老师的上课方式　C. 基础不好

D. 听不懂课

7. 您认为在学习上能为流动儿童提供的帮助是（   ）。

A. 多辅导　B. 个性化指导　C. 多提问　D. 多关心

8. 与本地的儿童相比，您认为班上的流动儿童在道德品行方面有何差别？

（   ）

9. 您认为班上的流动儿童主要存在哪些问题？

（   ）

10. 您认为流动儿童问题的主要原因有哪些？

（   ）

11. 从您作为一个教师的角度来说，流动儿童在教育方面最需要的是什么？

（   ）

12. 作为一个教师来说，您认为能为流动儿童做些什么事情？

（   ）

附录 8

校长问卷调查表

尊敬的校长，您好！本问卷想了解流动儿童的有关情况，敬请您给予支持。谢谢！请您在相应的选项打"√"，或在括号内填写相应的内容。

1. 您校有（　　　　）个学生，其中流动儿童有（　　　　）个，流动儿童中男生有（　　　　）个。

2. 与城市的学生相比，流动儿童的学习成绩大体上是（　）。

A. 较好　B. 较差　C. 相差不大　D. 很差

3. 与流动男童相比，流动女童的学习成绩大体上是（　）。

A. 较好　B. 较差　C. 相差不大

4. 您认为流动儿童在学习上的主要问题有哪些？

（　　　　　　　　　　　　　　　　　　　　　　　　　　）

5. 您认为流动儿童在学校中存在的主要问题有哪些？

（　　　　　　　　　　　　　　　　　　　　　　　　　　）

6. 您认为流动儿童在道德品格上存在哪些问题？

（　　　　　　　　　　　　　　　　　　　　　　　　　　）

7. 您认为流动儿童存在问题的主要原因有哪些？

（　　　　　　　　　　　　　　　　　　　　　　　　　　）

8. 从校长这个角度来说，您认为流动儿童最需要什么？

（　　　　　　　　　　　　　　　　　　　　　　　　　　）

9. 您校已经为流动儿童做过哪些事情？

（　　　　　　　　　　　　　　　　　　　）（可以提供纸版的材料）

10. 您认为学校还能为流动儿童做哪些事情？

（　　　　　　　　　　　　　　　　　　　　　　　　　　）

11. 您对改善流动儿童的教育现状有何建议？

（　　　　　　　　　　　　　　　　　　　　　　　　　　）

12. 您对建立流动儿童的关爱服务体系有何想法？

（　　　　　　　　　　　　　　　　　　　　　　　　　　）

主要参考文献

1. 杜越、汪利兵、周培埴：《城市流动人口子女的基础教育——政策与革新》，浙江大学出版社 2004 年版。

2. 贾西、冯玲：《流动人口与打工子弟学校——无锡市的实地调研》，清华大学出版社 2004 年版。

3. 李中元：《和谐社会构建中的农民工权益保护》，山西人民出版社 2010 年版。

4. 刘传江、程建林、董延芳：《中国第二代农民工研究》，山东人民出版社 2009 年版。

5. 史柏年：《城市边缘人——进城农民工及其子女教育问题研究》，社会科学文献出版社 2005 年版。

6. 田慧生、吴霓主编：《农民工子女教育问题研究：基于 12 城市调研的现状、问题与对策分析》，教育科学出版社 2009 年版。

7. 王涤：《中国流动人口子女教育调查与研究》，经济科学出版社 2005 年版。

8. 王毅杰：《流动儿童与城市社会融入》，社会科学文献出版社 2010 年版。

9. 叶敬忠、潘璐：《别样童年：中国农村留守儿童》，社会科学文献出版社 2008 年版。

10. 叶敬忠、杨照：《关爱留守儿童：行动与对策》，社会科学文献出版社 2008 年版。

11. 张铁道：《流动人口子女教育问题研究》，未来出版社 2003 年版。

12. 张跃进：《中国农民工问题解读》，光明日报出版社 2007 年版。

13. 中国进城务工农民子女教育研究及数据库建设课题组：《中国进

城务工农民随迁子女教育研究》，教育科学出版社 2010 年版。

14. 周佳：《教育政策执行研究——以进城就业农民工子女义务教育政策执行为例》，教育科学出版社 2007 年版。

15. 白勤、林泽炎、谭凯鸣：《中国农村留守儿童培养模式实验研究——基于现场干预后心理健康状况前后变化的数量分析》，《管理世界》2012 年第 2 期。

16. 查啸虎：《从冲突到融合：进城农民工子女的课堂文化适应研究》，《教育科学研究》2011 年第 1 期。

17. 曹建平：《农村留守儿童成长方式对其心理健康状况影响探析》，《辽宁教育研究》2007 年第 5 期。

18. 陈在余：《中国农村留守儿童营养与健康状况分析》，《中国人口科学》2009 年第 5 期。

19. 陈丽等：《流动儿童和留守儿童的生长发育与营养状况分析》，《中国特殊教育》2010 年第 8 期。

20. 程方生：《农村留守儿童教育问题的调查与思考——江西的案例》，《教育学术月刊》2008 年第 6 期。

21. 迟希新：《留守儿童道德成长问题的心理社会分析》，《江西教育科研》2006 年第 2 期。

22. 邓纯考：《农村留守儿童社会化困境与学校教育对策——对浙南 R 市的调查与实践》，《浙江社会科学》2012 年第 5 期。

23. 董士县、李梅：《农村留守儿童监护问题与犯罪实证研究》，《中国人民公安大学学报》（社会科学版）2010 年第 3 期。

24. 董溯战：《中国农村留守儿童社会保障权研究》，《华东理工大学学报》（社会科学版）2012 年第 2 期。

25. 杜晓利：《迁徙自由视角下保障流动儿童初中后受教育权的思考与建议》，《教育发展研究》2015 年第 6 期。

26. 段玉香、阎平：《农村留守儿童应对方式的研究》，《中国健康心理学杂志》2007 年第 15 期。

27. 段成荣、周福林：《我国留守儿童状况研究》，《人口研究》2005 年第 1 期。

28. 段成荣、梁宏：《我国流动儿童状况》，《人口研究》2007 年第1 期。

29. 段成荣、杨舸：《我国农村留守儿童状况研究》，《人口研究》2008 年第 3 期。

30. 段成荣、杨舸：《中国农村留守女童状况研究》，《妇女研究论丛》2008 年第 6 期。

31. 段成荣：《我国流动儿童最新状况——基于 2005 年全国 1% 人口抽样调查数据的分析》，《人口学刊》2008 年第 6 期。

32. 段成荣、杨舸、吕利丹：《我国大龄农村留守儿童现状》，《中国青年研究》2008 年第 10 期。

33. 段成荣、吕利丹、郭静：《我国农村留守儿童生存和发展基本状况——基于第六次人口普查数据分析》，《人口学刊》2013 年第 3 期。

34. 段成荣、吕利丹、王宗萍：《城市化背景下农村留守儿童的家庭教育与学校教育》，《北京大学教育评论》2014 年第 3 期。

35. 范方、桑标：《亲子教育缺失与"留守儿童"人格、学绩及行为问题》，《心理科学》2005 年第 4 期。

36. 范先佐：《农村"留守儿童"教育面临的问题及对策》，《国家教育行政学院学报》2005 年第 7 期。

37. 范先佐：《教育公平与制度保障——进城务工人员子女接受义务教育的现状分析》，《教育发展研究》2007 年第 12 期。

38. 范先佐：《农民工子女义务教育经费保障机制构想》，《中国教育学刊》2009 年第 3 期。

39. 范先佐、郭清扬：《农村留守儿童教育问题的回顾与反思》，《中国农业大学学报》（社会科学版）2015 年第 2 期。

40. 范兴华等：《流动儿童、留守儿童与一般儿童社会适应比较》，《北京师范大学学报》（社会科学版）2009 年第 5 期。

41. 冯帮：《流动儿童"升学难"的成因及其对策》，《教育发展研究》2007 年第 12 期。

42. 高一然等：《流动儿童家校合作特点及其对儿童发展的影响》，

《中国特殊教育》2014 年第 6 期。

43. 辜胜阻、易善策、李华：《城镇化进程中农村留守儿童问题及对策》，《教育研究》2011 年第 9 期。

44. 巩在暖、刘永功：《农村流动儿童社会融合影响因素研究》，《国家行政学院学报》2010 年第 3 期。

45. 黄海：《从留守儿童到乡村"混混"》，《当代青年研究》2008 年第 7 期。

46. 韩嘉玲：《北京市流动儿童义务教育状况调查报告》，《青年研究》2001 年第 8 期。

47. 和秀涓：《农村留守儿童的心理健康：一个生态学的视角》，《河北青年干部学院学报》2007 年第 3 期。

48. 胡枫、李善同：《父母外出务工对农村留守儿童教育的影响——基于 5 城市农民工调查的实证分析》，《管理世界》2009 年第 2 期。

49. 侯玉娜：《父母外出务工对农村留守儿童发展的影响：基于倾向得分匹配方法的实证分析》，《教育与经济》2015 年第 1 期。

50. 蒋园园：《教育政策执行复杂性研究：复杂理论的视角》，《教育发展研究》2011 年第 7 期。

51. 姜和忠、徐卫星：《基于输入地政府视角的农民工子女教育研究——以浙江为例》，《宁波大学学报》（教育科学版）2007 年第 2 期。

52. 金灿灿等：《留守与流动儿童的网络成瘾现状及其心理健康与人际关系》，《中国特殊教育》2010 年第 7 期。

53. 柯进：《流动人口子女如何融入城市》，《中国教育报》2010 年 12 月 13 日。

54. 李庆丰：《农村劳动力外出务工对"留守子女"发展的影响》，《上海教育科研》2002 年第 9 期。

55. 李晓凤、王曼：《留守女童成长问题的若干表现及其对策研究——以中国中部某县属乡镇为个案研究》，《青年探索》2007 年第 3 期。

56. 李文彬:《农民工子女义务教育财政供给机制研究》,《教育发展研究》2010 年第 9 期。

57. 李根寿、廖运生:《农村"留守子女"教育问题及对策思考》,《前沿》2005 年第 2 期。

58. 李孝川:《农村留守儿童家庭教育教养方式的社会学分析》,《学术探索》2012 年第 7 期。

59. 雷万鹏、杨帆:《对留守儿童问题的基本判断与政策选择》,《教育研究与实验》2009 年第 2 期。

60. 林宏:《福建省"留守孩"教育现状的调查》,《福建师范大学学报》(哲学社会科学版)2003 年第 3 期。

61. 刘见明:《关爱农村留守儿童》,《乌鲁木齐职业大学学报》(人文社会科学版)2005 年第 3 期。

62. 刘成斌:《在中央与地方之间:民工子女教育政策的操作化——以浙江省为例》,《青年研究》2007 年第 10 期。

63. 刘荃信:《完善农民工子女义务教育机制的思考》,《教学与管理》2008 年第 10 期。

64. 刘允明:《关爱农村"留守儿童"》,《中国农业大学学报》(社会科学版)2005 年第 3 期。

65. 刘霞、范兴华、申继亮:《初中留守儿童社会支持与问题行为的关系》,《心理发展与教育》2007 年第 3 期。

66. 刘霞等:《农村留守儿童的情绪与行为适应特点》,《中国教育学刊》2007 年第 6 期。

67. 刘正奎、高文斌、王婷、王晔:《农村留守儿童焦虑的特点及影响因素》,《中国临床心理学杂志》2007 年第 2 期。

68. 刘杨、方晓义等:《流动儿童城市适应状况及过程——一项质性研究的结果》,《北京师范大学》(社会科学版)2008 年第 3 期。

69. 刘庆等:《流动儿童社会融合的结构、现状与影响因素》,《中国青年政治学院学报》2014 年第 6 期。

70. 梁宏、任焰:《流动,还是留守?——农民工子女流动与否的决定因素分析》,《人口研究》2010 年第 2 期。

71. 罗静等：《中国留守儿童研究述评》，《心理科学进展》2009 年第 5 期。

72. 卢晖临等：《流动儿童的教育与阶级再生产》，《山东社会科学》2015 年第 3 期。

73. 马良：《流动人口子女学校教育的调查和分析》，《教育发展研究》2007 年第 3 期。

74. 马多秀：《心灵关怀：农村留守儿童德育的诉求》，《中国教育学刊》2011 年第 1 期。

75. 莫丽娟、袁桂林：《农村留守儿童教育问题的几个基本判断》，《上海教育科研》2010 年第 1 期。

76. 潘璐、叶敬忠：《"大发展的孩子们"：农村留守儿童的教育与成长困境》，《北京大学教育评论》2014 年第 3 期。

77. 蔺秀云、王硕：《流动儿童学业表现的影响因素——从教育期望、教育投入和学习投入角度分析》，《北京师范大学学报》（社会科学版）2009 年第 5 期。

78. 邵艳、张云英：《农村留守儿童心理问题及对策：以湖南长沙为例》，《湖南农业大学学报》2007 年第 2 期。

79. 邵书龙：《社会分层与农民工子女教育："两为主"政策博弈的教育社会学分析》，《教育发展研究》2010 年第 11 期。

80. 申继亮：《流动和留守儿童的发展与环境作用》，《当代青年研究》2010 年第 2 期。

81. 宋月萍、张耀光：《农村留守儿童的健康以及卫生服务利用状况的影响因素分析》，《人口研究》2009 年第 6 期。

82. 孙晓军等：《农村留守儿童的同伴关系和孤独感研究》，《心理科学》2010 年第 2 期。

83. 唐有才、符平：《亲子分离对留守儿童的影响——基于亲子分离具体化的实证研究》，《人口学刊》2011 年第 5 期。

84. 陶红等：《农民工子女义务教育状况分析——基于我国 10 个城市的调查》，《教育发展研究》2010 年第 9 期。

85. 陶然、周慧敏：《父母外出务工与农村留守儿童学习成绩——基于安徽、江西两省调查实证分析的新发现与政策含义》，《管理世界》2012 年第 8 期。

86. 田红霞、李国彦：《农村"留守儿童"教育问题探析》，《社会学》2005 年第 4 期。

87. 涂晓明、叶忠、涂建明：《农村留守儿童教育困境与政府主导的治理》，《现代教育管理》2009 年第 2 期。

88. 王阳亮：《农村留守孩心理健康的家庭因素研究》，《现代生物医学进展》2006 年第 3 期。

89. 王良锋、张顺、孙业恒、张秀军：《农村留守儿童孤独感现状研究》，《中国行为医学科学》2006 年第 7 期。

90. 王秋香：《农村"留守儿童"同辈群体类型及特点分析》，《湖南社会科学》2007 年第 1 期。

91. 王正惠：《规划纲要视域下农村留守儿童教育关爱服务体系的构建》，《教育理论与实践》2011 年第 12 期。

92. 王中会等：《流动儿童社会认同特点及其对城市适应的影响》，《中国特殊教育》2012 年第 3 期。

93. 王静敏、安佳：《农村学龄期留守儿童现状调查分析——基于吉林省调查数据》，《调研世界》2015 年第 9 期。

94. 王露璐、李明建：《农村留守儿童道德教育的现状与思考》，《教育研究与实验》2014 年第 6 期。

95. 万明钢、毛瑞：《当前我国"留守儿童"研究存在的若干问题》，《西北师范大学学报》2010 年第 1 期。

96. 温铁军：《分三个层次解决农村留守儿童问题》，《河南教育》2006 年第 5 期。

97. 吴霓等：《农村留守儿童问题研究报告》，《教育研究》2004 年第 10 期。

98. 吴新慧、刘成斌：《农民工子女教育的国家政策》，《中国青年研究》2007 年第 7 期。

99. 吴新慧：《流动儿童城市文化认同分析——基于杭州、上海等地公办学校的调查》，《浙江学刊》2012 年第 5 期。

100. 吴开俊、刘力强：《珠三角地区非户籍务工人员子女义务教育问题探讨》，《教育发展研究》2009 年第 2 期。

101. 吴帆、杨伟伟：《留守儿童与流动儿童成长环境的缺失与重构——基于抗逆力理论视角的分析》，《人口研究》2011 年第 6 期。

102. 邬志辉、李静美：《农村留守儿童生存现状调查报告》，《中国农业大学学报》（社会科学版）2015 年第 1 期。

103. 武晓萍：《在京外来人口子女教育问题》，《北京社会科学》2001 年第 3 期。

104. 项焱等：《留守儿童权利状况考察报告——以湖北农村地区为例》，《法学评论》2009 年第 6 期。

105. 项继权：《农民工子女教育：政策选择与制度保证》，《华中师范大学学报》2005 年第 5 期。

106. 肖庆华：《农村留守儿童关爱服务体系的校本课程化探索》，《人民教育·首届基础教育国家级教学成果奖成果精选及解读》2015（增刊）。

107. 熊易寒：《整体性治理与农民工子女的社会融入》，《中国行政管理》2012 年第 5 期。

108. 许传新：《"留守儿童"教育的社会支持因素分析》，《中国青年研究》2007 年第 9 期。

109. 许传新：《学校适应情况：流动儿童与留守儿童的比较分析》，《中国农村观察》2010 年第 1 期。

110. 许传新等：《流动还是留守：家长的选择及其影响因素》，《中国青年研究》2010 年第 10 期。

111. 徐丽敏：《城市公办学校中农民工随迁子女教育融入的问题与对策》，《教育理论与实践》2009 年第 9 期。

112. 徐建平：《关于流动人口子女教育两为主政策的再思考》，《教育与经济》2008 年第 1 期。

113. 杨润勇：《新背景下农民工子女教育问题的分析与建议》，《当代教育论坛》2009 年第 7 期。

114. 杨菊华、段成荣:《农村地区流动儿童、留守儿童和其他儿童教育机会比较研究》,《人口研究》2008 年第 1 期。

115. 杨江泉、朱启臻:《农村留守家庭抚育策略的社会学思考——一项生命历程理论视角的个案考查》,《人口与发展》2011 年第 2 期。

116. 姚云:《农村留守儿童的问题及教育应对》,《教育理论与实践》2005 年第 4 期。

117. 姚计海、毛亚庆:《西部农村留守儿童学业心理特点及其学校管理对策研究》,《教育研究》2008 年第 2 期。

118. 姚运标:《编码视角下的进城农民工子女学业成绩不良原因之探析》,《教育科学研究》2011 年第 1 期。

119. 叶敬忠等:《父母外出务工对留守儿童生活的影响》,《中国农村经济》2006 年第 1 期。

120. 叶敬忠、王伊欢:《留守儿童的监护现状与特点》,《人口学刊》2006 年第 3 期。

121. 叶曼、张静平、贺达仁:《留守儿童心理健康状况影响因素分析及对策思考》,《医学与哲学》(人文社会医学版)2006 年第 6 期。

122. 叶庆娜:《农村留守女童弱势地位研究》,《华中师范大学学报》2008 年第 6 期。

123. 易承志:《进城务工农民子女教育问题的政府治理》,《华中师范大学学报》(人文社会科学版)2007 年第 11 期。

124. 岳慧兰、傅小悌、张文斌、郭月芝:《留守儿童心理健康状况调查研究》,《教育实践与研究》2006 年第 10 期。

125. 袁晓娇、方晓义等:《流动儿童社会认同的特点、影响因素及其作用》,《教育研究》2010 年第 3 期。

126. 苑雅玲、侯佳伟:《家庭对流动儿童择校的影响研究》,《人口研究》2012 年第 2 期。

127. 于慎鸿:《农村"留守儿童"教育问题探析》,《中州学刊》2006 年第 3 期。

128. 庄美芳:《留守儿童自主性学习品质现状调查报告》,《江西教育》2006 年第 7 期。

129. 张克云、叶敬忠:《留守儿童社会支持网络的特征分析——基于四川省青神县一个村庄的观察》,《中国青年研究》2010 年第 2 期。

130. 张显宏:《农村留守儿童教育状况的实证分析——基于学习成绩的视角》,《中国青年研究》2009 年第 9 期。

131. 张旭亮、张海霞:《基于社区教育的中国农民工子女教育问题探析》,《青年研究》2006 年第 5 期。

132. 张绘:《流动儿童学校选择的影响因素及其政策含义》,《人口与经济》2011 年第 2 期。

133. 张绘等:《流动儿童学业表现及影响因素分析——来自北京的调研证据》,《北京大学教育评论》2011 年第 3 期。

134. 张绘:《我国城市流动儿童初中后教育意愿及其政策含义》,《教育学报》2013 年第 1 期。

135. 张大维等:《封闭化与街角化:流动儿童现状及其社区融入研究》,《社会主义研究》2012 年第 2 期。

136. 翟博:《均衡发展:我国义务教育发展的战略选择》,《教育研究》2010 年第 1 期。

137. 赵景欣、刘霞、张文新:《同伴拒绝、同伴接纳与农村留守儿童的心理适应:亲子亲合与逆境信念的作用》,《心理学报》2013 年第 7 期。

138. 曾守锤:《流动儿童的社会适应状况及其风险因素的研究》,《心理科学》2010 年第 2 期。

139. 郑磊、吴映雄:《劳动力迁移对农村留守儿童教育发展的影响——来自西部农村地区调查的证据》,《北京师范大学学报》(社会科学版)2014 年第 2 期。

140. 中央教育科学研究所课题组:《进城务工农民工随迁子女教育状况调研报告》,《教育研究》2009 年第 4 期。

141. 周宗奎等:《农村留守儿童心理发展与教育问题》,《北京师范大学学报》（社会科学版）2005 年第 1 期。

142. 周皓：《流动儿童社会融合的代际传承》，《中国人口科学》
2012 年第 1 期。

143. 邹先云：《农村留守子女教育问题研究》，《中国农村教育》
2006 年第 10 期。

后　记

我 2008 年北京师范大学教育学院博士毕业之后，就在贵州的高校从事教学科研工作。这些年来，主要着手农民工子女的相关研究，可以说，对于农民工子女的研究已融入我的血液中，成为我教学、科研及服务社会的重要组成部分。8 年过去了，我还在坚守着当初的研究热情，有时想起来，还令自己感动，默默地为自己加油。在未来的岁月中，我将一如既往地坚持着，只要中国大地上还有农民工子女，我就要去关注他们、关心他们、关爱他们，为他们奔走，为他们呐喊，体现出一个研究者的学术使命，把研究做在农民工子女的身上，为他们的身心发展尽一己之力。

2010 年，获得教育部人文社科一般项目"'留守'与'流动'儿童教育的比较研究"（课题编号：10YJA880151）的资助；2011 年，获得国家社科基金"留守与流动儿童关心关爱服务体系建设的比较研究"（课题编号：11BSH072）的资助；2012 年，获得贵州省省长基金"贵州省中小学布局调整及城市外来人口公平接受教育问题研究"（黔省专合字（2012）51 号）的资助；2012 年，获得贵州省教育改革发展研究十大招标课题"城镇化进程中贵州流动儿童受教育情况监测制度建设研究"的资助；2015 年，获得贵州省教育改革发展研究十大招标课题"户籍制度改革新形势下外来务工人员子女接受基础教育的政策研究"（课题编号：2015ZD002）的资助；2016 年，再次获得国家社科基金"农民工家庭的教育选择与政策支撑研究"（课题编号：16BSH041）的资助。在上述基金的资助下，本人在全国各地对农民工子女进行了大量调研，把量化研究与质性研究相结合，较为全面地呈现出农民工子女的现状与问题，并提出相应的对策建议。

　　这些年来，对于农民工子女的研究在理论层面上作了学术探讨，学术成果主要是：出版专著 1 部：《农村留守与流动儿童的教育》（中国社会科学出版社，2012 年版）；发表学术论文 7 篇：《论农民工子女教育研究的立场》，《教育发展研究》（CSSCI），2012 年第 7 期；《论农民工子女教育研究的范式》，《学术论坛》（CSSCI），2013 年第 3 期；《论农民工子女教育研究的三个转向》，《学术论坛》（CSSCI），2013 年第 6 期；《农民工子女就学政策的演变、困境和趋势》，《学术论坛》（CSSCI），2013 年第 12 期；《只要中国大地上还有留守儿童，我就要为他们呐喊》，《人民教育》（北大核心），2015 年增刊；《农村留守儿童关爱服务体系的校本课程化探索》，《人民教育》（北大核心），2015 年增刊；《留守儿童教育需守四大原则》，《人民教育》（北大核心），2015 年第 11 期。同时，在实践层面，积极把研究成果转化为实践成果。贵州省多个教育行政部门采纳并推广本人的研究成果，在中小学校建立农民工子女关爱服务体系，产生了积极的社会效益，得到了农民工子女及监护人、学校教师的好评。

　　无论是在学术上的探究，还是在实践上的探索，对于农民工子女的研究成果得到了学术界及政府部门的认可。在学术领域，《农村留守与流动儿童的教育》曾获贵州省人民政府颁发的第十届贵州省哲学社会科学优秀成果奖二等奖，《留守与流动儿童关心关爱服务体系建设的比较研究》曾获贵州省教育科学优秀成果奖二等奖。在实践领域，2014 年，"农村留守儿童关爱服务体系的校本课程化探索"获国家级教学成果奖二等奖；2015 年，"农村流动儿童城市适应的校本课程化探索"获省级教学成果奖一等奖。

　　近些年来，我在农民工子女的研究方面走过的是这样一条探究之路：从关注农民工子女的教育到关注关爱服务体系的建设，从关注农民工子女的教育公平到关注农民工子女的教育选择。农民工子女的教育状况与问题始终是本人研究的切入点，这与本人的学科背景有着极大的关系。在目前，农民工子女关爱服务体系建设的探索是本人研究的重点。

　　农民工子女是我国现代化、工业化和城镇化过程中出现的特殊群体，农民工子女现象与问题也是我国现当代社会中的阶段性现象与问题。但我们并不能因为它是阶段性的现象与问题，就忽视它，而应更加重视它，如果错过了农民工子女身心发展的关键期，将会对规模庞大的一代人产生负面影响。正是基于这方面的原因，我觉得目前最为重要的是建设全方位的农民工子女关爱服务体系，全面促进农民工子女的身心发展。对于这 8 年来的农民工子女研究，我想把自己较满意的研究成果形成体系与框架，呈现出来，接受各方面的批评指正。基于这样的目的，我以本人 2014 年完成的国家社科基金项目"留守与流动儿童关心关爱服务体系建设的比较研究"的结项报告为主体，经过两年多时间的修改、补充与完善，形成了目前这部书稿，并把书名取为"农民工子女关爱服务体系建设的探索"，从农民工子女本人、监护人及教师的视角来呈现出农民工子女的学习、生活与心理状况，并在此基础上挖掘出农民工子女关爱服务体系建设的问题，分析其原因，并对关爱服务体系建设作了理论上、政策上与实践上的探索。这种探索是极其艰难的，而且，这种艰难的探索也许是肤浅的，但不管怎样，我要把这些年来的探索呈现出来，请大家来修正它，并在学术上与实践中努力坚持这种探索。

　　我为什么要始终抱定对于农民工子女研究的坚守，因为关注弱势群体是学者的责任，真实地呈现现状、真切地解释现象、真诚地提出问题是学者的本分。我在贵州偏远的山村调研时，曾遭遇过泥石流，山上的石头滚到公路上来，很是危险。但农村留守儿童的弱势处境促使我前行，正如我曾在《人民教育》上发表的一篇文章中所说的，只要中国大地上有留守儿童，我就要为他们呐喊，我要以一个研究者的身份来践行自己的诺言。我在努力、我在前行，我在坚守，我的研究始终与农民工子女在一起。

　　在本书的编辑和出版过程中，中国社会科学出版社的宫京蕾老师付出许多艰辛的劳动，在此表示衷心的感谢！

肖庆华

2016 年 8 月 28 日